十八世紀後半葉英國美學研究

美學流變×學者論戰×全面解析，
從美的定義範圍到美的文化建構，
研究近代美學發展必讀之作

董志剛 著

影響近代西方藝術的十八世紀英國美學
×
藝術、哲學、心理學……各家精華一把抓

「美的」不一定是「美麗的」？
「美學」不等於「美」？

關於日常生活中常說的「美」，
竟然各有各的說法！
到底我們常說的「美」是怎麼一回事？

目錄

目錄 ━━━━━━━━━━━━━━━━━━━━━━━━

布萊爾

布萊爾

　　修・布萊爾（Hugh Blair，1718～1800），出生於愛丁堡，父親為商人，曾擔任地方法官和稅務官，但其祖上羅伯特・布萊爾（Robert Blair, 1699～1746）曾做過查理一世（Charles I, 1600～1649）的專職牧師，其後家族中也有擔任聖職者。據說這位羅伯特・布萊爾口才出眾，喜愛詩歌，且將在文學方面的優良基因世代遺傳下來。到了修・布萊爾，其父仍然很重視他的教育，在其 12 歲那年便被送進愛丁堡大學學習人文學科，文學、哲學、神學、邏輯、歷史，各門課程都很優異，期間令其得意的是他寫的一篇論文〈論美〉還曾作為學期論文而得到嘉獎，被當眾宣讀作為典範。1739 年，他獲得藝術碩士學位，兩年後在愛丁堡的長老會教區做福音書的演講，次年被正式任命為牧師。在近 20 年的牧師生涯中，他的演講才能不斷得到磨練，也獲得教眾的認可和尊敬，聲名日隆。1757 年，聖安德魯大學授予布萊爾神學博士學位。在亞當・斯密（Adam Smith, 1723～1790）、凱姆斯（Henry Home, Lord Kames, 1696～1782）等好友的鼓勵下，1759 年開始，他在愛丁堡大學開設寫作課程，講授他在演說方面的經驗和學說。3 年後，國王竟批准愛丁堡大學專門為他設立修辭學課程，聘他為修辭學和美文學教授，直到 1783 年退休。不過，1777 年他的演講才在倫敦出版，名為《關於修辭和美文的演講》（以下簡稱《論修辭》），並從此廣為流傳。如果算上各類縮寫本，再版不下百次。

論趣味

布萊爾的《論修辭》集畢生演講布道之經驗，煉成精華，但他與其他美學家一樣，試圖為自己的學說鋪就更紮實的基礎，所以在此書的開篇他首先論述的是這個世紀美學中的核心語語：「趣味。」他說，趣味是人先天辨別美醜的能力，幼兒會被規則的形式、圖畫和雕塑所吸引，粗鄙的農民也從民謠故事、天地萬象中得到樂趣。所以，他像哈奇森（Francis Hutcheson, 1694～1746）一樣視趣味是一種內在感官，也像艾迪生（Joseph Addison, 1672～1719）那樣稱之為想像。不過，現實中人的趣味高下有別，這一方面是因為各人稟賦不同，品味美的那種精緻的內在能力各不相同，另一方面更重要的則是文化和教育的原因。可見趣味是由兩種因素合成的：「理性和健全理智對趣味的所有活動和決斷都有很大的影響，以至於一種特別良好的趣味可被看作是一種由對美的先天敏感和高超的理解力（understanding）混合而成的。」[001] 在對藝術作品的欣賞中，人們可以清楚地看到這一點。天才的創造不過是模仿自然，表現人的性格、行動和態度，我們之所以從中獲得快樂，只有依賴趣味，但要判斷藝術家的模仿和表現是否成功，則必須運用理解力來比較作品與原物之間的關係。

這樣，布萊爾在一開始便對趣味有了一種比較特殊的定義。趣味包含先天的敏感和理解力，這是前人都承認的，但他為兩者劃分了明確的分工，在藝術欣賞中，敏感只是對藝術所模仿的現實做判斷，而理解力則要判斷模仿是否正確和準確。敏感是先天的，只是由於個人的無知和偏見，才造成其遲鈍和偏頗，這個時候便需要理性來矯正。所以在他看來，理解力甚至比敏感還重要，有很強的理解力能讓人不被虛假的美所欺騙，也能比較不同的美，為它們分出等級。不過，從另一方面來理解，理性的作用也只是消除各種不

---

001 Blair, *A Bridgment of Lectures on Rehtoric*, Carlisle, 1808：14.

布萊爾

利因素，讓趣味恢復其自然狀態。所以，趣味無論如何都是普遍的、有標準的，美只要得到恰當的表現，就必然得到普遍的讚賞，無論是男女老少、古今中外。不管哪個時代，人們都喜愛荷馬（Homer）的《伊利亞德》、維吉爾（Vergil，70 B.C. ～ 19 B.C.）的《埃涅阿斯紀》，被視為標準和典範。當然，布萊爾對趣味的標準這個問題的討論並沒有超出休謨（David Hume, 1711 ～ 1776）和傑拉德（Alexander Gerard, 1728 ～ 1795）。

　　既然趣味有高下，那麼批評就有必要存在，教會人們分辨好壞。高明的天才確實無須被指導，荷馬不是讀了什麼系統性的理論才寫出傑作的，但那是因為批評所依賴的法則早已埋在他天性中，這天性時時在實踐中給出暗示。對於批評來說，布萊爾一定是採納了休謨的觀點，也遵循經驗主義原則，指出普遍原則也都是來自經驗，從具體一步步總結到普遍的。這並非說批評無用，法則固然是天才所創，但謬誤也隨之而來，批評的作用就在於指出謬誤，並讓人避免，其結果就是造就良好的趣味。

　　將趣味簡單地分為敏感與理智兩大塊，確實使趣味的含義變得更為明確，布萊爾省卻了對敏感和理智的哲學論證，他的目標也本不在於哲學，而是經驗性的批評，進而能夠為讀者提供一定的寫作和演說上的指導。然而，到他這裡，18 世紀英國美學失去了哲學上的革新，逐漸也就失去了激進的鋒芒。在他的批評理論中，人們又回到了四平八穩的古典主義原則上，雖然在語言等問題上他也有一些新穎的觀點。當然，面對新興的小說、民謠、論辯性對話等各種文藝現象，新的美學顯然還沒有做好充分的準備，只有等到華茲華斯（William Wordsworth, 1770 ～ 1850）、柯勒律治（Samuel Taylor Coleridge, 1772 ～ 1834）等詩人在這種美學的啟發下創造出新的作品之後，人們才能見到這種美學的效應。

　　簡要地分析了趣味之後，布萊爾直接轉到兩種主要的趣味情感，即崇高與美。他承認艾迪生的開創之功，將想像的快感分為優美、偉大和新奇，但

他覺得前人對這些快感原因的分析和描述仍然是一團迷霧。

　　對於崇高，布萊爾首先指出，最簡單的現象便是廣闊無邊的天空、平原和海洋，所以所有的廣闊都能產生崇高的印象，但是單有廣闊還不能產生更強烈的崇高，還必須要有高度和深度。「空間無論在長度上延伸多遠，也不能形成像高度或深度那樣強烈的印象。儘管一片無垠的平原是宏偉的，然而當我們仰望一座高山，或者從可怕的懸崖或高塔俯瞰時，這高山、懸崖或高塔就更加崇高。蒼穹的廣闊宏偉除了其無邊的廣度，還源自其高度，大海之廣闊宏偉不僅來自其廣度，而且也來自巨量海水那不斷的湧動和無可抗拒的力量。」[002]

　　崇高之最豐富的來源還是巨大能量和力量的作用，如地震、山火、洶湧的大海、劇烈的風暴。一條溪流如果只是平緩地流動就是優美的，那麼從山間奔湧而下，響聲震天，那就是崇高的事物了。同樣的道理，賽馬很優雅，而戰馬卻更富有力量，也更崇高。與此同時，布萊爾也注意到，一物之所以崇高，不僅是因為其自身的性質，而且還可能是因為與其相關的周圍景象，無論是視覺的還是聽覺的：「所有莊重威嚴的觀念，甚至是接近於恐怖的觀念，都會極大地增進崇高，例如黑暗、孤獨和寂靜。」綴滿繁星的夜空比青天白日會讓想像覺得它更威嚴宏偉。大鐘渾厚的響聲，如果在靜謐的夜晚聽起來，也就倍加崇高。此外，朦朧、混亂等因素也必然會增強崇高。

　　布萊爾特意提到的另一類崇高是道德或情操的崇高，這種崇高來自心靈活動，來自人類的情感和行為。而心靈活動中更崇高的是慷慨和勇敢，它們產生一種類似於自然中宏偉事物的效果，讓人心生崇敬。只要我們看到一個人在危急關頭隻身前行，冷靜而無懼，拋棄庸俗雜念、一己私利，不怕危險和困難，我們心中的崇高之感就會油然而生。可想而知，歷史和文學中對古代英雄偉人的描寫之所以令人感動，其原因也多在於此。

002　Blair, *A Bridgment of Lectures on Rehtoric*, Carlisle, 1808：22.

布萊爾

可以看出，布萊爾把崇高分為自然的和道德的兩類。這並不新鮮，但讓人注意的是他又把物質的崇高分為幅度和力量兩類，這無疑讓人想到康德（Immanuel Kant, 1724 ～ 1804）在《判斷力批判》中把崇高分為數學的和力學的兩類的做法。至於康德是否讀過布萊爾的書，我們就不得而知了，但從康德對柏克（Edmund Burke, 1729 ～ 1797）的引述和批評來看，他應該是知道布萊爾的，而布萊爾的書自打出版開始就不斷被譯為各國文字，廣泛流傳，這點猜測也就不無道理了。提到柏克，在此也可以補充一點，布萊爾雖未直提其名，但顯然批評柏克把恐懼視為崇高的原因，雖然不排除崇高的東西可能帶有恐怖。

以修辭為要旨的布萊爾自然要討論寫作中的崇高。他首先提出一個觀點，即寫作中要想獲得崇高的效果，前提是寫作的事物本身應該是崇高的：「作品中崇高的基礎必定始終在於所描寫事物的本性。」[003] 否則，無論有多麼精美的刻畫，也不能激起高昂威嚴的情感來。其次，崇高的事物也應該得到恰如其分的描寫，這種描寫必須有力、簡潔、質樸，但前提也必須是詩人或演說家自己要對事物有鮮活的印象，懷有強烈的情感。說到詩人這方面，布萊爾指出古代人具有很大優勢。

古代社會處於未開化狀態，在天才眼中，一切都那麼新奇，他們的想像很容易就活躍起來，因而很容易帶來崇拜和震驚的情感，而在文明社會中，人們的天才和風尚變得愈發雅緻，這不免喪失些力度和崇高。

古往今來最崇高的作品，當屬宗教經典。「它們對至高存在的描寫不可思議地高貴，這高貴來自事物的偉大，也來自再現這事物的手法。」[004] 朗吉努斯（Cassius Longinus，213 ～ 273）也曾從《聖經》中舉例，「神說：『要有光』，就有了光。」其崇高來自這種強力的設想，而神的力量之發揮

003　Blair, *A Bridgment of Lectures on Rehtoric*, Carlisle,1808：24
004　同上，第28頁。

也迅捷而靈巧。《詩篇》第十八章中，也有對上帝的崇高描繪：「我在急難中求告耶和華，向我的神呼求。他從殿中聽了我的聲音；我在他面前的呼求入了他的耳中。那時，因他發怒，地就搖撼顫抖；山的根基也震動搖撼。從他鼻孔冒煙上騰；從他口中發火焚燒，連炭也著了。他又使天下垂，親自降臨，有黑雲在他腳下。他坐著基路伯飛行；他藉著風的翅膀快飛。他以黑暗為藏身之處，以水的黑暗、天空的厚雲為他四圍的行宮。」在這裡，上帝的形象已令人畏懼，而他的作為，他身處的環境之黑暗陰沉，更增加了其威嚴。在古希臘，荷馬的史詩同樣宏偉崇高，其原因也同樣是那種天然的質樸。他寫戰爭場面，總少不了神的參與。一時間，天地萬物都騷動不安，朱比特在天空電閃雷鳴，海神涅普頓用三叉戟攪動海水，戰船、城市和山脈一同搖撼，冥王普路托從其王座上一躍而起，地獄中種種恐怖而神祕的景象一下子展露無遺。

　　簡潔和質樸的描寫為何是崇高的關鍵，布萊爾的分析值得一看。崇高的作品所描寫的事物本身是偉大高貴的，一下子就把人心中的情感提到最高，使人陷入一種狂熱，而這種狂熱延續下去才令人快樂，所以必須防止這種狂熱低沉下去。這個時候，如果作者鋪排陳列，用不必要的繁縟修飾，面面俱到予以描繪，他必然會轉移讀者的注意，讓緊張的心情鬆弛下來，情感的力度也隨之減弱，最後崇高也就喪失殆盡了。基於此，布萊爾在現代詩人中推崇米爾頓（John Milton, 1608 ～ 1674），其《失樂園》中撒旦的描寫大膽自然、隨意流暢，形式上不拘泥於格律，反而比波普（Alexander Pope, 1688 ～ 1744）對《荷馬史詩》的翻譯更顯宏偉。

　　除了間接和質樸，崇高的描寫還需要力度，而力度的關鍵則在於為事物設置一個恰當的環境，這種環境須多用具體細節，避免抽象的觀念。細節的連綴能讓想像保持激越的狀態，也使人處於一種迷狂的情緒之中。米爾頓描

布萊爾

寫戰爭中的天使撕碎山峰，泉石散落，樹木紛飛，盡顯巨人本色，維吉爾卻有失當之處，他寫埃特納火山噴發時，形容其「呻吟間嘔出五臟六腑」，此時的山峰倒像個病懨懨的醉漢，這裡不僅是比喻不當，而且描寫太過籠統。看來，布萊爾在運用他的理論時，並不厚古薄今，而是一視同仁。

美的情感很容易與崇高區分開來，「它是一種較平靜的情感，更加溫柔舒緩，不會讓心靈很興奮，而是產生一種令人愉快的寧靜。崇高激起一種過於激烈的感覺，難以持久，而來自美的快樂則能延續更久」[005]。此外，能喚起美感的事物非常多樣，而它們產生的感覺無論在類型上還是程度上都各不相同，這導致「美」這個詞的含義也模糊不清。因此，布萊爾按照美的事物類型來描述美感。

布萊爾認為色彩的美有兩個來源：一是借用了洛克（John Locke, 1632～1704）所提出的聯念論，指出色彩的美更多的是來自聯想。比如，綠色之所以令人愉快，是因為它與風景的觀念有關聯，藍色則讓人想到天空和海洋。如果色彩本身就帶來美感，那它們通常都比較精緻，但不耀眼。比如，樹的葉子、鳥的羽毛，既亮麗又多樣。形狀的美也有複雜的原因，一般來看，規則的形狀容易給人美感，因為它們讓人想到適當、恰當等觀念，而且符合一定的法則。然而，人們很快就發現，自然中的事物給人帶來更多美感，但它們幾乎沒有什麼整齊的規則，而是變化多端。對此布萊爾並未簡單貶低規則形狀，而是為它們規定了一個範圍，那就是為了實用目的的形狀多採取規則特徵，例如房屋、門窗，但若是建築一座花園，就應該拋棄規則形狀，儘可能自然隨意，否則只能令人作嘔。運動也是美的一個來源，布萊爾採納的是霍加斯（William Hogarth, 1697～1764）的觀點，即曲線、波浪線、螺旋線要比直線美。不過，色彩、形狀、運動固然能分別給人美感，

005　Blair, *A Bridgment of Lectures on Rehtoric*, Carlisle, 1808：38.

但在實際中它們更多的時候是結合在一起的，花草樹木、飛禽走獸，皆是如此，尤其是自然風景，其中布滿了種種事物，相互搭配，小橋流水、爐裡炊煙、林間陽光，都是美不勝收。

還有一類特殊的美，也就是人的容貌，它匯集了色彩、形狀和運動的美，但真正來說，「容貌主要的美依賴於一種神祕的表現，它傳達心靈品格，有精明睿智，或善良情性；有正直、仁慈、敏感或其他可親的性情」[006]。這些性情總體來說都源自一類道德品格，那就是社交性的德行，它讓人充滿了溫柔、親和、慷慨。與之相對的是一種高潔偉大的德行，它們需要非凡的努力才能表現出來。比如，英勇、豪邁，視死若歸，這些德行表現出來自然就給人崇高的情感。可以看出，布萊爾承續了 18 世紀英國人普遍的情感分類，巧妙的是他剔除了休謨所謂的「有效的慷慨」。容貌的美在凱姆斯的《批評原理》中就已經論到，而布萊爾將其單列為美的一類，雖然比之凱姆斯要簡潔淺顯，但促使後來的艾利遜也專門論述容貌的美，而且極盡細緻而完整。此外，布萊爾也必定熟知傑拉德的《論趣味》，他也提到了新奇、模仿、韻律及和聲的美，但並無新意可言。至於寫作中如何達到美的效果，布萊爾言論不多，只是強調需要將各種美糅為一體，而且不要在美與崇高之間有所偏廢。

事實上，布萊爾的前輩對崇高與美的論述幾乎窮盡了所有內容，無法給他留下多少發揮的餘地，而且他也不再像他的前輩們那樣在形而上學和心理學方面有所建樹，所以給人的印象是平淡乏味。然而，讀者也很容易發現，布萊爾並不是刻意要把趣味理論歸結為死板的法則，他多次讚賞艾迪生和米爾頓，視其為現代作家的典範，在審美趣味上也偏向於變化多樣，可見他在藝術方面比休謨更多地脫離了古典主義的束縛。

006　Blair, *A Bridgment of Lectures on Rehtoric*, Carlisle, 1808：42.

布萊爾

論語言

　　布萊爾的主要論題是修辭和美文，語言自然是他最關注的問題，而且也表現出更多的創新之處。可以說，他不似凱姆斯那樣只是從修辭學角度來看待語言，而是像沙夫茨伯里（Anthony Ashley Cooper, 3rd Earl of Shaftesbury, 1671～1713）一樣把語言看作是一種社會交往的媒介、傳達情思的手段，所以理解語言首先要理解語言在社會發展中發生成熟的原理。

　　布萊爾指出：「要形成關於語言之起源的充分觀念，我們必須思考人類在其最遠古、最愚昧狀態時的環境。」[007] 在那個時候，人類居無定所，四處遊蕩，除了家庭之外無所謂社會，即使是家庭社會也並不完整，他們要不斷放牧狩獵，因此聚少離多。在這種狀態下，很難想像人類能有統一的語音和語彙來表達他們的觀念。就算少數人聚集在一起，有一些統一的語音和語彙，也未必能一直流傳下去。如此看來，只能說語音在社會形成之前就已經存在，但這一點同樣不可能得到充分的論證，的確很難說那些精確的類比、微妙的邏輯能在社會之前就普遍流行。因此，有人提出所有語言的起源都是神聖的啟示，但是不可想像整個完善的語言系統都能在頃刻之間憑藉啟示建立起來，只能說：「上帝只是教會我們最初的父母一些適用於他們景況的語言，正如他在其他方面所為，他讓他們自己來根據未來之必需擴充和發展語言。」[008] 所以，最初的語言必定簡單而貧乏，而後才慢慢地豐富和複雜起來。

　　可以設想有一個階段語言尚未被發明，人們為了相互交流，只能憑藉奮力喊叫、手舞足蹈，這些是自然賦予人們的基本符號，也被所有人理解。直到現代，所有語言中都還有表示喊叫的感嘆詞，它們無疑就是言談的基本要素。當還有很多內容需要交流的時候，人們就用聲音來模仿，最初只能模仿自然中的事物所發出的聲音，例如模仿鳥的鳴叫、蛇的嘶嘶聲、有東西落在

007　Blair，*A Bridgment of Lectures on Rehtoric*, Carlisle, 1808：47.
008　同上，第48頁。

樹林中咔嚓咔嚓的聲音。因而，古代人詞語較為匱乏，人們交流的時候總免不了手舞足蹈，用各種手勢體態來傳達其思想。當然，這些類比的方法只能解釋原初的語言，而成熟的語言已經脫離了這樣的階段，甚至丟掉了原初語言的一些痕跡。現代語言中的詞彙普遍可被看作是一種象徵，而非模仿，是一種隨意或俗成的符號，而非觀念的自然符號。

然而，布萊爾並不因此而否認古代語言的優越性；相反，它們在一定程度上表現出非常迷人的魅力。在古希臘和古羅馬的語言中，還保留著很多音樂性和動作性的發音，正因如此，人們發現古代演說家的言辭繪聲繪色，它們甚至能合乎節拍和音律，可以用樂器來伴奏，現代人的言語卻千篇一律，枯燥無味。西塞羅（Marcus Tullius Cicero, 106 B.C. ～ 43 B.C.）曾說，著名的演說家羅西烏斯善用各種簡單明瞭的手勢，而他的長處是措辭比較豐富。羅馬人喜歡看啞劇，沉浸其中，甚至像看悲劇那樣涕泗滂沱。與此同時，古代人的詞彙總是與某些可見的事物聯繫在一起，充滿了比喻。「因為要表示任何的願望或情感，或者心中的活動或感受時，他們沒有專用於那種目的的固定表達方式，只好透過暗指某些與那感情或情感緊密相連的可見事物來描繪，因而一定程度上就將那願望或情感也讓他人看得見。」[009] 這樣的風格既是古代人的必需，也是因為他們彷彿處於幼兒階段，對各種事物都充滿好奇或恐懼，因此想像活躍，情感豐富。現代人語言豐富了，情感卻遲鈍了，「不是詩人，而是哲學家成了人們的導師，在他們關於所有話題的推理中，引入了一種更平白、更簡樸的寫作風格，我們現在稱之為散文（prose）」[010]。

與口頭表達相應，文字書寫也經歷了一些變化和發展。在人類社會早期，人們首先要滿足口腹之欲，當外物還沒有名字的時候，如果人們想要得

009　Blair, *A Bridgment of Lectures on Rehtoric*, Carlisle, 1808：54.
010　同上，第56頁。

到某物，就只能用喊叫和手勢來表示，如果他已經掌握了名字，他就必定首先把那個物的名字說出來，以表達其急切之情。比如，他想得到水果，他就會說，「水果給我」，拉丁文當中就是這樣表達的，而在英語中則說，「給我水果」。這樣看來，古代語言把客體放在句首，是按照直觀秩序來組織的，而現代語言按照理解的秩序來組織，把主體放在句首，其次是動作，最後是動作的事物。但現代語言也因此而面臨一點劣勢，那就是在詩歌中語詞轉換和倒裝的自由度要小很多，雖然像義大利語等語言更接近於古代語言，自由度要大一些。

書寫是從講話發展而來的，其中的文字主要有兩個類型，即物（things）的符號和話（words）的符號，[011] 圖畫、象形文字和象徵符號屬於前者，為古人所用；字母文字屬於後者，為現代歐洲人所用。圖畫出現最早，源於模仿，但也很不完善，因為不可能很完整地記錄時間中延續的事件。象形文字隨後而起，主要是用象徵的手法，即用具體之物來表達抽象觀念，埃及人用蒼蠅來表示謹慎，用螞蟻表示智慧，用鷹表示勝利，但這樣的文字神祕難解，因而不是記載知識的完善工具。之後又出現如漢字這樣的文字，它們是簡單而任意的記號，並不類似所指的外物，但這種文字數量巨大，不便掌握，阻礙了學術的發展。在物的符號這些文字之後，才出現了話的符號：「為了改善上述交流方法的缺陷、模糊和單調，第一步就是發明一種並不直接表示物，而是表示物之被命名和區分的話。」[012] 所以布萊爾認為，音節系統要比字母系統出現得早，至今還保留在衣索比亞和印度等地方，但這種文字也不完善，因為它們的數量依然龐大。無法得知是誰發明了字母，但據說是卡德摩斯（Cadmus）將其引入希臘，最初只有 16 個字母，而後才不斷擴充，以恰當表示多樣的發音。

011　布萊爾的意思是文字有表意和表音兩種，物的符號是表意的，話的符號是表音的。
012　Blair, *A Bridgment of Lectures on Rehtoric*, Carlisle, 1808：61.

毫無疑問，布萊爾如其他作家一樣的歐洲中心主義的言論多半是來自臆測空想以及一種虛假的歷史主義，但即便如此，他也沒有像讀者期待的那樣，從美學的角度對文字的這一發展過程予以深入解讀，也沒有用凱姆斯那樣的心理學解釋這一過程。隨後，他重點分析了英語這種語言的要素及其優劣，如詞性、詞格、時態，指出英語詞彙豐富、句式簡潔。這些都是為了闡述他所認為的理想的風格，有用詞的明晰、精確，句法上的清楚、統一、有力和悅耳。這些論述簡明而實用，配有準確而豐富的例證，足以成為學習者的教科書。這樣的論述雖然能讓人寫出正確而清晰的英語，但恐怕很難培養出多少富有創造力的天才，讓他們寫出崇高或優美的作品來。

　　令人印象深刻的是布萊爾對形象語言的探討，而且也是在此處開始討論修辭問題。在他看來，寫作除明晰、精確之外，還要有修飾，也就是形象語言的使用。「形象可被描繪成由想像或情感促動的語言。修辭學家普遍將它們分為兩大類：詞的形象和思想的形象。前者通常被稱為比喻，體現在詞被用來指示不同於其原意的東西。因而，如果這個詞被改變，這形象也就被破壞了。……另一類，叫做思想的形象，認為形象只包含在情感之中，而詞語用其字面意義，就如在叫喊、疑問、呼告和比較中。在這裡，儘管詞語會變化或從一種語言譯為另一種語言，這同一個形象仍被保存下來。」[013]到這裡，布萊爾才用到了想像和情感的一些理論，它們來自休謨及其之後的作家，從中我們可以看到這些理論如何被運用到文學領域。

　　布萊爾認為，比喻在某種程度上源自語言的匱乏，但主要還是來自想像對語言的影響。「想像從不會專注於任何單個或單獨的觀念或事物，而是專注於伴隨有可被看作是其附屬物的觀念或事物。這些附屬物經常比主要觀念本身還要更有力地作用於心靈。它們也許在本性上更悅人，或者為我們的構

013　Blair, *A Bridgment of Lectures on Rehtoric*, Carlisle, 1808：102—103.

想更熟悉，或者讓我們想到更豐富的重要細節。」[014] 這些附屬物甚至喧賓奪主，使主體徒有其名。當人們形容一個國家最為強盛的時候，不由得就想到植物或樹木的茂盛，因而說：

「羅馬帝國在奧古斯都手裡最為繁榮（flourished）。」比喻和形象之所以能造成優美和優雅的風格，是因為它們使語言變得更加豐富多彩，能夠描寫所有種類的觀念，哪怕這些觀念之間的區別多麼細微。同樣地，運用一些平常少用的形象和比喻還能使風格變得偉大高貴，就像名門望族身著華麗服飾。運用形象和比喻的時候，讀者的想像中同時就出現了兩種形象，而又不會令人困惑。例如，托馬森的詩句「但在那遠方強大的白晝之王降臨，在東方歌舞昇平」，「白晝之王」明顯指太陽，而「王」則又使他高貴偉大，「歌舞昇平」又讓人感到日出東方的壯麗。如此一來，想像在東方的太陽和宮廷中的君王之間來回穿梭，同時又能看出兩者之間的相似。

比起單純的詞語來，形象可以使主體呈現出更加清晰動人的景象。因為它們不僅讓抽象的概念轉化為可見的形態，而且還將其置於一種獨特的環境之中，讓人有更清楚、更深入的領會。即使是一種捉摸不定的信念，也能在形象中表現出額外的活潑和力量。所有的比喻都建立在兩種事物之間的關係上面，兩者之間在想像中相互轉化、相互激盪，自然要比單純的陳述和推理生動活潑。這種關係可以是指示、因果、包含，因而就有了不同的比喻，例如明喻、暗喻、提喻。基於對形象語言性質的規定，布萊爾解說了各種修辭手法，比如暗喻、誇飾、擬人等。一如既往，他的解說條理分明、詳實有據，也同樣缺少深入的思辨。

---

014 同上，第 103 頁。

論風格

　　即便掌握了語言的基本規律和修辭的基本規範，人們仍然會發現各個領域的寫作具有不同的特色，不同的作家也表現出不同的風格，所以人們通常所謂的風格，既源於文體也來自作家的性格。但人們普遍都認可，一部作品在整體上應該具備統一的風格，「我們仍然期待在任何一個人的作品中發現某種統一的風貌，我期待風格的突出特徵體現在其所有作品中，這風格象徵著他心靈的獨特天才和稟賦」[015]。李維（Titus Livius）在演說上的風格不同於其歷史作品，塔西佗（Gaius Cornelius Tacitus）也是如此，但是這兩位歷史學家在演說上風格的不同也還是有跡可循的，一者繁華富麗，另一者簡潔凝練。若是沒有這種可以辨識的風格，人們就可以說一個作家只是拾人牙慧，而不是受了天才的激動有感而發。可以設想，在布萊爾看來，文體上的風格是外在規範，但在這規範之內，個人的天才才是風格的真正原因。

　　作家影響風格的首要因素是其思維模式，有人明晰，有人模糊，由此造成簡潔或繁縟的風格。簡潔的作家將其觀念壓縮在幾句話裡，寧缺毋濫，要麼不說，要麼字字珠璣，極具表現力，語句有力而非優雅。這種風格以塔西佗、孟德斯鳩（Montesquieu, 1689～1755）為代表。而風格繁縟的作家要將其觀念完全暴露出來，步步為營，巨細無遺。前一種作家著重於讀者的想像力，而後一種作家則需要理解力。這種風格以西塞羅、艾迪生為代表。它們各有優缺，也各有用處，談話需要較為繁縟，這樣能不斷抓住讀者的注意力，不斷刺激其思維活躍。而書面的描寫則需簡潔，這能夠激發讀者的想像，而煩瑣的詞語和細節則必然阻礙想像，使作品模糊不清。無論是詩歌還是散文，最活潑有力的描寫就是準確地選擇一兩個重要細節，貫穿始終。

015　Blair, *A Bridgment of Lectures on Rehtoric*, Carlisle, 1808：128—129.

布萊爾

　　然而，兩種風格都不能過度，否則就造成缺陷。過於簡潔的風格固然讓人覺得強健有力，但也容易粗糙枯澀，因為這類風格的作家會用一些生僻詞，句子中有很多強行的插入語。在布萊爾看來，17 世紀的作家們通常有此傾向，羅利、培根（Francis Bacon, 1561～1626）、胡克、卡德沃思等人，皆是如此，但這也是事出有因，那個時候的英語尚不成熟，作家們多用拉丁文的句法來組織英語，所以顯得刻板無文。到了 18 世紀，作家們的語言少了些力度，但自然流暢，明白易懂。

　　影響風格的另一個要素是修飾思維的方法，可分為乾澀、樸素、洗練、雅緻、華麗等五個層級。乾澀的文風拒絕任何修辭，只能被理解，不能悅人耳目，多用於說教，顯得明晰條理。樸素的風格僅有少數修飾，作家們依靠自己的理智來寫作，但並不枯燥無味，如果運用得當，反而顯得生動有力，令人愉快，史威夫特（Jonathan Swift, 1667～1745）是這類作家的典範。而洗練這一風格的作家不同於前者的地方在於，他們有意地追求一些修飾，但十分克制。他們精於選詞煉句，不求韻律和諧，即便有一些形象語言，也簡短精確。雅緻的風格比洗練有更多的修飾，幾乎能用到所有的修飾，但沒有一個方面存在過度或欠缺。它用詞純淨準確，造句嚴謹巧妙，形象語言恰到好處，音律悅耳動人，同時在推理上也符合邏輯。華麗的風格則意味著過度的修飾，這種風格在初出茅廬的作家身上猶可原諒，但若是成熟的作家便讓人難以容忍。這種風格看似優美，實則形象過於泛濫；腦中忙於理出頭緒，反而抑制了想像，因而令人生厭。

　　質樸（simplicity）常被用來指一種風格，但人們也許並不真正明白質樸的準確內涵。布萊爾說，人們對質樸的理解至少可以分為四種：首先，質樸可與成分的多樣相對。比如，在悲劇中，單一情節與多重情節相對而言是質樸的，在這個意義上，質樸與統一性類似。第二，質樸可以指思維的模式，與精細相對。質樸的思維是自然流露出來的，有感而發，通俗明白，而精細

的思維則錯綜複雜，令人難解。布萊爾說此種意義上的質樸與風格無關。質樸的第三種意義有關風格，可與華麗和繁瑣相對，與樸素或洗練類似。第四種意義也與風格有關，但與修飾的多寡無關，而是與表達思維的方式有關，表現為自然曉暢，與修飾並不衝突，而是與修飾的造作相反。所以，質樸的作品自然天成，毫無斧鑿痕跡，它們可能用詞豐富，充滿形象和想像，卻得來全不費工夫。在這樣的作品中，作家的情感和稟賦自然呈現，全無偽裝。「讀一位質樸的作家就像與一個身居高位之人在家中隨意交談，我們能領略其本色的風貌和真實的性格。」[016] 追求質樸也可能伴有缺陷，那就是缺乏美感，但真正的質樸因為是天才和感情的自然流露，所以它便容得下一切恰當的修飾，而且不露任何造作之態。

　　與質樸相對立的風格是矯飾（affectation）。很有意思的是，布萊爾二話不說，直接拿沙夫茨伯里開刀，雖然沙氏的作品有諸多優點，但沒有任何質樸之處。「他彷彿認為像其他人那樣說話就是粗俗，有失大家風範。因此他便穿上高跟靴，說話拐彎抹角，故作優雅。在他的每一句話裡，我們都看見刻意經營的痕跡，而不見有來自內心的自然溫和之情的那種輕鬆自如。他用盡各種各樣的形象和修飾，有時是用得巧妙，但很明顯他痴迷於此道，一旦抓住某個令他愉快的隱喻或典故，他就不會輕易放手。在一定程度上說，他擁有趣味上的精巧雅緻，但也可被稱作過度和病態的，沒有一點情感上的激動，他性格上的冷漠也讓人想到其作品中的故作深沉之態。對於模仿者們來說，沒有哪個作家比沙夫茨伯里更危險的了，他有許多光彩奪目的美，卻也身陷諸多巨大的錯誤。」[017]

　　布萊爾的話說得沒錯，沙夫茨伯里著述不多，但每一篇文章都精雕細琢，精益求精，讀起來彷彿置身花園，繁花似錦，絢麗多彩，曲徑通幽，

016　Blair, *A Bridgment of Lectures on Rehtoric*, Carlisle, 1808：138.

017　Blair, *A Bridgment of Lectures on Rehtoric*, Carlisle, 1808：138—139.

布萊爾

柳暗花明，但對於想要得到明白答案的讀者來說則覺得曲裡拐彎，暈頭轉向。然而，布萊爾與沙夫茨伯里顯然不是走在同一條路上，目的地也各不相同。布萊爾事先就有一個清晰的目標，那是眾所周知的價值和真理，所以他只關心如何建一條康莊大道，直達目標，而沙夫茨伯里首先懷疑芸芸眾生所求取的目標是否正確，如果不撥開迷霧，就談不上讓真正的價值和真理顯露真容，而且價值和真理也許從不是明白可見，一成不變，能夠直接傳授給別人，或直接被別人接受，所以他必須像蘇格拉底那樣讓自己和他人反躬自省，拋開成見，終而虛懷若谷，此時真理才不是被他人賜予，而是由自我爭取。但是，給人指出明路也許容易，但要自我內心明澈卻不容易，若非先自我剖析、自我批評，就不能接受任何真理，更談不上傳達真理，這一過程艱辛而漫長，欲速而不達。想想沙夫茨伯里所處的時代，是光榮革命剛剛結束，百廢待興，況且宮廷和教會的專制之風也未徹底掃除，而他所設想的自由政治首先要清除權威，由自由個體自覺自悟，而不是盲從輕信，所以寫作和表達首先是以人為鑑，自我檢視，自然免不了迂迴曲折，步步小心，否則便誤入歧途，難覓正途。這個過程有破有立，其破的手法異常特殊，面對權威，沙氏提出要嘲諷，並視之為嚴肅之理的試金石。反過來看布萊爾，對現存價值和真理深信不疑，啟蒙理性信心滿懷，無須質疑和反省，只需恪守客觀規則，便能大功告成，他自然就不理解沙夫茨伯里的良苦用心，簡言之，沙夫茨伯里將寫作和表達看作是一個自我檢視的過程，而布萊爾則視其為一種簡單有效的工具，殊途且不同歸。

沙夫茨伯里篳路藍縷，開創別具一格的英國啟蒙運動，不是以科學知識照亮整個宇宙，指導社會生活，而是力圖破除迷信和權威，激發個體的自然良知，讓人樹立高尚情操，從而淳化社會風俗。但他確實秉持一種貴族姿態，顯得煢煢子立，難有和者，加之後期作品破舊居多，立新居少，因而留

給人多是陰陽怪氣的嘲諷和辯論，而不是曉暢明白的論述說教。到了布萊爾這裡，人們明顯可以看到，他不再似沙夫茨伯里那樣憂心忡忡，在他眼中，不再有可破之物，只有不成熟之處，所以呈現出的是一派樂觀。

有一種風格不同於質樸和矯飾，可叫做熱烈（vehemence），它蘊涵著一種力量，但也可與質樸相容。具有這種風格的作家，懷有一種獨特的熱情，想像活躍，不顧及那些低俗的優雅，任心中的情感傾瀉而出。這樣的風格「屬於更高一等的演說，只有善於演說的人才具備，而非在書齋中寫作的人所有。狄摩西尼是這種風格最充分而完美的典範」[018]。

敘述了各種風格之後，布萊爾向學習者提出一些指導以使其作品獲得一種好的風格。第一，說話和寫作的前提是要對自己所要表達的觀念或主題有清晰的認知和深切的感觸，之後才能動之以情，曉之以理。第二，就是勤加練習，但不能隨意而為，必須熟悉創作的基本要素和規範，但也不能過於拘謹，字字斟酌，否則就會阻斷情感和想像的運行。第三，有必要熟知和學習各類風格的名家，這樣會形成一種正確的趣味，也能增加創作的素材，同時也能以名家為鑑，找出自身的不足。第四，切勿照搬他人風格，亦步亦趨的模仿只會阻塞自己的天才。第五，風格一定要適合主題，也要適合面對的聽者和讀者。第六，「切莫過多專注於風格，以至於干擾了對思想的關注」[019]。「用美的言辭來裝飾瑣碎平庸的思想，比提出許多富有活力的、獨創性的和有用的感想要容易得多。」[020] 有些時候，某種風格可以透過勤奮練習來塑成，但思想卻多來自天才，有了思想和情感，風格便不必刻意營造也能自然而成，學習法則和典範，是為了到最後為我所用，不拘於定法。

18 世紀英國美學由於並不單單關注藝術理論和批評，而是注重揭示審

---

018 Blair, *A Bridgment of Lectures on Rehtoric*, Carlisle, 1808：139—140.

019 同上，第 142 頁。

020 同上，第 142—143 頁。

布萊爾

美經驗的規律，所以此前尚未有人專門討論文學或寫作的風格，雖然他們都對美予以了前所未有的詳細分類；此前更沒有人把風格與一個人的心理特徵或性格連繫起來，描述不同風格的原因，當然這種心理特徵或性格不同於個性，即情感上的傾向以及生活閱歷的總體特徵，而是強調了作家思維模式上的獨特性，所以他所描述的理想風格雖然突出作家自己的思想和天才，但也更強調演說和寫作的主題和面對的不同接受者，也就是強調了文學的應用性。這樣的風格理論迥然不同於浪漫主義文論視文學為情感的表現，甚至為藝術而藝術。儘管這樣，布萊爾的風格論也顯出其新穎之處，鑑於其著作的流行程度，未必沒有對後來的文論形成影響。

論雄辯

　　如果說布萊爾強調文學的應用性，那麼最能體現這一點的便是他對雄辯的論述，因此這也是其《論修辭》中富有特色的一部分。所謂雄辯，自然是一種於公共場所進行的演講，與私人談話和寫作截然有別。所以，對雄辯的理解離不開對人們在社會中進行公開交往的方式，也離不開對政治體制的考察。字裡行間，布萊爾透露出建設一個適應於現代社會公共領域的努力，這使其修辭學也超越了純理論的說教，顯出一定的社會政治內涵。從這個角度來說，布萊爾也繼承了沙夫茨伯里和艾迪生的文化批評傳統，當然他們之間也存在很大的差別，沙氏注重解構傳統的專制文化，艾迪生注重激發市民文化的批評活力，而布萊爾則側重正面建構理性的社會交往。

　　布萊爾首先為雄辯下了個定義：「雄辯是一種說服的藝術。它最基本的要素是堅實的論證、清晰的步驟和演說者真誠的儀表，風格上和表達上的這種優雅才能抓住注意力。」[021] 健全的理智（good sense）必定是其基礎，否則就沒有真正的雄辯，傻瓜除了能說服傻瓜外，不可能說服任何人。在說服

021　Blair, *A Bridgment of Lectures on Rehtoric*, Carlisle, 1808：155.

一個有頭腦的人之前，我們必須先進行證明，讓他相信。不過，哲學家可以透過證明來使我們相信真理，而一個演說家則能喚起我們的感情，說服我們心悅誠服地付諸行動，但無論如何，證明是打動人心的一條途徑，是演說家首先要掌握的，否則說服就不夠穩固，雖然演說家並不停留於此，而是「必須以真情實感講話，必須為想像描繪，並且觸動內心」[022]。要做到後者，所有能撫慰人心、令人心動的創作和朗誦藝術都必不可少。

由此而言，雄辯可以分為三個層次：最低層次的雄辯旨在取悅聽眾，歌頌的言辭、就職演說、干謁權貴之辭、高談闊論便是如此，其中的修飾固然也給人帶來無害的娛樂，但終究不免會蛻變為淺薄無趣的賣弄風情。第二個層次的雄辯的目的不僅是取悅於人，而且還給人些教導、鼓勵，讓人相信，演說者用盡技巧來選取有利於己的論據，編織優美得體的言辭，以博得他人的贊同和支持，這類雄辯主要用在法庭上。第三個，也是最高層次的雄辯不僅令人相信，而且還引人矚目，讓我們與演說者達到情感上的共鳴，愛其所愛，恨其所恨，讓我們心中充滿要決心去行動的活力和熱情，群眾集會中的辯論以及布道壇上的演說屬於此類。

「這種高級的雄辯總是情感的結晶。我們所謂的情感是心靈的一種狀態，它由眼前的某個事物激起和點燃。這就是公開演說者為感染其聽眾的那種眾所周知的狂熱的力量。在這裡，那種深思熟慮的激辯和殫精竭慮的修飾，它讓心靈無動於衷，與循循善誘的雄辯背道而馳；在這裡，所有矯揉造作的手勢和發音都有損於演說者的價值；在這裡，一切必要之物以及被認為是必要之物，都是精誠所至，水到渠成，都是為了令人信服。」[023]這三個層次的雄辯中都有情感的參與，但情感有真有假，有表面的有深沉的。情之所至，然後才有真正的雄辯。

---

022 Blair, *A Bridgment of Lectures on Rehtoric*, Carlisle, 1808：155.
023 同上，第157頁。

布萊爾

　　講到雄辯的歷史，布萊爾將其與社會體制聯繫起來。在古代東方或埃及，有某種雄辯的存在，但它們更多的是詩歌，而非真正的雄辯，因為人們之間的往來並不頻繁，加之那個時代只有獨裁政治，一個人或少數人掌管政府，而民眾只要盲目地服從，他們只是被驅使，而非被說服，公開演說無足輕重，而且在平息爭訟時多用武力強制，說理辯論自然無用武之地。

　　只有到了古希臘的共和國，人們才看到有作為說服藝術的雄辯出現，而且其成就前無古人，後無來者。古希臘諸城邦，先有暴君獨裁，而後被民主政府驅趕，然而民眾受自由精神的激勵，積極參與政治，相互競爭，如果不用武力，便要用語言來決出勝負，這就是雄辯之所以興盛的原因。古希臘最偉大的演說家當屬狄摩西尼（Demosthenes, 384 B.C. ～ 322 B.C.），在他身上，雄辯臻於完美。狄摩西尼天生不善言辭，也不善於取悅他人，甚至平常說話也帶有口吃，但他隱居山洞，潛心學習，每日面朝大海，把洶湧的波濤當作喧鬧的聽眾。他口含卵石，鍛鍊發音，懸劍於肩，矯正身姿，練出優雅的動作。不過，時代也提供了偉大的機遇，當馬其頓強大起來，意欲主宰整個希臘的時候，自由精神受到了威脅，狄摩西尼拍案而起，他懷著無私的公共精神，激起同胞的尊嚴，揭穿腓力二世想要麻痺雅典人的險惡用心。為了達到這個目的，他譴責同胞唯利是圖、好逸惡勞，對公共事業麻木不仁；他號召同胞一起回想祖先的榮耀，喚醒他們的正義、仁愛和勇敢。在他的演說中，沒有華麗的辭藻，沒有精緻的修飾，但處處顯示出其公共精神所煥發出的熱情。「是思想的活力，尤其是他自己的思想，才形成了他的性格，使他卓爾不群。他彷彿不在意詞句，只在乎實質。我們忘記了演說者，只想著演說主題。」[024] 狄摩西尼把自己糅進了他演說的主題當中，不去譁眾取寵，而是與聽眾同聲相應，產生共鳴。狄摩西尼的演說並非完美無缺，遣詞造句

024　Blair, *A Bridgment of Lectures on Rehtoric*, Carlisle, 1808：160.

生硬乾澀，缺乏優雅，反過來這倒也是他的優點，因為他的每一個詞都充滿表現力，每一個句子都堅定雄健，顯出一種崇高。

古羅馬人的雄辯藝術學自古希臘，但他們無論在活力上還是敏銳程度上都比不上老師，羅馬人的情感太遲鈍，想像力也不活躍，民眾冷漠無情。他們的語言就像他們的性格，僵硬古板，不適合多樣的創作。相形之下，希臘的作品更多源自天才，而羅馬的作品則來自規範和技巧。他們的性格和語言與其政體有莫大的關係，在共和國時期，公共演說便成為獲取權力和名聲的工具，稱不上是雄辯。在西塞羅之前，雄辯有短暫的繁榮，克拉蘇（Crassvs, 115 B.C. ～ 53 B.C.）和安東尼烏斯（Marcus Antonius, 143 B.C. ～ 87 B.C.）最為著名，但他們的作品都不能長久流傳，包括西塞羅的對手荷爾頓西烏斯也是曇花一現。在西塞羅之後，古羅馬便進入暴君時代，人民失去自由，飽受奴役，自然也就沒有雄辯的地位了。

西塞羅的出現，使得雄辯進入一段輝煌的歷史，他足以稱得上是古羅馬雄辯的代表性人物。他的思路非常清晰，論據恰當，每一處都井井有條，從不打無準備之戰，在這點上，他要超過狄摩西尼。他的語言優美華麗，句式嚴謹細緻又變化多端，讀起來圓潤流暢，絕無生澀突兀之處。西塞羅的演說通常都有一段序言，以喚醒聽眾，盡力博得他們的喜愛。他既能優雅婉轉，動人心弦，也能在嚴肅重大的題目上迸發出力量和熱情。然而，這位偉大的演說家也有其缺陷，最大的缺陷就是斧鑿痕跡過於明顯，「他彷彿常常渴望獲得崇拜，而不是運用論證。因而他有時顯得賣弄炫耀，而不能言之鑿鑿；在應該疾風驟雨的地方，顯得散漫無力」。他的每一段話都音韻和諧，富於節奏，但也過於華麗，缺乏力度。所以，他雖然身居要職，貢獻巨大，但彷彿總是在為自己唱讚歌，換言之，他寧可讓人關注自己而不是他為之服務的事業。

布萊爾

羅馬帝國的衰亡沒有換來雄辯的繁榮，基督教的出現帶來了懺悔、布道等類型的雄辯，但它們都不算是真正的雄辯，因為那個時代的人們沉溺於空洞牽強的思想，玩弄文字遊戲。他們的演說也粗糙無文，空洞乾癟。即便在中世紀之後的歐洲，人們也不再像古希臘和古羅馬那樣重視雄辯，也不有意培養。世人的天才轉移到了其他地方。只有兩個國家，法國和英國還保留著雄辯的傳統。法國人的稟賦適合學習人文學科，也從群眾那裡得到了支持，而英國則有自由的政府，人民有自由的精神和天才，但雄辯終究不比古代那樣風光。

雄辯之所以在現代社會衰落，布萊爾認為有以下幾個方面的原因：一是現代人的思維方式發生了變化，那就是要求精確。公開演說者在激發聽眾的想像與情感時總是縮手縮腳，反過來他們自己的天才也受到束縛，難以施展。而人們之所以要求正確的推理和健全的理智，實際上主要是因為其性情過於冷靜或冷漠。反觀古希臘人，他們情感激烈，想像活躍，使他們更能欣賞演說的美。二是現代國家體制發生了很大的變化。儘管英國議會給公開演說提供了現代社會最高貴的場所，但相比於古希臘和古羅馬，演說仍然作用有限，就更別說專制政府了。想當年，古希臘的法庭上，至少有50人組成的陪審團，加之法律簡單稀少，雄辯的作用可想而知，而現代的法律體系複雜煩瑣，一個人窮其一生也很難盡解，訴訟就必須依靠證據和推理，留給雄辯的餘地就少之又少了。宗教領域也是如此，教堂之中的布道更多的是閱讀，而非朗誦，各教派之間歧見紛爭，多半依靠考據論辯來解決，其表達自然是嚴密冷靜，少了許多熱情澎湃的演說。

縱然現代的雄辯相形見絀，但布萊爾並不刻舟求劍試圖讓社會形態適應雄辯藝術，而是基於現代社會的形態來重建雄辯藝術。不要刻意模仿古人，這是布萊爾的明智之處。布萊爾針對現代社會的特點，給出了自己的指導和

建議。不管社會怎麼變化，雄辯的基本特點是不變的，那就是堅實的論證與恰當的修飾和表達，健全理智和嚴密思維是這門藝術的基礎。一個演說者首先應該熟悉其討論的主題，有真材實料，這會讓他的演說透出一股剛健有力的氣勢，否則再是天花亂墜，過後來看也是味同嚼蠟。其次，一個演說者要遵循一條主要法則，他必須對自己所宣講的觀點有堅定的信心，永遠不要削弱自己的論點和論據，這股激情可謂雄辯的生命。再者，公開場合的辯論不同於布道壇的布道，它不允許你有充分的準備，所以在辯論開始時你可以有條不紊地介紹自己的觀點，但隨著辯論的深入這種做法就不再適合，刻意講究顯得很優雅，但始終不如自由奔放的言語來得有說服力。這不是說不應該有所準備，而是說在辯論過程中不要過於雕琢語句。無論如何，演說的最高境界就是與聽眾達到相互共鳴，而這依賴的是激情，雖然這種激情應該與主題相呼應。「在大規模的集會中，激情很容易被激發起來，在這裡，激情的運動是透過演說者與聽眾之間的相互同情而交流的。言語的熱情、情緒的熱烈澎湃，源自受某種偉大而公開的事物所激發和鼓舞的心靈，源自近乎完美的喜聞樂見的雄辯的獨特性格。」[025]

在布萊爾看來，演說就是對群體情緒的操縱和控制，所以演說者必須掌握這種情緒的規律。某些情緒很容易在公開集會中相互傳染，演說者卻始終要保持清醒的頭腦。「甚至熱情契合於主題，並且由天才而推動的時候，當活力被感受到而非掩飾的時候，我們也必須小心，以免衝動使我們陷得太深。如果演說者失去自制力，他就立刻會失去對聽眾的控制。他必須開始的時候保持溫和，然後設法讓聽眾漸漸地與自己一同活躍起來。因為如果他們的激情與他自己的激情步調不一，人們立刻就會感到不和諧。始終要讓對聽眾的尊重約束自己的熱情，防止其超出適當的界限。當一個演說者能掌控自

---

025 Blair, *A Bridgment of Lectures on Rehtoric*, Carlisle, 1808：169.

布萊爾

己，以至於能保持對論證的密切關注，甚至是對某種精確表達的關注，這種自我控制、這種激情之中的理性之力，會極大地愉悅人心，也令人信服。」[026]

布萊爾在美學理論上實際上並無多少創見，而是直接取自前人或當時的常識，不免平淡乏味，但是從另一方面說，他也把流行的美學理論加以運用，用來指導實際生活中的寫作和演說，力圖反對繁複造作的學院作風，回歸西塞羅的文學傳統。他的語言平白曉暢，通俗易懂，很適合作為教科書，所以影響甚廣。不過，這裡想要指出的一點是，從布萊爾身上人們很容易發現，縱然 18 世紀英國美學運用心理學的方法提出諸多創造性的觀點，但更多的時候還是尊重傳統，一定程度上是從心理學的角度對傳統的文藝規範進行解釋。然而即便如此，這種美學的創造性終將在浪漫主義中得到彰顯，詩人注重內在心靈的探索和表達，詩歌的目的在於激發心靈中的情感。

---

026 同上，第 170 頁。

女刑務

艾利遜

艾利遜（Archibald Alison, 1757～1839），出生於愛丁堡，曾就讀於格拉斯哥大學，在那裡他結識了後來著名的哲學家斯圖亞特（Dugald Stewart, 1753～1828），後來也曾進入牛津大學貝列爾學院學習。1778 年，他接受英格蘭教會的任命，獲得布朗士瀿斯的副牧師職位，此後的生活都在宗教事業中度過。他的布道以思想平和、言辭優雅而著稱，擁有廣泛的聽眾，並且出版過一本布道文集。但是，他更因其美學著作《論趣味的性質和原理》（1790，以下簡稱《論趣味》）而廣為人知，也因此成為蘇格蘭啟蒙運動中的一個重要人物。很明顯艾利遜吸收了之前幾乎所有的美學觀念，如哈奇森和傑拉德的內在感官、休謨的想像和同情、霍加斯和柏克的唯物主義，但他突出了其中的想像理論或聯念論，並以此把各種學說整合在一起，形成一套完整的美學，在其中，他尤其強調了心靈性質或性格對於美和趣味的重要意義。這使得他的美學更合理，也更有包容性。單就審美經驗理論而言，艾利遜的美學是最為廣泛和完善的。

趣味情感的本質

在《論趣味》的導論中，艾利遜首先對趣味給出了定義：「一般來說，趣味被看作人類心靈的一種能力，憑藉這種能力，我們知覺並欣賞自然或藝術中美的或崇高的東西。」[027]

同時，在對這些性質的知覺中伴隨著一種特殊快樂情感，可以被稱作趣味情感[028]。趣味的事物可分為崇高和美兩類，因而趣味情感也可分為美的情感和崇高的情感兩類，所以關於趣味的研究就有兩個方面：一是事物中美和

---

027 Archibald Allison, *Essays on the Nature and Principles of Taste*, Vol. 1. Edinburgh, 1811： preface, xi.

028 這裡的「情感」原文為「emotion」，在論艾利遜的這一章中，作者沒有刻意區分 passion、emotion 和 sentiment 等詞語，因為艾利遜本人也沒有辨析這些詞語，他多數時候都使用「emotion」一詞來表示美感，為了符合中文的表達習慣，作者一般都譯為「情感」。

崇高性質的本質，二是趣味這種能力的本質。因為當我們沉浸於崇高與美的情感中時，我們就不再能意識到這些情感的原因，所以從方法上來說，只有透過「多樣而耐心的實驗，我們才能逐步確定這些特殊性質，這些性質透過我們本性的構造永遠是與我們所感到的情感關聯著的」[029]。同時，當這些性質和趣味能力的本質得到確定之後，我們也就自然而然地可以確定各種產生崇高與美藝術的一般原理。

　　不過，艾利遜刻意提醒我們，在探索趣味情感的這兩個問題之前，最重要的一步應該是首先考察作為效果（effect）的趣味情感本身，也就是說，我們最終感覺到的崇高與美的情感是什麼。因為他認為之前的美學家都犯了一個相同的錯誤，那就是把趣味情感僅僅看作是一種簡單情感，或者說把趣味情感與趣味情感所產生的所有心理效果混淆了，並把這種簡單情感歸因於人類心靈的某一個原理或規律。有人假設，人有一種特殊感官能知覺到崇高與美的性質，因而斷定趣味藝術就是對被這種感官發現的性質的模仿，艾利遜指出這樣的理論家有霍加特、溫克爾曼（Johann Joachim Winckelmann, 1717～1768）和雷諾茲（Sir Joshua Reynolds, 1723～1792）等人，他們的探索專注於趣味情感的原因而非趣味情感本身的本質。也有人認為，人並不具有某種特殊感官，而是認為心靈中有一種眾所周知的原則和性情，而這也是一切趣味情感的基礎。例如，狄德羅（Denis Diderot, 1713～1784）將趣味情感歸因於對關係的感知，休謨歸因於對效用的感知，他們更多地關注趣味情感的本質而不是其原因。艾利遜認為這些結論並不符合事實，因為在每一種趣味情感中都伴隨有許多其他偶然的快樂情感。例如，「從事物的其他性質而來的各種簡單的快樂，從物質而來的快適感覺的快樂以及因我們

029　Archibald Allison, *Essays on the Nature and Principles of Taste*, Vol. 1. Edinburgh, 1811：preface, xiii-xiv.

艾利遜

本性的構造而與我們的官能發揮相關的快樂」[030]。因此，只有清晰地意識到趣味情感發生時在我們心裡產生的效果，才能真正把趣味情感與其他偶然的情感區分開來，從而確定其本質，也只有這樣才能最終確定趣味情感原因的性質以及趣味這種能力的本質。

艾利遜說，人們通常都把崇高與美的趣味情感歸因於想像力，但不一定理解這些情感所產生效果的本質，想像力的活動都包括哪些成分。因而，他首先開始從現象層面觀察崇高與美的情感是如何作用於人的心靈的。他觀察到，當崇高或美的事物呈現於心靈之前時，總是在每一個人的想像中激起一系列與原初事物的特徵或表現相似的思想；反過來，簡單地察覺到這些事物並不足以激發崇高或美的情感，除非同時伴隨有心靈或想像活動。伴隨著對一系列快意或壯麗思想的想像，我們的心靈就被情感所充盈，「我們目前的事物好像不能提供充分的原因」[031]。因為不管是面對自然景觀還是藝術作品，當我們只是關注眼前的事物時，我們就不能追溯那些在心靈中快速流過的思想的歷程或關聯，原來的滿足也就隨之消失了。所以，「只有當我們的想像被它們的力量點燃，使自己沉浸於在我們心靈之前穿過的種種形象之中，並最終從這種幻想的遊戲中覺醒，就像從浪漫夢境的魔力中覺醒，我們才能感到他們作品的崇高或美」[032]。

當人們的想像被抑制時，崇高或美的情感就不能被知覺到，在這種情況下，自然或藝術美只對外在感官發生作用，其效果對於每個擁有相同感官的人來說都是一樣的。同時，對於同一個人來說，當他處於悲痛之中時，他對溫暖的晨曦或壯麗的日落都無動於衷，但是當他心情愉悅因而想像力自由活動時，崇高或美的情感才達到了完滿的程度。因而只有在特定的時刻，人們

---

030 同上：preface, xvi.

031 Archibald Allison, *Essays on the Nature and Principles of Taste*, Vol. 1. Edinburgh, 1811：5.

032 同上，第6頁。

才能感到事物的崇高與美，關鍵在於他的想像力是否是自由活動的。

　　每個人都必定感覺到，當心靈處於這樣的狀態，即想像是自由和無拘無束的時候，或者注意力不被任何個人或特定的觀念占據的時候，以至於使我們不拒斥事物在我們面前所創造的任何印象，這樣的狀態才最有利於趣味情感。因此，只有在虛靜無礙之時，趣味的事物才能產生最強烈的印象。只有在這樣的時刻，我們轉向音樂或詩歌作品以求娛樂。操勞、悲痛或忙碌的時候，另有消遣的時候，則破壞了我們對崇高與美的敏感，至少在這個時候是如此。同樣，這個時候的心靈狀態不利於想像的放任。[033]

　　毫不奇怪，艾利遜指出，批評不利於人們感受文學藝術的崇高與美，因為在這個時候人們時刻關注的是作品的某些局部細節的價值，想像因此受到約束，甚至是有意地抑制想像力，這讓人難以感受到初次見到作品時的愉悅。「考察牛頓哲學論證的數學家，研究拉斐爾設計的畫家和計較米爾頓韻律的詩人，在這些時候都丟失了這些作品給予他們的愉悅。」[034] 相反，一個想像豐富的年輕人很容易被任一價值不高的作品所感動，這並不是因為他們不具備判斷的能力，也不是更多的經驗就能產生更好的品味，至少因為在這個年齡階段，想像力很容易被激發，進入一種奇妙之境。因而只有把注意力從細微之處轉移開來，順從想像中思想的自然流淌，才能重新體驗到作品中的美。

　　然而，在趣味情感的產生過程中，注意力並非被完全抑制，因為注意力在起初要為想像確定一個方向，但是它不應該始終伴隨著想像，也不應該停留在某個單獨的觀念上。崇高與美的情感程度與心靈中思想關係的緊密程度是成正比的，想像力的施展便依賴這些思想的關係，這種關係主要是與原初事物的相似性。因此，心靈中思想的相似性決定著想像力的活躍程度，也決定著趣味情感的強度。

033　同上，第 10—11 頁。

034　Archibald Allison, *Essays on the Nature and Principles of Taste*, Vol. 1. Edinburgh, 1811：14.

艾利遜

　　這種相似性不僅局限於眼前的事物，而且也擴及無數不在眼前的思想。艾利遜描述了早春景色給人趣味情感的原因：「溫和而輕柔的綠色鋪展在地面上，有樹木和花朵的柔弱面容，還有正在成長的幼小動物，然而冬季的影子讓人徘徊在樹林和山坡上，所有這些都一同湧入我們的心靈，讓我們感到幼年生命面臨的令人擔心的脆弱。帶著這樣一種情緒，無數觀念都呈現於我們的想像。很明顯，這些觀念不僅局限於我們眼前的景色，或者在等待剛剛到來的美時的孤寂，而且幾乎不自覺地擴展到與之類似的人的生命，帶給我們所有希望和恐懼的形象，根據我們所處的特定狀況，這些形象主宰著我們的內心！」[035]

　　艾利遜最終把想像帶領到對人生命的領悟或同情上，因而也使眼前的事物具有了人一樣的生命和性格，或者說對外在事物的欣賞最終是對自己生命的同情。「在這種情感中，每個人都必定感受到，景色的特徵一旦在心靈中造成印象，一系列相應的形象便在想像中出現。無論這些印象的性質是什麼，他的思想的整體情調都帶有這種性質或特徵，他的愉悅感與占主導特徵的一致性程度是成比例的。」[036]

　　但是，注意力這種能力占優勢的人卻不會發生這樣的想像，因而就不會產生這樣的情感。「對於事物中產生簡單情感的性質，有用、快適、適宜或便利的性質來說，他們與其他人有著相同的敏感，但對於美這種更高級和更複雜的情感來說，他們顯得完全沒有意識到，或者只有當他們在一定程度上能放鬆嚴謹的注意力，並服從於思想的類似關係時，他們才與他人共享這種情感。」[037] 因而，在艾利遜看來，商人和哲學家都缺乏趣味所需的想像力，因為他們總是將一個事物與特定的某種價值相連接。[038]

　　由上所述可以看出，趣味情感的增強有賴於想像的活躍。在艾利遜看

035　同上，第 16 頁。
036　Archibald Allison, *Essays on the Nature and Principles of Taste*, Vol. 1. Edinburgh, 1811：17.
037　同上，第 19 頁。
038　同上，第 20—21 頁。

來，想像本身又是可以透過某些鍛鍊或運用而得到提升的，或者說有許多因素影響著想像。

對想像力有益的能力首先是聯想（associations）。第一種聯想與記憶和歷史有關：「看到出生其中的房屋，受過教育的學校，度過快樂童年的地方，沒有人會無動於衷。它們喚起許多過去幸福和友愛的形象，它們與許多強烈或珍貴的情感相連，所有這些都引向一種如此漫長的一系列感觸和回憶，以至於沒有其他景象能讓人如此心醉神迷。」[039] 雖然目前的事物本身並不美，但因為它們讓人聯想到過往生活中幸福快樂的事情而變得迷人，並成為一個人一生的鍾愛之物。有些事物並不勾起一個人的回憶，但因為與某個著名人物或事件相連而在觀者心中產生崇高與美的情感。比蘭尼米德[040] 更美的地方不可勝數，但對於那些記得在此處發生偉大事件的人來說，卻沒有什麼地方比這裡更能吸引他的想像力了。同樣，沃克呂茲山谷因佩脫拉克（Francesco Petrarca, 1304 ～ 1374）居住於此而變得更美，而阿金科特[041] 則因一場偉大的戰役而變得崇高。

艾利遜甚至認為一片風景也會因為偉大詩作的描寫而愈發崇高與美。即使是藝術作品，除了其本身的崇高與美以外，其他因素也對此有所增益：「無論韓德爾的音樂如何崇高，但在後來的某些場合中，其獨特影響不僅要歸因於這種崇高本身，而且也以某種獨特的方式歸因於它被演奏的地方，這個地方本身能很好地激起許多莊嚴的情感，但是在很大程度上也是因為這個地方葬有如此多的傑出死者，對於那些意識到他們祖國光榮的人來說，音樂演奏的場景就變得最為神聖。」[042] 艾利遜強調，接受者的性格、習慣、職業和所處的環境都會使其形成特殊聯想，從而使藝術作品增加了許多額外的審美內

039　同上，第 23—24 頁。
040　英王約翰於 1215 年在該地簽署《大憲章》。
041　1415 年英軍在此擊敗法軍。
042　Archibald Allison, *Essays on the Nature and Principles of Taste*, Vol. 1. Edinburgh, 1811：36.

艾利遜

涵，這些內涵與作品本身的美是不可分割的。一個普通人只能看到繪畫對自然的精確模仿，但對於一個畫家來說，他還想到了在精確模仿時所需要的各種天才和技巧。毫無疑問，這些因素也必然會在他心中產生各種複雜的情感，這些情感也屬於趣味情感效果的一部分。同樣，當這個畫家看到一片自然風景時，他也會習慣性地聯想到模仿這片風景所需要的各種創造及其實現的難度，這讓他更能注意到常人忽略的構圖和透視、光和影等諸多細節，在他頭腦中所展開的這一系列聯想又會在他心中產生更多的愉悅。

另一種聯想與回憶或歷史無關，而是由當前事物引發「額外的一系列構想」（additional train of conceptions），它們本身不屬於當前的景物或描寫。「它們與景物或描寫的特徵相合，但並不必然屬於它們，這些構想一開始以驚奇的情感觸動心靈，隨後又產生一種增強或額外的一系列形象。」[043]也許艾利遜的例子會讓他的觀點更明確一些：「晴朗的秋天傍晚，落日的美彷彿在任何情況下都無須再增添什麼。雲彩散射出多彩的光芒，太陽溫柔的光線為萬物披上了如此豐富的光澤，在昏暗陰影的對比之下，整個自然都正平靜地陷入酣睡，這一切造就了這片景色，也許世界上沒有其他景色能比這更讓人的想像充滿愉悅。而且，無人不知這美麗的景色因為晚鐘的悠揚聲音又更顯細緻。」[044]

在艾利遜看來，晚鐘並不屬於落日景色的一部分，但無疑增添了落日景色的美。他並未說明晚鐘是真實存在的，或是由觀者在聯想中增添的。不過，無論如何，這種情形不同於上文所描述的聯想，因為晚鐘和落日都屬於當下，晚鐘的響起把想像從眼前的景色引向了另一個方向，更多的想像又增強了人們對於眼前景色的情感。艾利遜又引用戈德史密斯（Oliver Goldsmith, 1728～1774）的詩歌：

043　同上，第 43 頁。
044　同上，第 44 頁。

常在這傍晚時分，登上遠處那座小山。
聽到村夫們的喧鬧，聲音多麼潤甜。
我漫不經心地在這裡緩行，
青年們和著擠奶女工的歌聲，
混雜的音符從下面隱隱傳來；
從容的羊群俯身觸摸它們的幼崽，
聒噪的鵝群在池塘中喋喋不休，
玩耍的孩童放學歸來，
門前的狗在對著風輕聲吠叫，
爽朗的笑聲訴說著無邪的心靈：
伴隨著夜鶯的歌唱，
所有這一切都輕柔交織，沒入樹蔭。[045]

他尤其讚賞最後兩句，它們使晚景顯得更加空靈生動。

從藝術手法的角度看，艾利遜所要表達的是：在晚鐘悠揚跌宕聲音的對比之下，秋日傍晚明亮的景色在眼前逐漸模糊，想像卻由此而被更活躍地激發起來，因而給人以更強烈的美感。同樣，戈德史密斯詩歌的結尾兩句也造成了這個作用，在夜鶯的歌唱中，對晚景的描寫戛然而止，與此同時，也留給人無盡的遐想。

艾利遜提出的第三種聯想較為特別，即對以往詩歌或其他藝術作品的熟稔將增加我們對自然中美的敏感。艾利遜說，在我們生活的世界中，日出日落，月盈月缺，春去秋來，斗轉星移，都為人們所熟悉，就如同日常生活中的種種瑣事，無論多麼優美和宏偉，也再不能在人們心中激起任何的愉悅感，只是人類生活之目的的有用工具。但是，這些事物在一些人看來卻是另一番景象，他們沉浸於對古典文學的研習中，在詩歌描寫的觸動下，想像又被重新點

045　Archibald Allison, *Essays on the Nature and Principles of Taste*, Vol. 1. Edinburgh, 1811：45.

艾利遜

燃，就如同獲得了「一種新的感官」（a new sense），此時當他們再去觀照自然時，就悠然想起詩人們的優美詩篇，眼前的自然也因此而煥然一新，給人以無盡樂趣。如果他們再去繼續學習現代詩歌，就又獲得了無數美的聯想，這些聯想不會傷害古典詩歌，而是與它們融合在一起，成為快樂新的源泉。

當人們熟知越來越多的文學作品時，自然給人們的就不再是單純的形象，而是成為文學中所描寫的「偉大人物、艱難歷險和優雅風尚」的象徵。「對忒奧克里托斯、維吉爾、米爾頓和塔索的記憶裝點了自然，使其變得神聖；他們的天才彷彿還縈繞在賦予這些天才以靈感的景色中，使天才所居於其中的每一個事物煥發光芒；他們想像的創造彷彿就是自然中稱職的居民，是他們的描寫給自然披上了美的衣裳。」[046] 文學不僅為聯想提供了許多源泉，而且還賦予自然面貌以種種性格，把自然與我們心中的各種情感連為一體，「因此為莊嚴或歡悅的沉思提供了幾乎是取之不竭的源泉」[047]。

值得注意的是：根據文學的這種獨特作用，艾利遜把掌握了文學知識的人與常人區分開來。這種人即使不被常人認同，他們的經驗卻給他們一種「永恆和純潔的愉悅」。「自然就是他們的朋友，無論是最可怕的，還是最可愛的景色，他們都能在其中發現某些提升想像或感動內心的東西。無論風景如何變幻，他們仍然可以發現自己就身處自己曾經讚美和喜愛的事物中。」[048]

到此我們可以發現，人們從某些事物那裡所感受到的趣味情感並不是簡單或凝滯的，而是伴隨著豐富活躍的想像。這個觀察帶來的結論是：趣味情感是由某個事物激發起來的，但其真正的原因是心靈內部的想像，而且想像沒有一個固定不變的模式，因此趣味情感也是如此。的確，將趣味情感歸源於想像，這已經是老生常談，但艾利遜強調的是：趣味情感並不是在一剎那完成的，而是一個持續的過程。

046　Archibald Allison, *Essays on the Nature and Principles of Taste*, Vol. 1. Edinburgh, 1811：65.
047　同上，第66頁。
048　同上，第68頁。

想像與趣味情感

　　艾利遜已經證明，崇高與美的情感的產生總是伴隨著想像活動。想像是由一系列思想的自由連結構成的，因此崇高與美的情感在心靈中的效果就在於想像活動的生成。然而，單是想像的一般活動還不足以解釋趣味情感是如何產生的。因為並不是任何觀念都伴隨快樂，遑論崇高與美的情感。同時，即使某些事物在心靈中激起了一系列的思想，但沒有激起任何快樂或愉悅的情感，簡言之，並不是任何想像都伴隨有趣味情感，所以就必須探索是哪種想像產生或增進趣味情感。艾利遜認為，在本質上與趣味情感相關的想像主要受兩種因素的影響：一是構成一個序列的觀念或構想的性質，二是這些觀念或構想接續的規律。

　　艾利遜觀察到，在日常生活中，很多觀念和感覺既不產生快樂也不產生痛苦，它們可被稱作庸常觀念（indifferent ideas），它們在心靈中所造成的印象僅僅是讓人意識到它們是存在的。的確，在日常生活中，某些事物也會讓人產生聯想，聯想中的觀念與這些事物的特徵是相似的，但這種聯想也不一定產生任何情感，最多只是伴隨著因我們對自己能力發揮的意識而產生的一般快樂。[049] 與之相反，受崇高與美的事物所啟發的一系列思想必然會激發某些情感，無論是單個思想還是由其構成的序列都是如此。不過，單個思想或觀念產生的只是簡單情感（simple emotion），而整個序列產生的情感才是趣味情感。艾利遜把這樣的觀念稱作情感觀念（ideas of emotion）。例如，由春天的風景所啟發的觀念會產生歡快、喜悅和溫柔的情感，由古蹟所啟發的形象則產生遺憾、憂傷和崇敬的情感。由這樣一些情感觀念構成的想像就伴隨有趣味情感，換言之，只有某個事物首先給人以一種情感，由此而來的想像的快樂才是趣味情感，單純的想像並不是趣味情感。

049　由此可見，艾利遜並不同意傑拉德把想像施展本身所產生的快樂當作趣味情感。

 **艾利遜**

　　與趣味情感伴隨的想像活動與日常思想序列之間的另一個區別是，後者當中觀念間的關聯很少存在普遍原則，或者說缺少一種主導性的關係或紐帶（predomi-nant relation or bond）。由於日常的觀念序列只有一種鬆散的關係，所以觀念間的關係以及情感之間的關係常常受到干擾，以至我們不能說整個觀念序列是快樂或痛苦的；相反，由崇高或美的事物所啟發的觀念序列，無論其中個別觀念之間的關係如何細微，但是「總是存在某些貫穿整體的普遍的連結原則，給予這些觀念以特定和確定的特徵。根據一開始被激起的情感性質，它們是歡快的，或哀傷的，或憂鬱的，或莊嚴的，或令人敬畏的，或讓人振奮的等等。……無論最初的情感具有什麼特徵，相繼而來的形象彷彿都與這個特徵具有一種關聯，而且如果我們從這些形象回溯，我們將發現不僅在序列中的個別思想之間具有一種關聯，在整體當中也有一種普遍關係，與最初引發它們的情感是一致的」[050]。

　　由此可以得出，構成與趣味情感相關的想像活動應該有兩個條件：其一，觀念序列中的每一個觀念都應該是情感觀念；其二，整個觀念序列應該具有一個普遍原則或主動性關係，因而具有一種特徵。艾利遜對這兩者分而述之。

　　艾利遜確信，在人們感到崇高或美這些複雜情感之前，總是首先感到某些喜愛之情（affection），也就是說，我們被事物的某些性質觸動或引發了興趣，否則就不能有前者的產生。這些喜愛之情是簡單情感，例如歡快、溫柔、憂鬱、莊重、振奮、恐怖等，感到這些情感並不意味著必然有美或崇高的情感跟隨出現，而缺乏這些情感則必然不會有任何趣味情感。從語言的角度看，說一個人認為一個事物是美或崇高而沒有感到任何喜愛之情，這是自相矛盾的；從經驗的角度看，當我們和他人在一個事物是否是美或崇高的問

050　Archibald Allison, *Essays on the Nature and Principles of Taste*, Vol. 1. Edinburgh, 1811：77.

題上產生分歧時，我們總是推論說，這個事物在我們心中激起了一系列在他人心中沒有發生的聯想，或者認為他人心中的一系列聯想是我們所沒有意識到的。

　　一個事物要在一個人心中產生簡單情感，在很大程度上有賴於這個人的性格取向。年齡、天性、職業、心情或特殊習慣使某個人只對具有某一種特徵的事物敏感，而對其他所有事物都無動於衷，或者拿功利的眼光去看待它們，或者只對符合自己性情的事物感興趣。即使在我們試圖感受崇高與美的時候，我們也難免會把那些無關緊要或索然無味的性質作為關注的事物。「只有達到更高的層次，或者從事自由的職業，我們才能期待發現一種具有精緻或全面趣味的人。在生命的較低層次上，因為人們的知識和感情局限在狹隘的範圍內，相應地，他們對於美或崇高的見解也就不知不覺地束縛在狹隘的範圍內。」[051]

　　然而，自然和藝術中的哪些性質是我們應該關注的事物呢？艾利遜以麥地奇的維納斯和觀景殿的阿波羅為例說明他的觀點：「前者的嬌弱、質樸和羞怯，後者的優雅、高貴和威嚴，是表現這些人物的無與倫比的藝術，一般來說，就是首先給觀者的想像力造成印象的性質」；相反，「具有最好趣味的人過後再觀看它們時卻沒有思考這樣的表現，他們可能觀察到它們的大小，可能研究了它們的比例，也可能關注到了它們的保存狀況以及它們被發現的史實，或者甚至是製作它們的大理石材質。的確，所有這些都是這些雕塑的性質，正如其威嚴和優雅，在某個特殊時刻，它們也肯定曾經吸引了有著最精緻趣味的人的注意力。在這種情形中，人們感受不到美的情感，毋庸置疑，在感受到美的情感之前，觀者必須停止對這樣一些索然無味的性質進行思考」[052]。

051　Archibald Allison, *Essays on the Nature and Principles of Taste*, Vol. 1. Edinburgh, 1811：97.
052　同上，第98—99頁。

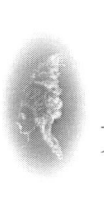

艾利遜

　　從艾利遜所做的這個對比中，我們可以看出：首先，用休謨的語言來說，趣味的事物不是觀念，而是印象；其次，趣味的事物不是憑藉外在感官知覺到的，而只能憑藉一種直覺，也許艾利遜在一定程度上承認哈奇森所謂的內在感官，但艾利遜實際上強調的是一種情感直覺；第三，趣味的事物指的是藝術作品或自然在人心中造成的效果，而不是造成這種效果的手段。當艾利遜認為批評會破壞我們的趣味敏感時，他說：「它們使我們慣於以法則來思考每一部作品，它們使我們關注取得效果所依賴的原理，而不是把作為效果之基礎的性質當作趣味的事物，因而它們不是關注對美或崇高的知覺表現出的神祕而充滿熱情的愉悅，它們提供給我們的最大享受不過是來自對藝術的精巧觀察。」[053] 總之，趣味的事物不是藝術作品或自然的某種性質，而是它們在人心中激發的情感或情緒。

　　但是，從某種程度上說，艾利遜作為趣味的事物的情感與表現這種情感的手段或性質肯定是不可分離的，如果這些手段和性質不存在，觀者心中也就不會有相應的情感。所以，趣味的事物最終要取決於觀者看待外物的方式，是以理性的方式，還是以情感的方式；是把藝術作品或自然事物的性質當作感官的事物，還是準備好展開活躍的想像。正因如此，艾利遜隨後即談到了習慣對於趣味的影響，習慣會使事物在我們心中失去新鮮感，僅僅把它們當作實現某一特定目的的手段。服裝或裝飾的時尚之所以會讓普通人趨之若鶩，是人們習慣於把它們看作是上流人等充分享受的事物，因而要急切地加以模仿，但是一旦它們給人的新奇感減弱，它們與上流人等之間的聯想關係也就隨之消失，也就不能再給人任何愉悅。

　　趣味情感的第二個條件是普遍的連結原則，亦即其事物在人心靈中引發的想像在特徵或情感上要具有統一性。艾利遜首先指出，自然景色在表現上

053　Archibald Allison, *Essays on the Nature and Principles of Taste*, Vol. 1. Edinburgh, 1811：100—101.

往往是混雜的，不適於讓人產生一種單一的情感。清晨的歡快總是受到瑣碎或艱難事務的干擾，正午的莊嚴有嘈雜忙亂的工業活動的破壞，傍晚的寧靜也少不了粗俗嬉戲的紛擾，最崇高的情境總是被摻雜著些猥瑣事物或人工的痕跡，最秀麗的景色也同樣難免有人為的造作或誇張的妝點。這些情形讓人不知所措，不知該注意哪些東西，無法形成統一的情感。相比之下，園林藝術則有著很大的優勢，藝術家可以剪除那些與所要效果不相符的枝節，而去選擇那些與景色整體特徵一致的細節，因而也就更有利於喚起「更飽滿、更單純和更和諧」的情感。[054] 所以，我們常常諒解自然中的不協調，但對藝術則提出嚴格的要求。

同理，繪畫要比園林更有優勢，因為園林所用的素材只能來自自然，而繪畫則可以選取無數的素材，甚至是自然中所沒有的東西，畫家可以把它們都融合在自己的作品中，因而創造出具有更高統一性的作品來。更重要的是繪畫還可以模仿人的生活，「尤其是人們的生活，在支配或加強自然特徵方面是如此重要，這一點是與園林景觀所不能相容的，很輕易就落入他模仿的範圍內，這比荒蠻或被裝點過的真實景色更能提供給他產生更強力量和表現（expression）上更大統一性的手段」[055]。顯而易見，藝術比自然更能創造普遍的連結原則，這種創造性正是藝術的優勢。「正如憑藉著這種創造，我們去評價藝術家的天才，憑藉他們的作品，藝術家的趣味才始終如一地明確起來。……因而正是作品的這種純一和簡明，把偉大的藝術大師與對自然的單純模仿者區別開來。」[056] 當我們的趣味愈發敏感，更熟悉那些富有詩意的作品時，我們就更加注重繪畫中的表現（expression），我們所尋找的不是模仿，而是特徵（character）。「並非技藝，而是畫家的天才，賦予其作品

---

054 同上，第 122—123 頁。
055 Archibald Allison, *Essays on the Nature and Principles of Taste*, Vol. 1. Edinburgh, 1811：126.
056 同上。

艾利遜

以價值。我們發現他所運用的語言不是面向眼睛說話的，而是用來觸動想像和感情的。」[057] 艾利遜尤其提到，「藝術家呈現給我們的是想像的創造，只有自然的表現還存留於其中，那些更多有意味的情感才能被喚醒」[058]。艾利遜對天才的強調，尤其強調天才與情感之間的關聯，的確值得我們注意，因為這正是稍後的華茲華斯詩歌創作遵循的核心原則。

自然而然地，艾利遜賦予詩歌比繪畫更高的地位。繪畫只是訴諸眼睛，而詩歌則直接面向想像，讓人以其他感官去知覺；繪畫只能描寫存在物的一個瞬間，但自然的整個歷史都是詩人的領地，「呈現在它不同產物的生長和衰落進程中的各種面貌，由這些不同面貌或表現而產生的強有力的效果」，「詩人能賦予他所描寫的所有事物以生氣」[059]，而且「所有精神和理智世界中的崇高與美都任由他驅使，透過賦予他的景色中無生命的事物以心靈的性格和感情，他能夠立刻創造出一種表現，各個地位的人都能理解，每一顆心靈都能感受」[060]。

總而言之，詩歌有更豐富的素材讓它創造統一的表現，這種表現直接訴諸人的想像和直覺，喚起讀者心中更強烈的情感。也因此，人們對詩歌提出了更嚴格的要求，因為素材和感官沒有對它造成任何束縛，所以人們就不能原諒任何細微的瑕疵，「我們的想像沒有被它的作品給予滿足，如果其表現的純潔和力量沒有符合內心的要求的話」[061]。

無疑，這樣的觀點頗有些浪漫主義的色彩，在艾利遜看來，藝術不單純是對自然的模仿，而是運用自己的媒介創造一種理想的情境，其中有一種「表現的統一性」（unity of expression），由此各種事物被賦予一種生命

057　同上，第 129 頁。
058　同上。
059　同上，第 131 頁。
060　同上。
061　Archibald Allison, *Essays on the Nature and Principles of Taste,* Vol. 1. Edinburgh, 1811：134.

或性格；藝術向人們展示的不是嚴格的法則和熟巧的技藝，而是一種純一和簡明的情感，這種情感很大程度上也是來自藝術家自身的性格和情感。

但是，趣味情感與簡單快樂情感仍然有著巨大的區別。簡單快樂情感不需要額外的思想序列。「快樂的感受直接來自事物或性質的出現，不依賴於任何事物以達到完滿狀態，而是依賴這種完滿狀態由以被接受的感官的完善狀態。歡樂、遺憾、仁善、感激、便利、適宜、新奇等情感，毫無疑問會被我們感受到，儘管我們心靈中並沒有將這些情感貫穿一個觀念序列的能力，當這種能力沒有施展的時候，我們也必定在無數事例中感受到這些情感。」[062] 然而，在趣味情感出現的時候，心靈的這種能力卻是必需的，因為只有在整個觀念序列都充盈著某種貫穿始終的情感時，我們才能感受到趣味情感，而當這種觀念序列沒有產生的時候，我們感受到的僅僅是簡單情感。因此，當我們的趣味開始活動時，就有兩種能力同時被運用，一是某種情感或喜愛之情被激起，二是想像被激發而形成一個對應於這種情感的思想序列。在想像活動時總是伴隨著特殊快樂，而這種快樂反過來又不斷增強著原先的簡單情感，這就形成了崇高與美這樣的趣味情感。由此，艾利遜認為趣味情感必然是一種複雜的情感，他把這種情感叫做樂趣，把簡單情感叫做快樂（pleasure）。簡單情感的快樂只需要吸收外物就能滿足，猶如食物之於饑餓，休息之於勞累，而趣味情感的樂趣則還需要想像產生規則和一致的思想序列。

---

062 同上，第 159 頁。

艾利遜

聲音與色彩的美

在分析了趣味情感的效果以及趣味情感所需要的特殊想像之後,艾利遜便可以專心解決趣味理論中的傳統問題,即崇高與美的事物性質和趣味這種能力的本質。對於前一個問題,艾利遜要證明的是事物的性質並不是趣味情感的真正原因,只有這些性質作為精神象徵的時候,它們才可能引發趣味情感。當然,他並沒有否認有些性質更易於激起簡單情感,這為趣味情感的形成提供了契機。

顯而易見的事實是:物質世界中的許多事物本身就可以產生崇高與美的情感,而且藝術也正是運用各種物質來產生預期的效果,但是把崇高與美的情感歸因於事物及其性質本身則是不合理的。因為事物是透過外在感官為人所知的,如果這些事物和性質是孤立存在或者沒有與其他事物或觀念產生任何聯結,那就不能在人心中產生任何情感,而僅僅是感覺或知覺。「玫瑰的氣味、鮮紅的顏色、鳳梨的味道,如果僅僅被看作一些性質,從由被發現的事物中抽離出來,只能說是產生了快適的感覺,而不是快適的情感。同理,阿魏[063]的氣味,或蘆薈的味道,如果指的是抽象的性質,人們普遍地說它們產生的是不快的感覺,而非不快的情感。」[064]

接下來換另一個角度,如果事物及其性質與其他性質產生連結,就會產生不同的結果。艾利遜發現,事物及其性質可以憑藉人性的特殊構造而產生情感,「在人的身體中,特定的形式或顏色是特定激情或感情的象徵。在藝術作品中,特定的形式是靈巧、趣味、便利、效用的象徵。在自然的作品中,特定的聲音和顏色等性質是平安、危險、豐饒或荒蕪等性質的象徵」[065]。因此,事物及其性質並不是因為自身而在人心中產生情感,而是因

---

063 植物名,果實苦辛。
064 Archibald Allison, *Essays on the Nature and Principles of Taste*, Vol. 1. Edinburgh, 1811: 177.
065 同上,第178—179頁。

為它們是另一些性質的象徵，情感的真正原因是那些成為象徵的性質。

　　艾利遜列舉了事物激起性質與產生情感性質之間的連結方式，主要有直接的連結和相似的連結兩種。直接的連結主要是與效用的連結，與匠心、智慧和技藝的連結，與心靈、性格和氣質的連結等。相似的連結值得給予較詳細的敘述，主要是指物質指示著無機事物中的「心靈動人或有趣的性質」（affecting or interesting quality of mind）：「我們從經驗中得知，身體的某種性質象徵著心靈的某種性質。當我們在無生命的物質中發現了相似的身體性質，我們就傾向於賦予它們相同的表現力，設想它們在這種情形中象徵著相同的性質，正如在另一種情形中它們是直接從心靈中獲取其表現力。」[066] 正如人們經常提到橡樹的勇敢、桃金孃的嬌柔、岩石的堅毅、紫羅蘭的質樸，這些性質本來只有人和動物才有，但因為這些事物的性質與人和動物的身體、姿態等性質之間存在著相似性，我們就順勢把這些性質也轉移到它們身上，描寫自然景色時所用的擬人手法正來自這種相似的連結。有時候相似的連結來自事物給人的感覺與我們內在情感以及事物與其產生效果之間的相似，如逐漸上升的感覺與進取的情感、逐漸下降的感覺與憔悴的情感、安靜的場面與平靜的心情、晨曦的光彩與希望的喜悅之間的相似。不過，有些連結是專屬於某些個人的，某種顏色、聲音或形式與某個人從事的職業或記憶中的事情和經歷存在的就是這種連結。這樣的描述很容易讓人想到凱姆斯已指出的情感與其原因之間的相似關係或感應關係，但它們更接近於休謨的同情原則。

　　事物和性質與產生情感性質之間的連結是如此普遍，以至於只要前者呈現於眼前，人的內心就立刻會意識到它們所象徵的另一種性質，反之一旦這些連結被破壞，事物和性質就不再產生任何情感。所以，「事物性質常常與

066　Archibald Allison, *Essays on the Nature and Principles of Taste*, Vol. 1. Edinburgh, 1811：182—183.

艾利遜

其他性質連結，並且在這樣的情況下，它們像其他象徵一樣透過把我們的想像引向它們所代表的其他性質來打動我們。看起來同樣明顯的是：凡在物質或其性質產生崇高或美的情感的地方，這種效果必定來自事物性質本身，或是由於我們本性的構造，它們的性質適於產生這樣的情感，或者來自與它們相連結的其他性質，事物本質是作為這些其他性質的象徵或表現而發揮作用的」[067]。如果第一種情況因為不符合經驗和推理而被推翻掉，那麼就可以肯定，崇高與美不能歸因於物質事物和性質本身，而應歸因於被連結的性質。

在具體分析的過程中，艾利遜把物質事物分為聲音、色彩、形式和運動幾類。顯然，這些都是視覺和聽覺的事物。對於聲音這種事物的論述典型地展現了艾利遜的證明方法及其結論。他把聲音分為簡單的和複合的，又把簡單的聲音分為來自無生命的自然的聲音、動物的樂音以及人類嗓音的樂音。

艾利遜把自然的聲音稱為雜音（miscellaneous sounds）。他說這些聲音大都是崇高的，但它們之所以崇高不是因為它們本身的性質，而是因為它們與危險、力量和威嚴等觀念連結在一起。他用以下方法或實驗來證明這一點：第一，某一種聲音並不具有某種不變或確定特徵的崇高，而是因其表現性質的不同而有所變化。這裡所用到的方法是契合差異法。如果聲音本身就是崇高的，那麼人們就可以期待不同特徵的聲音與不同的效果之間存在嚴格的對應關係，但事實並非如此。對大多數人來說，雷聲是崇高的，這種崇高的基礎是敬畏和某種程度的恐懼，「但是它為久經乾旱的農民帶來的情感是多麼不同，農民看到的是上天最終同意了他們的求雨；對站在阿爾卑斯山之巔的哲學家來說，他聽到雷聲只是在腳下翻滾；對深受古代迷信影響即將要交戰的士兵來說，雷聲很受歡迎，就像勝利的徵兆！在這些情形中，聲音本身是相同的，但它產生的崇高的性質卻多麼不同！」[068] 同一種聲音在不同

067 同上，第 188 頁。
068 Archibald Allison, *Essays on the Nature and Principles of Taste*, Vol. 1. Edinburgh, 1811：195.

的環境中，在不同的人聽起來各有各的崇高，因為不同環境中的人因此產生的聯想是完全不同的，雖然這種聲音是這些不同特徵的崇高的共同契機。第二，不同的聲音可以產生相同特徵的崇高。這裡又用到求同法。一般來說，聲音崇高的普遍特徵是洪亮，有很多例子可以證明這一點，但也有很多例子證明微弱的聲音也可以是崇高的，只要它們能使人聯想到危險、力量或陰鬱等觀念。「暴風雪那喧鬧狂暴的聲音無疑是崇高的，但在此之前往往先有一種低沉微弱的聲音，事實上比暴風雪本身的喧囂更加崇高，因而詩人們也經常用這種聲音來增強他們對這種場面的描寫。」[069] 這些聲音本身是微不足道的，但由於讓我們聯想到即將來臨的暴風雪給人帶來的危險和恐懼就變得無比崇高。艾利遜甚至提到，蒼蠅的嗡嗡聲是很鄙俗的，但在夏日中午的深深寂靜中，這種聲音卻異常崇高；水滴聲本身也無足輕重，但是如果人們聽到從大教堂的穹頂上時不時有水滴滴下，卻是非常崇高的。第三，如果聯想消失了，那麼聲音也就不再崇高。艾利遜在這裡採用的是隨變法。他首先承認，在很多情況下，聲音與其所暗示的性質之間存在不變關係，這些關係並不是人為確立的，而是由自然規定的。例如，雷鳴、颶風、洪流和地震的聲音總是和力量、危險、威嚴等性質的關係連結在一起，這些關係不是由人的意志改變，也不受想像偏好的影響，因此人們傾向於認為，它們本身就適於激起崇高的情感。不過，有時候人的判斷會失誤，錯把其他聲音，例如馬車的轆轆聲，當作這些聲音，因此感到了崇高的情感，但是一旦人們意識到自己的失誤，這些被錯認的聲音就變得不再崇高了。有時候人們對舞臺上模擬出來的雷聲也感到崇高，但一旦人們意識到這僅僅是模仿，他的崇高感就會立刻消失。還有很多幼童對雷聲並不表現出恐懼或崇敬的情感，除非這種聲

---

069 艾利遜引用了湯姆遜的詩《冬》：「在樹林，在沼澤地裡，臨近的暴風雪的精靈在低嘯。在搖搖欲墜的懸崖邊，在崎嶇的丘陵上，溪水潺潺，山洞也有預感，輕聲嗚嗚，幻想的耳朵傾聽這漫長的回聲。暴風雪之父已來臨。」（Archibald Allison, *Essays on the Nature and Principles of Taste*, Vol. 1. Edinburgh, 1811：199）

音非常巨大，或者看到其他人的警覺，因為他們還沒有把這些聲音與危險的觀念連結起來。可見，即使有些連結是自然形成的，但是如果這些連結被破壞或消失了，那麼他們也就不再產生崇高的情感。

後來在論證音樂之崇高與美的時候，艾利遜也運用了差異法，即面對同一首音樂，有人能明辨其旋律和節奏等嚴格的法則，被認為有知音之耳，而有人則不能辨別出來，但是能辨別音樂法則的人未必能體會到音樂所表達的情感觀念，而不能辨別這些法則的人卻可能感受到情感觀念。

總之，聲音崇高的原因不在其自身而在於它所表現的情感觀念，一種聲音只有在適宜的環境中，對於處於某種適當心理狀態中的人來說才是崇高的。以同樣的方法，艾利遜證明自然聲音的美源於人們對它們所表現的快樂、溫柔、可愛和感動等性質的聯想。

關於動物樂音的崇高與美，艾利遜自然而然地認為其原因是人們對動物所具有的性質、生存方式、所居住環境等因素發生的聯想。獅子的狂吼、熊的咆哮、狼的號叫、鷹的嘶鳴之所以崇高，是因為它們表現了這些動物的力量和殘暴等性質，適於在我們心靈中引起強而有力的情感。狗的吠叫和狼的號叫相差無幾，但其產生的崇高卻無法比擬。乳牛的低聲哞哞如果與凶猛和巨力聯繫起來，無疑也是崇高的。鷹的嘶鳴只有在岩石和荒野之中才是崇高的，但被馴服的鷹在房舍的嘶鳴則毫無崇高可言。很多鳥的鳴叫聲都是美的，但是如果我們對這些鳥的形態和生存方式並不了解，這些聲音就顯示不出美來，「一個外國人不知道鸛鳥的叫聲有什麼美，但對熟悉這種鳥並且認其為快樂的迷信的荷蘭人來說，它的叫聲的美卻是獨一無二的」[070]。夏日從遠處田園中傳來的乳牛的哞哞聲是美的，但如果是來自近處的農舍則是十分令人不適的。因此，沒有一種動物的發聲本來就是美或崇高的，而在於它們在適當的環

070　Archibald Allison, *Essays on the Nature and Principles of Taste*, Vol. 1. Edinburgh, 1811：229—230.

境中，當人們的心情易於被打動時，讓人們聯想到了另一些情感觀念。

同樣，人的嗓音音調之所以美或崇高是因為它們表現了心靈的某種性質，例如激情或感情。無論認為人的嗓音與這些激情或感情之間的連結是自然的還是人為的，不可否認的是，人們從幼年起這種連結就已經建立起來了，指導著我們的觀念和行為。艾利遜以與先前相同的方式證明人的嗓音音調只有在表現了「合宜或有趣的感情」（pleasing or interesting affection）時才是美或崇高的，同時也需要接受者有適當的心情，當這些聲音與心靈中的性質不再有關聯時就不再是美或崇高的。艾利遜刻意提到人的嗓音還有一種美，即同一音調的不同強度或特徵，它們表現著一些不同的性質，例如發音器官的完善和整個人的健康以及心靈的不同性情或性格。

在艾利遜對人的嗓音的論述中值得注意的一點是：「聲音之所以美或崇高是因為它們表現了激情或感情，這些激情或感情引起了我們的同情。」[071] 美的聲音表現的是「合意或有趣的感情」，雖然何謂合意或有趣卻有些耐人尋味。

總之，聲音的崇高與美雖然源於它們與其他情感觀念的連結，而不是源於它們自身的性質，但這並不是說這種連結是隨意的；相反，大多數的連結是自然形成的，在人幼年的生活過程已經初步固定，以至於每一種聲音自然而然地引發某種情感觀念，因此而成為崇高或美的。也正因此，艾利遜試圖對聲音的性質進行歸類，並指出相應的情感觀念。聲音的性質可分為以下幾類：高和低、渾厚和尖厲、長和短、漸強和漸弱，前兩類是聲音自身的表現，後兩類是與其他聲音結合的方式。高音與力量和危險等觀念相連結，表現猛烈和衝動的情感；低音與虛弱、溫順和嬌嫩等觀念相連結，表現溫柔和哀愁等情感；渾厚的聲音與節制、高貴和威嚴等觀念相連結，表現克制和忍耐等情感；尖厲的聲音與痛苦、恐懼或驚奇等觀念相連結，表現驚異的情感。長

---

071 Archibald Allison, *Essays on the Nature and Principles of Taste*, Vol. 1. Edinburgh, 1811：237.

和短、漸強和漸弱的聲音則是對上述聲音所指示的性質和表現情感的增強和減弱。艾利遜認為，最崇高的聲音是高亢、渾厚、延長和漸強的聲音，最不崇高的聲音是低、尖厲、斷續和漸弱的聲音；最美的聲音是低沉、渾厚而漸弱的聲音，最不美的聲音是高亮、尖厲且綿延漸強的聲音。當然，艾利遜認為這些只不過是些一般原則，存在著大量的例外，這也正說明聲音的崇高或美並不源於其自身的性質。

　　與雜音相對的是複合的聲音，亦即音樂，艾利遜認為這種聲音是「我們的本性易受感染的最重要和最純潔快樂的來源」[072]。音樂就是聲音的接續，接續的聲音應該既各不相同又互有聯繫，但艾利遜認為音樂的美或崇高還需要一些其他條件。首先，構成音樂的聲音之間不僅要有聯繫，而且這一系列的聲音在整體上應該具有統一性。正如一段話語的每一個詞之間不僅要有意義，而且還應該符合語法規則，使得這段話語表達一個確定的觀念，音樂也是如此，它要讓人們在聲音的接續中發現有一個目的存在。首先，每一首音樂都需要有一個根音（fundamental note）或主音（key），其他聲音要與其建立類似關係，這就是音樂具有了統一的音調。其次，音樂中聲音的接續要具有規則性或一致性，也就是要具有節奏（time）。整首音樂都被分割成了均等的間隔，構成每個間隔的聲音多少讓人們聽起來快慢不同。確定的根音和一致的節奏共同形成了音樂中聲音接續的要素。

　　以這兩個要素構成的音樂之所以能在人心靈中激起崇高或美的情感，是因為它們使人產生很多聯想。音樂作品中的根音或主音像人的嗓音音調一樣表現出某種感情，人們對於一首音樂是否美存在爭議，但對於它是歡快或莊重、昂揚或消沉卻很少有爭議。同樣，音樂的節奏也表現著各種感情，快速的節奏適於表現歡樂和喜慶，慢速的節奏適於表現憂鬱和悲哀。聲音的接續

072　Archibald Allison, *Essays on the Nature and Principles of Taste*, Vol. 1. Edinburgh, 1811：251.

和演進彷彿與情感中思想的運動之間存在一種類似關係。[073] 在這一點上，艾利遜與凱姆斯存在相似之處，不過他堅持認為，人們是透過聯想而把聲音看作是情感的象徵。

不過，艾利遜繼而指出，由這些法則形成的音樂就像人的嗓音一樣，如果沒有意義明確的詞語，而是一般的象徵，就只能表現某一類情感，而不是具體的情感，例如雄壯、正直、遺憾、愛、感激等，除非借助於詞語。[074] 他的意思符合一般規則的音樂只表現模糊，而不是清晰明確的，因而也不是足夠強烈動人的情感。

如果要實現更好的效果，還需要有另外的條件：首先，圍繞根音或主音的其他聲音應該具有多樣性，這可以「既吸引我們的注意，也保持想像的持續活躍」[075]。其次，音樂中多樣的聲音在結束時應該返回根音或主音，這不僅讓人感覺到一個有規律的整體，也激發了我們的期待，因而就使我們的情感得到維繫和增強，而不是倦怠。這些條件使音樂像是一個處於強烈情感中的人正在表達其情感的原因和發生的過程，每一個具體的聲音都激起我們的好奇心，直到最後發現原因時得到滿足。由此而言，不同層次的人在音樂鑑賞上的差距，未受教育的人只是對一首音樂中的個別片段感興趣，而在音樂上有造詣的人卻能觀察到整體，注意到音樂中的技巧、新奇、學識和創造所表現的情緒，也能分辨出不同的演唱者或演奏者所表現出的不同效果，因而也能享受到更多的崇高與美。

最終，艾利遜認為音樂給人的快樂來自三個層次：第一，單個聲音的性質；第二，聲音的接續，亦即創作本身的性質；第三，單個聲音以及創作所表現的性質。但是，他也表明，音樂美或崇高的根本原因不是前兩者，

073　同上，第 259 頁。
074　同上，第 263 頁。
075　同上，第 266 頁。

艾利遜

而是人們對它們所表現的性質，即情感的感覺。的確，單個聲音及其富有規則的組合可以給人帶來快樂，但艾利遜稱其為機械的快樂（mechanical pleasure），只有它們所表現動人的情感而來的快樂才是趣味的快樂，即崇高與美的情感。[076]

　　對於視覺事物的論證也有相似的結論。在艾利遜看來，大部分的顏色都與我們心靈中的一種確定的意象（imagery）相連結，因而被認為表現著許多愉快和動人的性質。這些連結包括三類：一是來自有色事物的本性，當我們習慣於看到某個具有顏色的事物能夠激發情感時，我們就傾向於把這個事物的一些性質也加到它所具有的顏色上。例如，因為白色是白天的顏色，所以就向我們表現了白天的喜悅和歡樂。同理，黑色因為屬於黑夜而表現了黑夜的陰鬱和悲哀，藍色因為屬於晴朗的天空而表現了天空的愉悅和溫和等等。二是來自某種顏色和心靈的某種性情的類比。正如心靈的性情一樣，人們也常用溫柔和堅強、柔和和大膽、輕快和陰鬱來形容顏色的特徵，同樣也形容顏色的明暗程度是強烈、溫和或文雅，所以一種顏色總是讓人聯想到某種心情。三是來自偶然的連結，例如紫色的高貴源於國王的服飾。當然，這些偶然的連結是某些國家或民族中特有的，也可能是某個人所特有的。例如，某個職業的制服顏色讓這個國家或民族的人聯想到這個職業的人的性格。

　　這一結論的好處在於，它能說明趣味情感並不是單一的，而是存在不同的層次。它們不像傑拉德和凱姆斯所列舉的不同類型，因為這些類型的劃分多基於經驗性的觀察，而艾利遜的這些層次卻有著分明的遞進關係。當然，更重要的是：透過這些層次，艾利遜更清晰而系統性地證明了崇高與美源於物質事物所指示的精神性觀念。

　　無論如何，艾利遜運用其常用的方法證明了顏色的崇高與美並不是來自

076　Archibald Allison, *Essays on the Nature and Principles of Taste*, Vol. 1. Edinburgh, 1811：288.

其本身的性質或特徵。在論證的過程中，艾利遜提到，在我們周圍的種種事物有很多是無關緊要的，這些事物並不美，因為它們無法在我們心中激起任何情感，只有那些色彩炫麗，或者顯貴要人們的著裝才能吸引人們的注意，容易在人們心中激起某種情感，因而是美或崇高的。顯然，艾利遜認為一個事物的顏色如果是美的或崇高的，那麼它應該首先是新奇的，不過他仍然強調崇高與美的另一個前提是人們已經熟悉了這種顏色令人快樂的聯想。這種情況在時尚領域特別明顯，當人們開始看到某些人身著一種新鮮顏色的服裝時，很少認為這種顏色是美的，相反它令人失望，但是「幾週，甚至是幾天的時間就能改變我們的觀點，一旦這種顏色被那些引導大眾趣味的人所採用，成為上流社會和高雅之士的象徵，它立刻就變得美了」[077]。顯然，這種顏色的美來自人們對上流社會和高雅之士地位或品格產生的聯想。當然，過些時日，一旦那些人不再穿著這種顏色的服裝，那麼這種顏色也就不再美了，甚至被人鄙夷。

形狀的美

由於把崇高與美歸源於精神性觀念或品格，艾利遜有效地打破比例、適意、效用等傳統學說，雖然仍然可以將它們保留，而且還能在一個更大的理論系統中維繫它們的合理性。這一點在他對形式美的論述中得到了充分表現。我們可以從中看出，在艾利遜的論述中，生命或者上文所提的品格是美感的重要根據，只有當形式中煥發出生命感時，審美主體才會與事物之間產生更親切的同情。沙夫茨伯里關於自然和宇宙的目的論和有機論、休謨和亞當·斯密的同情理論，在艾利遜這裡匯為一體，形成一套完備的體系，雖然他並未滌除一些老生常談或陳腐的觀點。

077　Archibald Allison, *Essays on the Nature and Principles of Taste*, Vol. 1. Edinburgh, 1811：304.

艾利遜

　　艾利遜把形狀分為有生命的和無生命的兩種，他主要論述無生命的形狀，但他的意圖是要證明，只有充滿生氣，形狀才能成為美的。與聲音和色彩的美類似，艾利遜認為形狀的美的表現來自三個方面：一是形狀所屬事物本身的本性所表現的性質；二是來自它們作為藝術的主題或創造所表現的性質，前者可以叫做自然美，後者可以叫做相對美。三是形狀的美也來自偶然的連結，這種美可以叫做偶然美。

　　事物自身在本性上有一些美的性質，尤其體現在一些簡單形狀中。形狀本身是由線條勾勒出來的，所以線條的性質就容易激發一定的美感。由折線構成的形狀有著堅硬、強力和持久的特徵，反之由曲線構成的形狀則有虛弱、脆弱或纖弱的特徵。透過我們的感官，前者向我們表現出粗糙、尖銳、生澀等感覺，因而是崇高的，而後者則表現出柔軟、平滑和精緻等感覺，也就是美的。另外，艾利遜特意提到了霍加斯所提出的螺旋線或蛇形線，但他舉到的例子是植物或其他纖弱的事物，他認為這種線條讓人聯想到一種放鬆的感覺，因為這種線條好像自由舒展，不受任何約束；相反，折線構成的事物則讓人聯想到一種外在的力量把它們束縛起來。單就線條本身而言，蛇形線或螺旋線是最美的。所以，事物的性質透過感官的知覺與心靈中的道德感存在一種對應關係，雖然兩者屬於完全不同的範疇，其間的關係也可能被破壞。從日常用語的角度證明形狀的美並不源自其自身的性質，一方面，人們常常用表達情感的詞語來形容外在事物；另一方面，一般人或兒童並不像哲學家那樣會把事物的形狀和事物本身區分開來，因而也就用形容事物的本性來形容其形狀。

　　不過，曲線或螺旋線是美的，這只是一個一般而非絕對的原則，因為有時折線也可以是美的，當它們構成一個精緻或優雅的形狀時（艾利遜尤其強調，裝飾所用的堅實材料，如鋼鐵、玻璃等，如果做工小巧精緻，可以說是最美

的）。不過，如果曲線過於繁複而構成混亂的形狀卻是令人不快的，因而也就不美。無疑，線條是否美要取決於它在人心靈中產生的聯想。同時，形狀的大小也影響美感，事物的巨大本身就可以體現崇高，因為它會使人容易產生清晰而有力的聯想。高聳表現了昂揚和慷慨。深度則表現了危險或恐怖。長度表現著廣袤，讓人望不到邊際，因而聯想到自由和無限。寬度表現的是堅實和持久，讓人聯想到民族、帝國、自然法則的穩定以及對好人的信賴。

即使是複雜的形狀，如果人們要從中獲得一定的美感，也必須設法將它們簡化為某些性質，或者抽繹出某些關係，從而可以發現其表現力。複雜形狀是由多種形式的線條構成的，簡單形狀的美的原理是不能直接套用過來的，因為簡單形狀是由視覺透過其構成線條的一致性或相似性被辨識的，而複雜形狀是透過線條的相似性和差異性，或者說是一致性和多樣性被辨識的，因此複雜形狀的美受到不同線條之間構成關係的影響。哈奇森用以描述美的原則在這裡只被限定在複雜的形狀上，艾利遜並不否認一致性和多樣性能夠直接因人的本性而在視覺中產生一種快適的感覺，並且傳達一種令人快樂和動人的表現力，因而成為美的，但是艾利遜將其聯想原則或聯念原則貫徹到底，他認為單憑視覺感知到的形狀本身並不美，它的美來自其表現力，這就等於否定了哈奇森所提出的美的基本原則。不過，他的論證倒也表明複雜形狀的美不是透過視覺這種外在感官知覺到的，雖然他並不承認我們需要一種特殊的內在感官。

為了解釋複雜形狀的美，艾利遜提出了這樣一個論點：「如果對形狀的自然美的解釋是正確的，即在於它們表現了某種動人或有意味的性質，那麼這樣假設也是很自然的，即在形狀的構成中，有某種適當性（propriety）應該產生自表現力的構成；正如線條是因不同的特徵而被辨別的，不同線條的混合就會產生混亂而非美，而且形狀的構成只有在多樣性中保留一種同一關

係（the same relation）才是美的，這種同一關係在所有其他類型的構成中也是需要的。」[078]

艾利遜對這個觀點的證明如下：首先，人們都知道，相似性和差異性或一致性和多樣性的結合本身並不構成一個美的形狀，因為很多事物都具有複雜的形狀，例如土地、水、植物等，但在其中很多時候只有混亂而沒有美；相反，只有人們在一個事物中發現某種表現力或確定的特徵時，這個事物才是美的，是這種表現力或特徵決定了它的形狀的構成是美的。「一旦我們得到這種印象，一旦我們感受到景色的表現力，我們立刻就意識到構成這景色的不同形狀是適合於這種特徵的。我們覺察到，並且常常想像，在這些部分中間存在一種協調性，因此我們會說在這些部分中間存在一種關係，有一種和諧，在把不同的細節組合得如此恰當時，大自然是有意要產生這一效果的。同時，我們也以在想像中完善這片景色以自娛，或者去除某些不協調的細節，或者加入某些新的細節，因此這種普遍的特徵就更加有效地得到保持。」[079] 所以，美的複雜形狀中是存在一種特殊關係的，這種關係是其表現力或特徵所必需的，否則這個複雜形狀就是混亂的，然而這種關係不僅僅是感覺的結果，而且也是想像力和理性作用的結果。

艾利遜描述了人們在複雜形狀中感知到美的過程：首先，「我們為這一目標（讓他人感知到美）所採取的自然而一般的方法是，告訴聽眾事物的特徵或表現力的觀念，而且在給予它們以這個一般的概念之後，我們進入這個事物的構成細節當中，努力向聽眾解釋，不同部分的安排具有多麼大的恰當性以保持或提升這種富有特徵的表現力。同時，如果我們成功地做了這樣的描述，我們必定會被理解，而且還向聽眾傳達了事物構成的卓越和美的充分

078　Archibald Allison, *Essays on the Nature and Principles of Taste*, Vol. 2. Edinburgh, 1811：7.

079　同上，第 10 頁。

信念」[080]。由此可見，艾利遜不否認審美判斷中概念的意義，也就是不排斥理性認識的作用。

其次，具有不同特徵的形狀需要一致性和多樣性的不同比例，以適應這個形狀本身適於激發特定情感的本性。有些情感要求事物有較大的一致性，而有些則要求有較大的多樣性。雖然艾利遜認為，一般來說，強烈的情感以及接近於痛苦的情感要求事物有一致性或同一性，屬於積極快樂的情感則要求有多樣性或新奇性，但很難確定一致性和多樣性的具體比例應該是多少。從自然景色來說，同等程度的一致性在宏偉或傷感的景色中是令人快樂的，在歡快或絢爛的景色中則是令人不適的。同樣，同等程度的多樣性在某些景色中是美的，而在另一些景色中則是相反；反過來，在一個地方有不同的景色，雖然其構成的一致性和多樣性的比例並不相同，但人們很容易發現它們都是美的。「我們是憑藉何種法則來確定這些比例不同的美的？肯定不是憑藉構成本身，否則一種確定的構成應該永遠是美的，而是憑藉構成與景色的表現力或特徵的關係，憑藉這種構成與我們心靈的要求和期待相符，憑藉這種構成與景色所激發的情感所產生的興趣或想像的特定狀態。」[081] 在植物當中，每一種樹木都有自己的特徵，並不能要求它們的形狀有相同的一致性或多樣性，否則看起來就是醜的。[082] 不過，艾利遜仍然堅持，複雜形狀應該有一個主體部分，其他部分應該為了突出或修飾主體部分而被選擇。例如，在構造一片景色時，可以運用不同特徵的樹木，但這些特徵應該服從於景色本身的整體特徵，因為我們就是根據這個整體特徵來判斷個別部分是否適宜的。[083] 總之，一致性和多樣性以及它們的比例只應該根據景色、建築、家具所要表現的整體特徵來進行判斷，但是美並不存在一種固定的一致性和多樣

080 Archibald Allison, *Essays on the Nature and Principles of Taste*, Vol. 2. Edinburgh, 1811：19.
081 同上，第21—22頁。
082 同上，第27—28頁。
083 同上，第29頁。

性的比例。所以，一致性和多樣性的構成本身並不美，只有當它們表現了一種特徵時才是美的。

最後，艾利遜總結了美的構造法則：一是富有特徵或表現的形狀應該被選擇作為構造的範圍或主題；二是多樣性應該服從於表現力或者這種表現力適於激發的情感本性；三是構造複雜形狀的形狀或者是獨立的或者是從屬的，無論是何種形狀，只有特徵在其中得到保存的形狀才是最美的；四是從屬的形狀，或者說用以設計獨特景觀或情境的形狀，其特徵必須由這種景觀或情境的特徵來決定，即只有符合這種特徵的形狀才是最美的。

正如在其他地方，艾利遜證明事物的美多半是由其所處的情境，或者由觀者的聯想引起的，因此形狀的美自然也會服從這樣的法則，雖然他並不強硬地認為，這些聯想可以是隨意的；相反，聯想也必須與事物自身的某些特徵以及由此而生的表現力相適宜。如哈奇森那樣，艾利遜將藝術美稱作相對美，但他沒有強調相對指的是藝術與自然之間的模仿關係，而是更注重探討藝術家的意圖和設計對於藝術美的重要意義。所以，在他看來，藝術中形狀的美包括形狀所指示的性質，即為了某個目的透過才智或設計而產生的性質，這種美就叫做相對美。「當我們在一方面發現技藝或才智，另一方面發現其有用性或恰當性時，我們意識到一種十分令人快樂的情感。我們憑藉經驗已經發現這些形狀與這些性質相關聯，這些形狀自然地而且必然地表現在這些性質，以某些情感打動我們，這些情感就屬於這些形狀所指示的性質。因而，在這些形狀當中有一種美的額外來源。」[084]

設計的作品總是包含著兩個要素：一是藝術或設計，二是藝術或設計所指向的目的，因而藝術作品的美就依賴於設計的才智或卓越，即營造的適宜或恰當，也依賴於目的本身的效用，兩者都能在人心中引發一定的情感，因而

---

084 Archibald Allison, *Essays on the Nature and Principles of Taste*, Vol. 2. Edinburgh, 1811：56—57.

相對美就源自這兩方面。艾利遜首先闡述形狀所表現的意圖。在發現有適宜或效用存在的形狀當中，我們必然推斷其中有設計或意圖的存在，亦即適宜或富有效用的形狀就指示著設計或意圖的存在。最能有效地指示設計或意圖的形狀是那些具有一致性或規律性的形狀，而毫無一致性或規律性的形狀被認為完全是偶然形成的，即使其中本沒有人為的設計，以至於當人們在自然景物中發現一致性或規律性的時候，往往將這些性質歸之於某種理智的心靈。

艾利遜特意指出，一致性或規律性只用來指作為整體的事物，同時指整體中各部分的相似性。所以，一致性主要指的是事物各部分之間的關係，而規律性指的是這個事物的整體；有時候有些而非全部部分之間具有一致性，因此整體上並不具有規律性。但無論如何，具有此種性質的形狀的美並不來自此種性質本身，而是因為它們表現出一種設計或意圖，是這種設計或意圖在我們心中引發了情感。有時候人們在兩種截然不同的事物之間發現有相似性，例如一棵樹的形狀類似於一種動物，這種相似性並不意味著這棵樹是美的，只能說它是奇特或令人驚奇的，因為這棵樹本身並不存在一致性或規律性。

由此可以推論，艾利遜並不認為藝術的價值在於肖似的模仿，而在於精巧的設計，他也從藝術史的角度說明，最初的藝術家在模仿人形時，試圖展現的和觀者所讚賞的是其技藝和靈巧，而非簡單的相似。同時，一致性本身並不是在所有情況中都同等的美，美的程度取決於獲得這種一致性的難度，或者其設計或技藝表現力的強度。構成簡單形狀的線條也可能具有一致性，但它表現的美的程度較小，而由更多部分構成的複雜形狀所具有的一致性和規律性具有更大程度的美，因為它們展現了更巧妙的意圖和技藝。由於這個原則，等邊三角形要比不等邊三角形美，但是在一致性的基礎上，越富有多樣性，形狀就越美，因為這展示了更複雜和精巧的設計或意圖，所以等邊四邊形又比等邊三角形美，等邊六邊形又比等邊四邊形美。同時，具有更

艾利遜

多樣和複雜的部分與一致性和規律性的形狀就產生了精緻的美（beauty of intricacy）。藝術史的發展也說明了這一點，最初藝術家主要是透過簡單的一致性和規律性來展現其技藝的，隨後他們就加入越來越多和複雜的成分，其作品也越來越精緻；藝術家所描摹或塑造的人體最初多講究一致性和規律性，後來就模仿更加豐富和優雅的姿態。這也就是說，當我們在看似紛雜的構成中逐漸發現一條一致的規律時，這種構成就越顯得美，因為其中表現了更為精妙的設計和意圖。艾利遜以這種方式解釋了一致性與多樣性產生美的內在原因。

　　但是，在艾利遜看來，藝術的最終目的和最高境界並不是營造一致性和規律性，因為一方面，只有摻入更多變化的一致性和規律性才是更美的，最初創造簡單的一致性和規律性的技藝終將失去人們的崇敬，藝術家們必須創造出更為複雜多變的形式；另一方面，美的最終根源是事物所表現的情感，所以藝術必然要追求對情感的表現，也必須尋找那些更能準確地表現強烈而細膩情感的形式。事實上，這兩方面的要求是一致的，因為更複雜的形式就是更能激發情感的形式，更豐富和細膩的情感也需要更複雜多樣的形式。藝術家很難在真實的生活中見到完美的形式，因而必須借助想像。「單單是畫家或雕塑家的想像就可以彌補這種缺憾：他會一步步地努力將形式美和表現力美結合起來，因此就逐漸上升到理想美的概念，上升到形式的創造和姿態的創造，這些比在自然本身中發現的任何形式都更美。」[085] 隨著對情感表現要求的增加，那些一致性逐漸被放棄，轉而創造更多的變化，「美的姿態很少具有一致性，並且在激情或感情的表現中，在真實生活中所發生的每一種形式都必須被引入進來」[086]。多樣性更能獲得觀者的敬慕，因為它比簡單的一致性更能表現藝術家的技藝和精巧。

085　Archibald Allison, *Essays on the Nature and Principles of Taste*, Vol. 2. Edinburgh, 1811：88.
086　同上，第 89 頁。

由此，艾利遜斷言，一致性和多樣性是區分古代和現代藝術的一個重要分界。

艾利遜並不認為一致性和多樣性是相互對立的，相反它們必須相互融合，因為兩者都體現著藝術家的設計和技藝，而設計和技藝正是美的一個基礎。只不過，如果把形狀僅僅看作是意圖的象徵，就要求其一致性和規律性，否則多樣性就是混亂。但是，人們要求藝術不僅有設計，而且也要求有精巧或豐富的設計，只有多樣性才能充分體現這一點，否則一致性就是呆板無趣的。所以，只有把一致性和多樣性相互融合的作品才是完美的。

一致性和多樣性的美一方面來自它們所指示的設計或意圖，另一方面來自它們的構造所帶來的效果，即維持和促進事物的特徵所激起的情感。雖然相對美也離不開設計所表現的性質，但不能把兩者相混淆。藝術家有時為了特徵或表現力而犧牲設計，有時為了設計而犧牲特徵或表現力。但是，艾利遜明確表示，在藝術中特徵或表現力要優先於設計，換句話說，他主張藝術的主題或內容優先於形式，雖然形式本身也具有一定的表現力，原因一是由特徵或表現力所激起的情感要比設計本身的表現力強烈和動人；二是特徵或表現力美更普遍地被人憑藉直覺感受到，設計的美卻只能被藝術的行家感受到；三是這種美更為持久，因為它源自人性的永恆原則，而設計的美依賴於某種藝術所流行的特殊時代。由此，艾利遜確定了兩條原則：「設計的表現力應服從於特徵的表現力，並且在每一個形式中，藝術家所研習的一致性和多樣性的比例應該服務於這種特徵，而不是服務於他自己的靈巧或技藝。[087]」因此，正如在機械藝術中，藝術家不應該為了技巧而犧牲效用；在趣味藝術中，藝術家也不應該犧牲特徵或表現力這些更高級的美。艾利遜認為，美的藝術盛極而衰正是由於藝術家本末倒置，醉心於設計或技巧。

---

087 同上，第108頁。

艾利遜

　　顯然，形式構成的效果有兩種，即效用和美，因此也有兩種藝術，即機械藝術和美的藝術。然而，人們判斷兩種藝術的方式並不一樣。「在目的為普遍效用的機械藝術中，所有人在某種程度上都是作品的裁判，因為他們在某種程度上就是這種效用的裁判。但是在美的藝術中，卻彷彿需要某種特殊才能，至少是那種並非人人皆有的才能，人們既不是，也不會覺得自己就是裁判。因而，人們情願聽從那些在美的藝術上有所實踐的人，自然地這些人顯得最有資格成為藝術美的裁判，而且當藝術以不斷翻新的新奇來取悅人們時，人們也理所當然地認為，新的就是美的。由於藝術家自然地傾向於把設計的表現力置於特徵的表現力之上，由於美的藝術自身的本性，不能提供永恆的判斷原則；由於人們普遍傾向於聽從那些最容易也最喜歡墮落的人，在所有國家中，趣味藝術在一段完美的時代之後蛻變為藝術家的技巧和技能的表現，逐漸陷於一種粗野狀態，幾乎與它剛興起時一樣粗野。」[088]

　　相對美的另一個根源是形式的適宜，或者說是手段對於目的的適當運用。一條船的形狀有利於航行這個目的就說明這種形狀是適宜的，雖然其各部分看起來也許並不協調。從這個角度出發，艾利遜明確反對柏克的看法。柏克在《崇高與美》中舉了很多動物的例子，如長著長鼻子的豬、長著大皮囊的鵜鶘、長著尖刺的刺蝟和豪豬等，他認為人們並不會因為這些動物的特徵有用而視它們為美的。艾利遜反駁說，人們之所以認為這些動物不美是因為它們的形狀並不符合自然美的規律 ——「形式的自然美一下子就打動我們，因為它不需要任何先前的經驗，也不需要任何密切的注意。」[089] 此外，也是因為這些動物讓人聯想到它們那些並不令人愉悅的本能、性格和生存方式，但是如果不去考慮上面這些因素，而是從這些動物形式構造的適宜性來看，它們就是美的事物。有些事物甚至絲毫沒有自然美的跡象，但人們仍然

088　Archibald Allison, *Essays on the Nature and Principles of Taste*, Vol. 2. Edinburgh, 1811：113.
089　同上，第 120 頁。

稱其為美，就像內科醫生稱放血或發熱理論是美的，外科醫生說手術器械是美的。[090] 適宜的美與自然美並不對立，而是相互增益的。一個自然美的事物如果適宜於實現某個目的，無疑就獲得了額外的美。

不過，適宜並不總是產生美的情感。「這樣的性質，如果是常見或細微的，就不能產生足以強烈到成為美的基礎的那種情感，而且因為我們從適宜性那裡接受的情感本身比許多其他快樂的情感要低級得多，所以比起我們所熟知的多數其他類似的性質來，也許在更多情況下，這些性質被觀察到卻不產生美的情緒。除非這些性質是顯著而新鮮的，否則多數人在適宜性的表現當中不能感到任何的美。」[091]

艾利遜把勻稱或比例的美也歸因於適宜，而不是因為勻稱這種比例自身。首先，他認為「勻稱提供給我們的快樂與任何感覺的快樂都不相似，而只與在手段恰當地適應其目的的情況中所感到的滿足類似」[092]。同樣，不勻稱所給人的不適也與任何感覺上的痛苦不同。雖然「勻稱這種性質由物質形式直接向我們表現出來，以至於我們意識不到這種判斷與感官的確定有什麼差別」[093]，但艾利遜的意思是對勻稱的美的判斷只是一種直覺。這並不意味著純粹的直覺，有時也需要經驗，當我們遇到一臺非常精巧的機器時，除非我們先前就知道其工作原理或者其用途，否則就無法判斷其美醜。顯然，與休謨一樣，艾利遜並不認為美的判斷不需要概念。

其次，人們描述勻稱使用的語言也說明勻稱依賴於適宜。「如果一個普通人被問到某個具體的建築物、機器或工具的比例為什麼使他愉悅，他會自然而然地回答說因為它們使事物適合或適應其目的。」[094] 當我們向他人解釋一臺機

090　同上，第 122 頁。
091　Archibald Allison, *Essays on the Nature and Principles of Taste*, Vol. 2. Edinburgh, 1811：123.
092　同上，第 124—125 頁。
093　同上，第 126 頁。
094　同上，第 127 頁。

器的比例為什麼美時，我們只有描述它的各部分是如何搭配以實現其目的的。

　　同樣，當他人知曉了這臺機器的用途時，也會因其各部分的適宜而感到一種快樂的情感，因而稱其為勻稱。所以，在很多時候適宜與勻稱是同義的，但是兩者之間也有差別。人們將一個形式稱為勻稱，是從兩個角度來看待的：「第一，就其整體或與被設計目的的普遍關係來看待，或者當它被考慮為一個整體，而不對其各部分做任何區分；第二，就其各部分的關係與這個目的的關係來看待。因此，當我們遇到一臺機器時，我們有時從它對於被用以實現目的的整體效用來看待，有時從不同部分為實現這個目的而具有的恰當關係來考慮。當我們從第一個角度來考慮時，正確地說，我們考慮的是其適宜性；當我們從第二個角度來考慮時，我們考慮的是其勻稱。」[095] 所以，適宜主要表達的是手段與一個目的之間的整體關係，勻稱指的是「適宜這種關係之下的一種特定或從屬的關係，即各部分對於一個目的的適當關係」[096]，簡言之，適宜側重指一個形式整體與其目的之間的關係，而勻稱側重指實現某個目的的整體各部分之間的關係，關鍵在於我們是否有意把這個整體分解成各個部分，但前提是我們知道這個事物所能實現的目的是什麼。

　　再次，某個形式有著多種比例，也就意味著它有著為實現某個目的而必要的各部分，如果各部分之間對於這個目的來說沒有直接的關係，那也就不存在任何精確的比例。的確，有很多事物的形式各部分與其目的之間沒有關係，因為這樣的事物的作用只是裝飾，因此我們也不能看到有任何精確的比例。對於這種事物的形式，我們也沒有固定的美的觀念。就像一把椅子的某些部件只有裝飾作用，這些部件的樣式也可以隨時變化，雖然它們不能破壞椅子的形式在整體上的適宜性，但是有些部件的比例必須是固定的。比如，椅腳的高度，因為它們是為便利的目的而被設計的。

095　同 Archibald Allison, *Essays on the Nature and Principles of Taste*, Vol. 2. Edinburgh, 1811：129.
096　同上，第 130 頁。

最後，我們對於形式的勻稱感覺就是與我們關於其構造適宜的知識相稱的。如果我們不知曉某個形式的適宜性，我們也就感覺不到其特殊的比例或勻稱。同樣，如果我們更熟悉某種事物的功用，我們就能從其形式中的比例或勻稱中體會到更多的快樂。所以，離開了適宜性，一種形式便沒有比例或勻稱的美。

根據適宜性和勻稱理論，艾利遜對建築這門藝術進行了專門的論述。關於建築中勻稱或比例的美的三個結論：「這些比例的美來自對支撐所加重量的適宜表現。比例的美的第二個來源是它們對保持房屋特徵的適宜性表現。這種美的第三個來源包含在它們對一般形式中特定用途或目的的適宜性表現。前兩種表現構成了永恆的美，第三種表現構成了偶然的美。」[097]

除了自然美和相對美，複雜形式還有另一種美，叫做偶然美，因為這種美既不是來自事物自身的本性，也不是來自人為的設計或創造，而是來自偶然的聯想。之所以稱作是偶然的聯想，是由於這種聯想不是在所有人當中所產生的，而是只屬於個別人。「這些聯想產生自教育、思想的獨特習慣、處境和職業，只有那些受相似原因引導而形成相似聯想的人才能感受到這些聯想產生的美。」[098] 對一個從兒時起就熟悉的特殊形式，人們總是從中聯想到很多快樂的回憶，因而激發起動人的情感，這個形式美甚至要超過那些自然美和相對美。不過，有時候這種聯想並不為一個人所專有，當一個地方或民族的人們都有這種聯想時，這個形式就象徵著這個地方或民族的趣味。但無論如何，這種聯想都是偶然的，因為在很多時候這種聯想會發生變化，正如在時尚方面所表現出來的那種變化。

歸納起來，形式美有三個來源：我們將某種特殊形式連結於來自形式本身，或者來自具有這種形式主體本性的表現力；形式所指示的設計、適宜性

097　同上，第 188 頁。
098　Archibald Allison, *Essays on the Nature and Principles of Taste*, Vol. 2. Edinburgh, 1811：192.

和效用；我們把某種形式連結於偶然的聯想。

同時，所有形式或者是裝飾的，或者是有用的。裝飾美有三個來源：來自形式本身的表現力，來自設計的表現力，來自偶然的表現力。

但是，艾利遜最為推崇的是來自形式本身的表現力之美：「每一種裝飾形式真正和積極的美是與它所獨有的表現力的性質和持久性成比例的。然而，我們能從這些表現力接收到的最強烈和最持久的情感是那些產生自形式自身本性的情感。正如我已經表明的那樣，我們從設計的表現力接收到的情感既不強烈也不恆定，偶然聯想所產生的情感則常常隨著興起的時代而衰退。……唯獨來自形式本身的表現力之美是持久的，因為它建立在人類心靈一致構造的基礎上。」[099] 藝術家的任務就是不斷深入研究形式本身的表現力，這種表現力是「純粹而永恆的」，因此就要擺脫因他自己所處時代和從事藝術的一般偏見而產生的偶然聯想。尤其在重要的藝術中，藝術家更應該追求持久的表現力，只有在那些容易過時和腐壞的藝術類型中，他才可以以新奇或技巧來滿足當時人們的偏好。

實用美來自兩個方面：一是適宜性，二是效用。艾利遜強調實用形式所產生的美的情感要比裝飾美所產生的情感要弱，但是這種情感更為持久。所以，藝術家應該追求的是把裝飾美和實用美結合起來。在形式效用相等的情況下，越能產生令人快樂的表現力，形式就越美。如果效用與自然美發生衝突，效用應該優先。[100]

最後，值得一提的是：艾利遜特別把運動看作美的一個重要原因，因為運動並不像線條那麼明白可見，但也確實對人的心靈或想像發揮作用。艾利遜指出，運動在人心中引起許多有意味和動人的聯想，這些聯想或者來自運動姿勢，或者來自運動的事物本性，但無論如何，運動本身並不是美的真正

099　同上，第 200 頁。
100　同上，第 201—202 頁。

原因。艾利遜是從運動的原因來開始其分析的，他認為運動是由可見或不可見的，亦即可有感官感知或不可感知的力量引起的。重要的是：在艾利遜看來，在運動中人們更容易想像到一種生命力，即運動是由事物自發或內在的力量發起的，如果這種力量是外在強加的，那麼運動就無所謂美和不美。

　　不同特徵和不同程度的力量在人心中產生不同的情感。一種運動崇高或美取決於兩個要素：方向和程度。方向有直線、折線和曲線、螺旋線之分，程度指快和慢、猛烈和輕緩之分。總體而言，崇高的運動是直線的、猛烈的，而美的運動則是曲線的、螺旋線的和輕緩的。[101]「最崇高的運動是依直線而快速的運動，最美的運動是依曲線而緩慢的運動。」[102] 此外，運動的崇高與美也受到運動的事物性質的影響。緩慢的運動一般是美的，但巨大物體的緩慢運動卻是崇高的，像大氣球的緩慢上升、戰爭中軍隊的緩慢行進。快速的運動一般是崇高的，但令人愉悅或喜愛的事物快速運動卻是美的，如煙花的急速上升、夜空中亮光的閃現；折線運動既不崇高也不美，但閃電的運動是十分崇高的；依波浪線的緩慢運動一般是最美的，但蛇或蟒的運動最令人不適或痛苦。[103]

道德美

　　人的容貌和形體的美是艾利遜專門討論的一個話題。當然，依據他對物質的劃分，人屬於有生命的物質。對於 18 世紀的作家來說，人是自然和神性的寵兒，被賦予了最高的美和智慧，因而也是趣味科學所探討的熱點。

　　但是，艾利遜的重點是研究「人類的美是否可以被歸因於我們本性的某種規律，因此容貌和形態上的某種外表本來地和獨立地就是美的或崇高的？

101　Archibald Allison, *Essays on the Nature and Principles of Taste*, Vol. 2. Edinburgh, 1811：210—212.
102　同上，第 212—213 頁。
103　同上，第 214—215 頁。

或者就像在看待無生命的物質那樣,是否可以歸因於我們連結於其上的各種快意或悅人的表現力?」當然,這也是始終貫穿於艾利遜著作的一個問題。

根據艾利遜在無生命物體上確立的美的原理,即無生命的物體上最大的美來自其特殊性質與心靈的某種性質或傾向的相似,人的容貌和形體的美也來自它們對心靈性質的表現,而且它們應該具有更多的美,因為人本身就是具有心靈的,其外形就直接表現心靈性質或傾向,而不必透過相似來表現。對於人的外形的表現力來說,唯一的界限就是人的心靈自身,即理智和道德能力的界限。不過,艾利遜仍然堅持,容貌和形體作為可見的形式本身也包含著某種美,所以應該把這種美與心靈性質或傾向與作為表現力本身的美區別開來。對於他的整個美學體系來說,這一部分內容將最終把道德美引入進來,而且道德美能統領其他的美。

艾利遜把人的外形的崇高與美分為以下幾類:容貌、形體、姿態、動作。毋庸置疑,就人的外形作為物質事物而言,它們的美同樣有三個來源,或者說有三個層次的美,其一,作為物質事物本身的表現力;其二,與心靈的性格或傾向的類比;其三,偶然的聯想。最後一點可以用來說明情感或情緒因習慣而在外形上的表現。作為有生命甚或有靈性的事物,人的外形更直接地體現了心靈性質或品格,也就是道德。所以,人的外形是物質和心靈的結合體,從中可以看到物質事物的崇高與美如何最終來自道德。

例如,在談到容貌色彩的美時,艾利遜指出,如果離開我們本性的原始規律,這些美都不是準確和確切的,因為「它們全部取決於我們的道德觀念,並且不僅與它們所指示的性情有關,而且與這些性情的程度有關」[104]。艾利遜運用了他一貫的證明方法契合差異法。人人都能觀察到容貌的不同色彩,但在不同的環境中,同樣的色彩卻以不同的方式給人觸動。蒼白可能源

---

104 Archibald Allison, *Essays on the Nature and Principles of Taste*, Vol. 2. Edinburgh, 1811: 239—240.

於嫉妒，也可能源於罪責，也可能源於深仇大恨。如果單是色彩本身就是美的，那它的美便到處都一樣，但這不是事實，結果只能是：色彩的美依賴於它所指示的性情，這種美隨著表現力的變化而變化。容貌色彩的美需要人們的解讀，至少說它需要人們能透過色彩直覺到其表現的道德感。由此也可以推論出來，雖然艾利遜沒有明言，但只有忠實地表現了具有道德感的色彩才是真正美的。

「每一種這樣的性質，或由於其本性，或由於經驗，或出於偶然，成為能產生情感性質的象徵，或是某些道德感情的體現。」[105] 事物本質的崇高與美並不是由於其自身，而是由於它們是某些其他性質的表現，後面這一類性質適於透過人性的構造產生悅人或有趣的情感，直言之，崇高與美不是物質自身的性質，而是來自心靈的表現。艾利遜自認為他的觀點與柏拉圖學派的主張相合，這種柏拉圖學派在英國由沙夫茨伯里、哈奇森、阿金賽德、斯賓塞等人傳承，並在里德（Thomas Reid, 1710～1796）的《論人的知性能力》中得到更明確而深刻的表達。

心靈能產生的情感性質或者是積極的，或者是消極的，或者是如仁善、智慧、正直、創造、想像等能力，或者是如愛、喜悅、希望、感激、純潔、忠誠、無邪等感受和感情。「在觀察或信賴心靈的這些性質的過程中，由於我們本性的原始和精神的構造，我們必定會體驗到不同的強烈情感。」[106] 然而，心靈性質只有透過物質這種媒介才能為我們所知。同時，事物本質也必然指示著心靈性質。兩者之間的關係有直接的和間接的兩種。直接的關係有兩種：一是事物本質作為心靈力量或能力的具象化。人類的藝術或設計的作品就直接指示著智慧、創造、趣味，或者藝術家的仁善，而自然的作品則直接指示著神聖的藝術家的力量、智慧和仁慈。二是作為心靈的所有感情或傾向的象徵，我們就

105　同上，第 415 頁。

106　Archibald Allison, *Essays on the Nature and Principles of Taste*, Vol. 2. Edinburgh, 1811：418.

艾利遜

喜愛或同情這些感情或傾向。動物的音調和動作就向我們表現出它們的愉快和歡樂，人發音的音調指示著各種情感。我們所喜愛或讚賞的人類心靈中的所有感情就透過容貌和形體的各種外表向我們直接指示出來。

間接的關係有：一是由經驗形成的。物質的特定形式或外表被認為是我們所同情或感興趣的心靈的感受或感情產生的手段或工具。技藝的產品透過各種方式向我們指示著便利、快樂，或者它們給人類生活帶來的幸福，因而作為幸福的象徵，這些產品以幸福本身必然產生的情感來打動我們。自然景色由於被認為給許多生靈提供了居所而指示著某種精緻的智慧，因此獲得美的評價。二是由類比或類似形成的。事物本質和心靈性質之間存在某種類比或類似關係，因此前者就向我們有力地表現了後者。無機事物的顏色、聲音、形式，在人類的思想史上多被人格化，詩人或藝術家們這樣做的時候並不是為了展示他們的技藝，而只是「順應了調節人想像力的最有力的法則」[107]。三是來自聯想（本意上的）。透過教育、幸運或偶然的機會，物質事物與心靈中悅人或有趣的性質聯繫起來，此後就永遠地表現著心靈中的這些性質。例如，流行樣式中的顏色和形式就因此成為美的，表達宗教、愛國或榮譽的事物也因此而打動我們，自然景色也因為其中發生的事件成為美的。四是來自個人的聯想。事物及其某些性質因為與個人經歷存在連繫而容易在這個人心中激起某種情感，這個事物及其性質也因此具有了某種特殊性格。

艾利遜最後的任務是要說明，物質世界的崇高與美為什麼會依賴於它們所表現的心靈中更高的性質，也就是說，人類本性構造的最終原因是什麼。艾利遜依然求助於目的論，但是他的思路有些奇特。他彷彿認為是人的好奇心促成了目的論，而自然本身是否存在目的則並不明確。是好奇心使人不找到那種最終原因就誓不罷休，他不滿足於把物質世界歸因於某種設計，而且還要歸因於仁慈的設計。這種思維方式不僅讓人們探究自己的心靈法則，還

107　同上，第421頁。

要探究構造心靈的那種力量和智慧。[108] 因而，對美的規律的研究必然要延伸到對整個自然和人性的研究。

人始終被物質世界的事物所圍繞，由於人性的原始構造，這些事物能夠帶給人快樂或痛苦，如果根據這條原則，那麼人的快樂和痛苦就源於此。因此，只有某些顏色、聲音和形式才是美的，但是人們所能享受的快樂也是不平等的，因為那些無法見到和擁有這些性質及其所屬事物的人就無法享受外在自然能夠給予人的快樂。進一步說，如果只有某些容貌和形體的顏色、聲音和形式本質上就是美的，那麼人類幸福，乃至於人性中最重要的感情和情感的分配無疑太過武斷了。這種法則是與人類社會的義務原則相反的。因為如果這樣的話，那些不具有這些容貌和形體的人的自由或熱情就會被扼殺。這樣的話，父母必將因子女的醜陋外表而拋棄他們，夫妻和朋友之間的感情也會因對方的疾病、痛苦和衰老而消失，整個社會只關心那些偶然獲得外在姣好容貌的人，而且「甚至憑藉自然本身，貴族統治就得到確立，不可避免地不依賴任何的才幹和德行，只依賴人類所確立的財產或者血統的影響」[109]。

如果趣味情感及其它所給予的所有幸福都是由心靈的永恆表現力產生的，那麼這個系統提供給人類本性的幸福不僅是簡單的，而且也能在最簡單的事情上看到。只要物質世界的外表向我們表現了我們所喜愛和讚賞的性質，由於我們的教育、聯想、習性、事業，只要物質世界的性質在我們的心靈中與動人的、有趣的情感相連結，崇高與美的快樂就能被感受到，那麼我們的心靈就不是被外在事物的特徵所支配，而是能夠賦予它們以它們本身所不具有的特徵，無論這些事物本身多麼普通平常或者粗鄙低俗。因此，我們就不由自主地從那些擁有外在美的人轉向那些表現著天才、知識或德行的外表質樸的人。在每一個國家的公共生活中，國民欣賞的並不是具備年輕、出

108 Archibald Allison, *Essays on the Nature and Principles of Taste*, Vol. 2. Edinburgh, 1811：424.
109 同上，第427頁。

身高貴或氣度優雅等外在優勢的裁判者，而是更熱愛那些展示其能力的殘缺外表，或者維護自由的暮年政治家。

物質美依賴於它們所指示的性質，正是藝術，無論是機械的還是自由的藝術，是發展進步的偉大根源。如果存在某些物質形式、比例或組合的原始和真正的美，如果美的情感只是本質上局限於這些性質，那麼任何借助於物質的藝術都會停滯，趣味的感官必然反對任何新的進步。[110] 如果自然所規定的某些形式及其組合法則本身才是美的，那麼藝術家就不敢偏離它們。即使藝術家處於實用的動機而偏離這些法則，旁觀者就會表示不滿。因此美感就與效用感相反，自然美的形式就會是產品的永恆標準，任何新的創造都不會發生，即使人類社會更講究事物效用上的進步。

但是，如果美依賴於物質形式所指示的另一種性質，人類藝術就會取得發展。由於表現了適宜、效用、創造、努力和天才，藝術才產生讚賞和愉悅。藝術領域成為無限的，即使是較低級的機械藝術，也會因其表現的天才和善意而獲得最高榮譽。不只是曾出現於宗教和迷信中的形式才受讚賞，每一種形式及其組合都成為有教養的趣味的範圍，觀者的心靈追隨著藝術家的創造。美的藝術也不再服從於宗教、迷信，只去創造那些被認為是神聖的事物。「形式以及他身邊的自然景物不是支配的力量，而是去喚醒他的天才。邀請他去探察它的美的根源，因為這樣的考察，把他的構想提升到對形式及其組合的想像上，這種想像比自然呈現給他的任何美都更為純潔和完善。正是在這種追求中，理想美（ideal beauty）才最終被感知到，這種美是藝術家最為高尚的抱負所要感受和表現的；這種美不是被任何通俗的法則創造的，或被感官的效果所衡量，而是能產生比自然所激發的更精緻的情感和深沉的愉悅。」[111]

110　Archibald Allison, *Essays on the Nature and Principles of Taste*, Vol. 2. Edinburgh, 1811：430.
111　同上，第434頁。

更為重要的是：由於我們本性的這種傾向，趣味情感總是與道德情感相交融，而道德情感是能感動人的最大的快樂，最終能服務於道德的提升。「雖然物質世界的事物是用來吸引我們的肉眼的，但其中也有直達我們內心的潛在連繫。只要它們帶給我們愉快，它們就始終是更高級性質的象徵或表現，透過這些象徵或表現，我們的道德情感被喚起。」[112]

各種自然景色「都適於喚醒我們的道德情感，一旦我們的想像受到刺激，它們就把我們引向一連串的迷人意象。當我們沉浸於其中時，它們就使我們的心胸因卓越精神的概念而煥發光彩，或者使我們沉醉於道德之善的夢想中」[113]。

藝術作品不僅透過其自然美打動我們，也因為表現了優美、雅緻、和善、高貴、莊嚴等性質，在我們心中喚起相應的情感，使我們本性中最為高尚的情感得到展現。藝術的相對美表現了藝術家的創造、天才、趣味和想像，這些對我們理智的成就產生重要影響。藝術讓我們領會到人類心靈的高級能力及其成績，而這正是高尚追求的基礎。對這些性質的讚賞也刺激我們努力發揮這些能力。

人的容貌和形體是自然之目的最鮮明的體現。我們在這裡感覺到的不僅僅是原始或動物性的效果，而是心靈的性格中的可愛東西。一旦我們注視人的容貌和形體，我們感到的不僅是轉瞬即逝的快樂，而且還有凱姆斯所謂的「對德行的同情性情感」[114]，我們自己的德行也因此得到了開闊和提升。物質世界也由於事物所指示的表現力而成為「鍛鍊道德的場所」（a scene of moral discipline）。即使人們完全意識不到這一點的時候，這種影響也依然始終發揮作用，我們的道德感受被喚醒，道德情感被激發。因此，「無

---

112 同上，第436—437頁。
113 Archibald Allison, *Essays on the Nature and Principles of Taste*, Vol. 2. Edinburgh, 1811：437.
114 同上，第440頁。

艾利遜

論是在自然景色中，還是在人的作品和創造物當中，在家庭的感情中，在普遍的社會交往中，我們周圍的物質形式也隱隱約約地影響著我們的性格和性情，並且在最單純的愉快時刻，即使我們僅僅是意識到了我們所享受的快樂，他人給予我們的善意也被用於指導一個神祕的領域，由此我們關注道德的提升，道德情感和法則得以形成，這些在往後不僅創造我們自己的真正榮譽，而且也創造我們必然要與之相繫在一起的人們的幸福」[115]。

最後，在艾利遜看來，物質世界所指示的表現力對我們還有一種更重要的影響，亦即宗教情感。因為，我們必然要感受到存在本身的創造者，感受到我們與他的高貴連繫，自然世界就是他的天意的象徵，使我們感受到神性的存在。「在作為萬物居所的物質符號的宏偉體系中，只有以一種原初和果敢的虔誠為基礎，給予它們能夠解釋自身的有力方法，並將它們居於其中的宇宙不僅僅看作是人類的日常生活或是娛樂的居所，而是活生生的上帝的神廟，讚美才是恰當的，才能侍奉上帝。」[116]

---

115 同上，第 440—441 頁。
116 同上，第 447 頁。

吉爾平

吉爾平

　　在18世紀末，英國美學中出現了一個新的詞語：「畫意」（picturesque），並且引起了普萊斯（Uvedale Price, 1747～1829）、雷普頓（Humphry Repton, 1752～1818）和奈特（Richard Payne Knight, 1751～1824）等作家的激烈爭論。要說正式把這個詞納入美學並與崇高與美形成三足鼎立之勢的人，則是威廉‧吉爾平（William Gilpin, 1724～1804）。吉爾平是一位牧師，但對藝術情有獨鍾。事實上，吉爾平出生於一個藝術之家，其父約翰‧伯納德‧吉爾平（John Bernard Gilpin）曾服役軍隊，也是一個業餘藝術家，受其影響，吉爾平從小便喜歡寫生，熱衷於收藏版畫，而其兄長索雷‧吉爾平（Sawrey Gilpin, 1733～1807）後來還成為職業畫家。吉爾平就讀於牛津女王學院，期間又開始研究園藝，曾出版《園藝對話錄》（1748），其中有一部分專論美學，便用到「畫意」一詞。雖然這種用法還未確定嚴格的理論意義，但可以看出他對於畫意這一觀念的思考由來已久。後來在《論版畫》（1688）一書中正式提出「畫意」一詞，並論述其基本原則。再往後，吉爾平遍游英國各地。自1786年以來的20多年間出版多部（包括去世後他人編輯出版）《畫意美觀察》，用英國各地的風景來詮釋畫意。吉爾平關於畫意的系統理論出現在《畫意美、畫意游和風景寫生三論》（1782，以下簡稱《畫意美》）當中。

畫意美

　　可以肯定，自《園藝對話錄》出版以來，吉爾平提出的畫意受到許多關注，但也遇到許多批評和誤解。吉爾平發現，人們把畫意美理解為符合繪畫法則的美，但他認為畫意美與繪畫不是毫無關聯，但絕不能等而視之，畫意美應該是獨立的一個類型。但人們的誤解也並非沒有道理，因為吉爾平一開始也是在一般意義上來運用「畫意」一詞的，人們很容易聯想到英文中的

另一個詞「pictorial」，意為形象的、生動的，而且他論述的主要內容是園藝和版畫。在《園藝對話錄》中，他解釋畫意是那些粗糙、不規則的自然景色所表現出的特徵，這樣的景色適合用繪畫來描繪。在《論版畫》一書中，吉爾平提出了能夠使版畫具有畫意美的一些原則，其中最重要的一條是「roughness」，但他也論述了繪畫的傳統因素，比如構圖、光線、線條等，這同樣容易讓人把畫意與繪畫表現出的美混為一談。

在後來的著作中，吉爾平拋開了園藝和其他藝術，專門探討自然風景之美，雖然他的畫意並不專指這一點，但畫意無疑在自然風景中有最充分的體現。在《畫意美》當中，他鮮明地指出了人們的誤解，即「所有的美都在於畫意美——並且自然面貌只是根據繪畫法則來被考察」，然而「我們始終在講一種截然不同的東西。我們談論自然的廣闊風景，雖然無意於用畫意的目光，卻對想像有強烈的影響——常常是一種更強烈的影響，比當它們被用畫筆適當描繪時更強烈」[117]。因而吉爾平迫切要把畫意美與其他的美區分開來，當然也就必須賦予畫意美以某些鮮明的特徵，尤其是要闡明畫意美與繪畫之間的微妙關係。

吉爾平說：「關於美的爭論，如果能確立一種區分，就可能會解決。就如美的事物和如畫（pictureque）[118] 的事物一樣，在其自然狀態中令人快樂的性質與能夠用繪畫來明示的性質的區分也是存在的。美的觀念隨事物而變化，也隨觀者的眼光來變化。石匠在平整的牆上看到的美，建築師卻看不到，建築師是在一種不同的觀念下來觀察建築物的。畫家也一樣，他拿藝術法則來比較眼前的事物，用一種不同於普通人趣味的眼光來觀察，普通人只是簡單地看到美。」這段話當中包含著一個值得深思的觀察，那就是直接感

117　William Gilpin, *Three Essays*： *on Picturesque Beauty; on Picturesque Travel; and On Sketching Landscape*： *to Which is Added a Poem, On Landscape Painting*, London, 1794： preface, ii.

118　「picturesque」一詞用作形容詞，為符合中文表達習慣，本文多寫作「如畫」。

吉爾平

受的美與從特殊角度發現的美之間存在巨大差異，畫家、建築家擁有一套專業技巧，懷有特殊目的，自然會把眼前的事物納入一個觀念體系中，使其在這個觀念體系中顯出其獨特性質，所以他們能看到普通人忽視的東西，但也會忽略普通人關注的地方，簡言之，觀者的觀念體系或認知體系不同，事物就會顯出不同的美，甚至在一些人眼中是美的，而在另一些人眼中卻平淡無奇。

吉爾平的目的顯然不是要誇大當代美學所謂的「期待視野」的作用，相反他想證明的是：縱然有這些影響，畫意美在事物方面總還有些客觀的根源，所以他的問題是：「使一些事物特別地顯現為畫意的那些性質是什麼？」為了參照美而說明畫意的特徵，吉爾平首先要給美下個定義。他顯然不願意在這個問題上製造太多困擾，直接採納了柏克的觀點，亦即美的特徵在於平滑或光滑（smoothness or neatness），而且他也很少分析這些特徵對於感官和心靈的影響，也就是 18 世紀英國美學家們通常採用的方法。在他看來，柏克的觀點已經是常識：大理石打磨得越光滑，銀器擦拭得越明亮，就顯得越美，「彷彿眼睛很喜歡順暢地滑過一個表面」[119]。但這僅僅是通常的美的特徵，而畫意卻恰恰相反，「光滑和平滑的觀念不僅不是畫意的，實際上還剝奪了畫意美的所有表現。不僅如此，我們還可以進一步果斷地宣稱，粗糙構成了美和畫意之不同的那個關鍵點。正是這種獨特的性質，使被描繪的事物在畫作中令人快樂」[120]。

粗糙畢竟是一個含糊的概念，吉爾平又做了進一步的解釋。一般而言，粗糙指的僅僅是物體的表面，如果說到其輪廓，人們則用 ruggedness（凹凸），無論大小事物，人們都可以見到這樣的特徵，例如樹的皮、崎嶇的山峰、陡峭的山崖。即便是藝術的創造物上，人們同樣可以發現美和畫意的差

119 William Gilpin, *Three Essays*： *on Picturesque Beauty; on Picturesque Travel; and On Sketching Landscape*： *to Which is Added a Poem, On Landscape Painting*, London, 1794：4.
120 同上，第 6 頁。

別。帕拉迪奧式建築各部分的比例、適當的裝飾和整體上的勻稱都非常令人愉悅，但是如果要用一幅畫來表現，這樣的建築就顯得過於有序，只能令人失望。如果真的要畫，人們就必須拆掉一半，另一半也要損毀一點，並在周圍配上些殘垣斷壁。「一句話，我們必須將它從一幢平滑的建築物變成一堆粗糙的廢墟。」[121] 在園藝當中也是如此，草坪不能一馬平川，而是要分割成塊，種上些枝葉蓬亂的橡樹，而不是齊整的灌木叢；其中的道路也不能過於平整，邊緣不能順滑，而是要故意製造些崎嶇不平，挖出些車轍，撒上些碎石，堆上些草叢，這樣一來才顯得富有畫意。給人畫像的時候也是如此，像雷諾茲這樣的畫家不會把頭髮弄得整整齊齊，而是故意要把頭髮弄亂一點，蓬蓬鬆鬆堆在肩上；維吉爾描寫阿斯卡尼俄斯的時候，也刻意描寫其飄逸的長髮；米爾頓描寫夏娃的時候說，她蓬亂的金色長髮未加修飾，盤繞至纖柔的腰間。

讀者們肯定會留意到，吉爾平所描述的畫意很多時候與柏克所提的美的特徵無關，倒是更接近崇高的特徵。例如，「是什麼突顯了高貴的性格，以及充滿力量的表現：那些充滿智慧和經驗的線條，那些飽滿的意味，遠超過玫瑰色的皮膚或者青年的迷人微笑？除了布滿皺紋的前額又是什麼呢？難道不是反射著光線的突出的顴骨？面頰上的肌肉隆起，又消失在蓬亂的鬍鬚中？」[122] 荷馬對朱比特的描寫就是這樣。吉爾平所謂的畫意彷彿兼具崇高與美的特徵，但不是簡單的混合。

吉爾平強調，畫意的很多方面符合美的特徵。人的形體有著恰當的比例和順暢的線條，顯得優美雅緻，但在運動當中就表現出很多變化；即使在靜止的時候，如果平滑的表面加上些許皺褶就顯得很有畫意。看來，畫意的特

---

121 同上，第 7 頁。

122 William Gilpin, *Three Essays*： *on Picturesque Beauty; on Picturesque Travel; and On Sketching Landscape*： *to Which is Added a Poem, On Landscape Painting*, London, 1794：10.

徵在於在美的事物局部增加些粗糙凸凹的性質。不過，尤其是在描繪繪畫和文學中對人像的表現時，吉爾平顯然要強調的是外形對於內在性格的表現力：「當人的形體被情感所鼓動時，肌肉就因強烈的運動而隆起，整個外形得到最強的表現——但是，當我們說到肌肉因用力而隆起時，我們指的僅僅是自然的用力，而不是在解剖學上故意展示，在解剖學上，肌肉儘管位置正確，但過於膨脹。」[123] 因此，適合於繪畫表現的事物不僅是在外表上具有某些特殊性質，而且還是因為它們透露出某種內在性質。這不是說畫家不必服從解剖學原理，只是說僅僅服從解剖學原理是不夠的，同時在解剖學原理的基礎上，運動的人體比靜止狀態下更具畫意。因為運動總是出於某種意圖或情感，所以運動的形態或者說運動的結果也總是表現了意圖或情感。吉爾平並未進行這樣的分析，但他對於運動的重視應該是 18 世紀英國美學從霍加斯開始便顯露出來的傾向，靜態的比例則漸漸處於下風。看來，畫意除了強調事物局部所具有的粗糙特徵之外，還應突出事物的動態性。吉爾平指出，動物身上的畫意美也表現在運動之中：「作為具有畫意美的事物，我們更欣賞筋疲力盡的負重馬匹、乳牛、山羊或者驢。它們那更加結實的線條、粗糙的外皮，更能展現畫筆的優雅。」「在如畫的事物上，除了那些包含了表現出精神的性質，還能發現什麼？」[124] 精神或靈氣（spirit）是畫意不可或缺的一種要素。

但是，適合於繪畫表現的畫意美並不是怎麼去畫都可以。正如具有畫意美的事物本身要有些粗糙的特徵，要有動感，繪畫也不能過於工整。「一種隨意的手法是繪畫中非常令人滿意的一部分，以至於我們無須驚奇，藝術家會特別強調這一點。」[125] 這並不是因為畫家難以掌握工整流暢的線條，而是

123　同上，第 12 頁。

124　William Gilpin, *Three Essays*： *on Picturesque Beauty; on Picturesque Travel; and On Sketching Landscape*： *to Which is Added a Poem, On Landscape Painting*, London, 1794：14.

125　同上，第 16—17 頁。

隨意而大膽的筆觸本身就令人愉快。即使是一些精緻的形象也不能畫得處處精細而拘謹,總是需要配合一些隨意灑脫的局部細節,否則就沒有了強烈對比。在風景畫中,畫家通常會增加某些粗糙模糊的景象,吉爾平認為這會給自由發揮留出一些空間,如果筆觸過於纖弱拘謹,就無美可言。當然我們可以說,從觀者的角度而言,也可以留下更廣闊的視野和自由的想像空間。總之,在吉爾平看來,藝術作品之所以富有表現力,是因為藝術家避免有序古板,千篇一律,無論是構圖,還是光影和色彩,他們把儘可能多樣的部分構造為一個有機整體,從而使作品顯出畫意,否則便是虛假造作。這意味著藝術作品具有豐富性,而豐富性又依賴於部分的粗糙和隨意以及各部分之間形成的鮮明對比。如果從對比的角度來說,平滑也不被排斥在畫意之外,相反是很有必要的。只有在平滑的襯托下,粗糙隨意的部分才顯得更有畫意。「要是一個事物以某種特殊方式富有畫意,就必須有一定比例的粗糙,至少要形成一種對比,這種粗糙在純粹美的事物上則不是必要的。」[126]

至此,吉爾平只是說明,一個事物是否富有畫意,最恰當的檢驗方法是將其置於藝術作品,尤其是繪畫作品中,看它是否表現出令人愉快的特徵來。在繪畫中,最重要的法則是寓於多樣的統一,使不同的性質形成鮮明對照,所以一味地平滑、有序令人乏味,而適度的粗糙、隨意則能給予適當的調劑,讓整個畫面顯得自然和諧。但這樣一來,現實事物就應該服從繪畫法則,失去了自己獨特的美學特徵,而這正是吉爾平所要反對的。另一方面,吉爾平雖然指出畫意不同於美的一些特徵,畫意與美的關係卻不十分明確:畫意雖不同於美,但還與美有一些相似之處(吉爾平經常把畫意和美連用,即畫意美),或者依賴於美的一些特徵。例如,畫意需要一些平滑的性質,也需要符合恰當的比例。人們自然就產生疑問,畫意是與美有別,成為與崇

---

126 同上,第 25 頁。

吉爾平

高與美並列的美學範疇，還是屬於美的一類？與美相比較，畫意更高級，或是與其平等？不過，按照柏克對於美學範疇的分類，吉爾平所舉的例子說明畫意還兼有崇高的某些性質，雖然有些特徵恰恰與崇高相反，例如連續性。在吉爾平看來，一望無際的大海雖然崇高，卻無畫意。從這一點來看，畫意應該是一個獨立的範疇。

吉爾平首先要解決的問題是：畫意可以脫離藝術 —— 尤其是繪畫 —— 而又有自己的原則，至少需要證明，一個事物即使沒有進入繪畫也同樣可以具有畫意。吉爾平意識到，簡單地將繪畫與現實對立起來無助於解決問題：「對於這個問題，我們可以回答說，富有畫意的眼睛厭惡藝術，獨獨鍾情於自然，並且由於藝術中充滿規則，而規則只是平滑的代名詞，自然的形象卻是不規則的，這也只是粗糙的代名詞，這裡我們找到了解決問題的方法。但這個方法令人滿意嗎？恐怕不是。」[127] 因為並不是所有藝術都充滿規則性，同時富有畫意之眼的人不僅在自然中發現畫意，也在藝術形象中能發現同樣的特徵，簡言之，藝術和自然中同時存在富有畫意的事物。也許結論可以是：自然中本身就存在一些畫意的特徵，藝術只是模仿或運用了這些特徵而已。的確，借藝術法則來鑑賞和評價自然美，並不代表人們就必然是拿藝術法則來規定自然美，只能說自然和藝術中的美遵循著同樣的法則。但是，如果要闡明畫意是一種區別於藝術的獨特的美，也許更加嚴格的標準是：人們應該指出，自然中有些美的事物是藝術無法表現的，簡言之，畫意的範圍要大於藝術。可惜的是，吉爾平沒有回答，甚至也沒有提出這樣的問題。

不過，吉爾平確實願意提出一些發人深思的問題。如果從自然與藝術的關係中不能清晰地分辨出畫意的本質特徵，人們就會從其他原則來加以說明。哈奇森曾確定美的特徵為寓於多樣的統一，吉爾平試著確定畫意

---

127 William Gilpin, *Three Essays*：*on Picturesque Beauty; on Picturesque Travel; and On Sketching Landscape*：*to Which is Added a Poem, On Landscape Painting*, London, 1794：26—27.

的原則為「簡單與多樣的恰當統一」（happy union of simplicity and variety），其中多樣表明粗糙的意義。廣闊的草原是簡單的，但沒有美可言，如果打破其單調的表面，像樂園一樣配置些樹木、石頭和斜坡，也就是有了多樣或粗糙，就顯出了畫意。然而，吉爾平對這個原則也不滿意，因為美也遵循同樣的原則，而且這個原則並不適用於園藝，如果其中用到粗糙，花園就會顯得混亂無序。

　　既然畫意與繪畫等藝術有關聯，吉爾平又提出，是否可以從繪畫藝術的本質來理解畫意。人們可以說，因為繪畫是模仿的藝術，所以被模仿的事物自然在富有畫意的眼中顯得最為恰當，也是最容易被模仿的。這些事物通常有更鮮明的特徵，在模仿中也容易顯出這些特徵。但吉爾平隨即又提醒，畫家們知道，容易模仿的並不是那些複雜多樣的，亦即粗糙的事物，至少並不比平滑的事物更容易模仿。或者人們也可以認為繪畫不是嚴格模仿的藝術，而是製造假象的藝術，即憑藉相似的色彩來製造出一種處於適當距離之外的自然的相似物，但近距離的事物就難以被描繪，既然遙遠之物顯得不再清晰，自然就是粗糙而模糊的，也適於用粗糙的筆觸來描繪，所以畫意美應該指的是遠景的特徵。不過，這種推論也與事實不符，許多畫家並不擅長粗糙的風格，但其畫作一樣令人讚賞。同時，如果事物本身就是如畫的，無論出現在哪類畫家的作品中也同樣具有畫意。到最後，吉爾平坦承，要總結出畫意的普遍原則是徒勞的，而且他在一定程度上諷刺了在哲學上為趣味和美確定最終原則的努力。

　　的確，也許並不是所有現象都能在哲學層面上總結出一些普遍原則來，但無論如何，吉爾平已經確定畫意的核心要素是粗糙，這在一定程度上也算給畫意規定了基本特徵，然而這種嘗試終究還是模糊不定的。柏克確定崇高與美的一系列特徵，其根據在於對人的情感的分類以及對這些情感性質和運

吉爾平

行規律的描述，而吉爾平幾乎沒有涉及任何心理學規律，也無意於從人性根源來探討美學問題，這使得他對畫意的描述停留在現象層面。即使不談 18 世紀英國美學普遍依賴的心理學，吉爾平既沒有建立一套系統的美學，其分析也缺乏方法意識，這很難讓人們確定畫意在 18 世紀英國美學中的位置，雖然他彷彿能給這種美學帶來一些新鮮的東西。柏克的美學雖然具有完整的體系，但在解釋具體審美現象時仍然顯得乏力。例如，平滑的表面、柔和的線條、鮮亮的色彩就能使一個事物成為美的嗎？也許很難，許多蛇類就有這些特徵，大概多數人不願認同，倒不如說蛇是崇高的，因為它們令人恐懼。

如果只是從現象層面對畫意進行描述和規定，吉爾平也應該嘗試給富有畫意的事物確定一個較為準確的範圍。比如說，哪一類事物典型地具有畫意美；或者他可以參照哈奇森、柏克等人對於美的定義來規定畫意美，以便確定畫意與美和崇高的關係，這樣也可以讓他不至於認為廣闊平坦的草原是不美的；或者他也可以指出畫意美給人帶來的典型的心理感受是什麼，以便描述眾多的非典型的畫意美。不過，拋開這些困惑不談，吉爾平的畫意確實提出了一種獨特的審美趣味，即強調事物形式上的特徵，強調這些特徵對於內在性質的表現力。

畫意之遊

從哲學原理上闡釋畫意未果，吉爾平轉而描述畫意的效果。這種描述與吉爾平的閱歷有關，在與雷諾茲的通信中，他自稱沒有見識過偉大的畫作，但他在自然審美方面有著豐富的閱歷，他遍遊英國全境，並出版多部遊記，這些遊記的一個主要目的便是展示英國自然風景的畫意美。18 世紀英國美學的範圍一開始便不局限於藝術，而是在生活領域，在人性中尋找美的根源，藝術法則也是來自這些根源。到了吉爾平這裡卻有一個很奇怪的轉變，他反

過來用藝術法則來闡明自然美，雖然其目標不全是藝術鑑賞，而是試圖將藝術與自然貫通起來。說到這裡，可以補充一句，在英國美學中，自然景觀當然是重要的審美事物，但吉爾平是第一個專門討論自然審美的作家，這一定程度上是 18 世紀的英國人試圖逃避工業化和商業化的結果。有包括中產階級在內的許多人都熱衷於遊歷山水，享受寧靜且潔淨的鄉村風光，而上流階層則在鄉間大肆興建園林。理所當然，自然審美成為一種風尚，也成為構建美學理論的重要經驗基礎。自然審美並非停留在感官享受上，而且還代表了一種高尚的精神追求，吉爾平說：「一如許多旅行全沒有目的，縱情娛樂而不知為何而娛樂，我們要提供一個目的，這個目的可能會吸引某些空閒的心靈，而且也的確可以給那些為了更重要的目標而進行的流行提供一種理性的娛樂。」[128] 所以，吉爾平在這裡談到畫意，實質上更是要討論自然審美的內涵和意義，雖然他也繼續努力更準確地定義畫意。但是，我們應該記住，吉爾平借旅行而進行這種定義也有其特異之處，旅行是一個動態的過程，所以吉爾平對畫意的探討當然不會停留在對事物的靜態分析和描述上，而是必然要在動態過程中展現畫意的內涵。

在吉爾平眼中，自然界的事物有一大特徵，那就是多樣性，山川河流、花草樹木，皆表現出無限的多樣來，沒有兩塊石頭、兩棵樹木是完全一樣的，而且在光影交錯之間，同樣的景色也在不停變幻。自然美雖然可以分為優美和崇高，但吉爾平認為這個分類不甚準確，一個原因是優美和崇高的界限不是截然分明；二是從畫意的角度而言，單純的優美和崇高並不造就畫意。「當我們談到一個崇高的事物時，我們總是認為它也是優美的。我們稱其為崇高或優美，只是作為崇高的觀念，或者簡單的優美觀念占據主導地位。」[129]

128　William Gilpin, *Three Essays*： *on Picturesque Beauty; on Picturesque Travel; and On Sketching Landscape*： *to Which is Added a Poem, On Landscape Painting*, London, 1794：41.

129　William Gilpin, *Three Essays*： *on Picturesque Beauty; on Picturesque Travel; and On Sketching Landscape*： *to Which is Added a Poem, On Landscape Painting*, London, 1794：43.

吉爾平

同時，要把一個事物稱作如畫，光是崇高或優美是不夠的，但凡崇高的事物也必然帶有某種優美的成分。也許吉爾平不是否認柏克的分類，只是認為純粹的崇高和優美僅僅存在於觀念之中，而在實際的事物中，兩者是互有滲透的。同樣的道理，單純新奇的事物也算不上富有畫意。新奇的事物中固然有時也存在美，人們之所以讚賞它們卻不是僅僅為了新奇；相反，在其最平常的形態中，人們也許可以見到最多的美。如其他美學家一樣，吉爾平也認為，新奇之所以不成為一種美，是因為新奇並不長久。

吉爾平實際上也指出了柏克美學的缺陷。從理性分析的角度看，柏克試圖找到優美和崇高的觀念在事物上的客觀原因，吉爾平發現的是在審美欣賞的過程中，人們也許很少會緊盯著事物的某一種或幾種性質，既然人們沒有刻意關注這些性質，那它們就不太可能是優美和崇高的原因。基於此，吉爾平要分析審美欣賞的過程，指出在其中人們關注的事物究竟是什麼。在他看來，人們欣賞景觀的時候，如果要看出其中的畫意，要關注的不僅僅是事物的形式和構造，而且還要將它們與整個天氣環境聯繫起來，觀察自然所產生的各種奇妙效果。「旅行中最大的快樂就是一片宏偉的風景出其不意地映入眼簾，這風景又有某種偶然的天氣環境相伴隨、相和諧，帶給這風景雙重的價值。」[130] 與柏克相比，吉爾平更強調事物與其環境的整體關聯以及因這種關聯而產生的變化。單純從審美心理學的角度而言，吉爾平比柏克更充分的解釋更符合事實。

吉爾平還發現，畫意的眼睛更關注活的形式，而非自然的「無生命的面貌」。當然，關注活的形式並不是要給予其解剖學的理解，而是將它們看作景色的裝飾。就像人們欣賞人自身的美時，不是凝視其形式上的準確性，而是在行動中的表現，我們只是考慮其整體的形態、服飾、群屬、職業，我

---

130 同上，第44頁。

們只是隨意地在其多樣的表現中發現這些東西，而不是僅僅選擇他們身上的某種特徵。同樣，當我們欣賞動物的時候，也不是僅關注其自身，而是將它們置於某種環境中，如公園、森林或是草地，草原上奔跑的馬、高空飛翔的鳥才是動物本來的面貌，它們真正是美的，更具有畫意。這一點同樣建立在吉爾平強調的整體性原則上，也是柏克美學所忽視的。事實上，除沙夫茨伯里、霍加斯和艾利遜之外，其他美學家都未充分重視這一點。如上文所述，吉爾平的畫意不是一種靜態美，而是強調動態美。這種動態既來自運動的單個事物，也來自事物與其環境之間的動態關聯。從某種程度上說，吉爾平視粗糙為畫意的基本特徵，也是因為粗糙的事物會引起觀者感官以更活躍的運動以及因此而來的心靈的運動，甚而至於心靈的運動是最高目標。

　　吉爾平隨後說，畫意的眼睛並不只盯著自然，而且還進入藝術領域。繪畫、雕塑、園林都是畫意的眼睛關注的事物。如果它們表現出粗糙的特徵來，它們就能引起感官和想像的運作。由此也不難理解，在所有的藝術中，吉爾平最中意的是古代建築的遺蹟，如荒廢的塔樓、哥德式拱門、城堡和修道院的遺蹟。「這些是藝術最豐富的遺產。它們因時間而變得神聖，如大自然自己的作品一樣值得我們崇拜。」[131] 這些奇特的藝術形式不僅僅是人為的創造，也是時間打磨的結果，它們在作用於感官的同時，也在引發人們對於遠古時代的遙想，對超越於任何有限自然力量的崇敬，這些便是心靈活動。

　　艾利遜把美的根源歸為事物讓人聯想到的道德感，有時候他也是透過將單個事物置於整體環境而實現的，但更多的時候依賴於有些武斷的直覺，吉爾平則試圖更為清晰地描述心靈的活動過程和層次，亦即「心靈是如何被這些事物滿足的」。總體上說，自然事物給人的快樂是精神性的，這種快樂源於對美的探尋，但吉爾平並不像艾利遜那樣把美歸於道德。在他看

131　William Gilpin, *Three Essays：on Picturesque Beauty; on Picturesque Travel; and On Sketching Landscape：to Which is Added a Poem, On Landscape Painting*, London, 1794：46.

來，「儘管在理論上這一點看似是一種自然的高潮，但我們不能過於堅持這一點，因為我們很少有理由希望每一個畫意美的讚賞者也是德行美的讚賞者，每一個自然的熱愛者都領悟到『自然只是某種結果的名稱，其原因即是上帝』」[132]。當然，他並不反對將從自然中獲得的美提升到道德和宗教的高度，讓人體嘗到心靈的寧靜和宗教的敬畏，因為它們畢竟可以對抗「放蕩的快樂」，但這一切都不能停留於隨意的玄想，而是必須從具體的經驗中分析和推演出來。

在畫意之旅中，愉悅的第一個來源就是對景色的追尋。新鮮景色紛至沓來，令人目不暇接。此刻，心靈始終處於一種「愜意的懸念」中。因為人們總是容易被新奇之物吸引，所以就不斷移步換景，期待新的景物閃現。吉爾平把富有趣味之人在自然中尋求美比作運動家打獵時追尋小巧的獵物。其次的愉悅來自對事物的掌握。人們不只是滿足於看到新奇的事物，而且還要運用心靈的能力來觀察和理解它們。有時，人們把眼前的所有東西視為一個整體，讚嘆其構圖、色彩和光線。如果這種心願不能實現，人們通常又會分析構成景色的局部，從各種視角相互比較，甚至將它們與藝術的模仿相比較，觀察美醜之間的微妙界線。然而，在自然審美中，最大的快樂不是來自這些理性的認知和探索，而是一種失神（deliquium）狀態。當一片宏偉的景色展現在眼前，雖然其構圖並不正確，人們卻被深深震撼，無法依靠思想的力量去領會它們，也不能用藝術法則來評價它們，換句話說，所有的精神活動都突然凝滯，一種狂喜剎那間傳遍心靈。這時候，我們與其說在審視，倒不如是在真正地感受。在藝術欣賞中人們也同樣會獲得類似的體驗，但最能激起這種體驗的是粗糙的速寫：「它有時給心靈一種令人驚嘆的效果，讓想像一下子遇見所有生動的觀念。這些觀念帶給藝術家靈感，而它們也只有想像

132　同上，第47頁。

才能傳達。」[133] 當然,我們可以理解,吉爾平讚賞速寫與他的整體性觀念是相通的,速寫不會讓觀者計較局部細節的細膩真實,而是首先給人帶來景色的全貌,而且速寫不會給景色設置明確的界限,需要觀者的想像力予以積極的填補,因而速寫的美是一種動態美。

吉爾平接下來提到的愉悅卻也許令人疑惑,他說這種愉悅「源自對我們觀念的總體族系(general stock of ideas)的擴大和修正」。自然界的每一類事物都如此多樣,對於心靈中已有的觀念而言,眼前的每一個事物都是新的,當它們進入心靈時就與已有的觀念進行結合,因而對已有的觀念形成持續的補充和修正,最終讓人們對自然事物有更深入的理解。在吉爾平看來,心靈中關於一類事物觀念的儲備可以叫做完整觀念,這種觀念是對眾多個別觀念的綜合,所以只見過一棵橡樹的人不會具有關於橡樹的完整觀念,「但是考察過千萬棵橡樹的人必定見識過那種美麗植物的所有變化,並且獲得一種關於橡樹的豐富、完整觀念」[134]。

看來,完整觀念並不是關於一類事物的一般觀念,而是對這類事物眾多突出特徵的掌握,心靈中對這些特徵的儲備越多,完整觀念就越鮮明,所以完整觀念終究不是認識論概念,而是豐富的形象,雖然吉爾平稱之為「正確的知識」。如此我們便可以理解吉爾平所提出的另一種愉悅,這種愉悅來自基於正確的知識對事物的再現,但這種再現不是精確的描摹,而是在速寫中寥寥數筆的勾勒。這種粗糙的勾勒可以給我們留下最深刻的印象,可以喚起我們記憶中關於這類事物的絢麗色彩和閃爍光線。這種再現的愉悅源自反省和回味,而非直接感知,吉爾平借用艾迪生的話,稱這種愉悅為「再生的快樂」,它們雖不如真實地呈現那麼強烈,卻能綿長持久,「更為一致,更能

133　William Gilpin, *Three Essays*：*on Picturesque Beauty; on Picturesque Travel; and On Sketching Landscape*：*to Which is Added a Poem, On Landscape Painting*, London, 1794：50.

134　同上,第 51 頁。

吉爾平

持續」。在這裡，吉爾平實際上也在強調心靈活動所帶來的快樂，因為這種再現不是模仿，而是心靈的創造：「它也用一種我們自己創造的觀念來讓我們歡喜，而且不會因勞累而減弱，這種勞累常常會削弱在狂野荒涼的自然中旅行的快樂。」[135]

甚而至於，這種創造並不僅僅是對回憶中景象的描繪，而且還可以是對想像中景象的描繪。吉爾平借用攝影術語說：「想像變成了一個暗箱，正是這種差別，暗室才能如實地再現事物：當想像被最美的景色所打動，並被藝術法則所磨練時，才形成自己的形象，這形象不僅來自自然中最令人讚嘆的部分，而且是最富趣味的。」[136] 由此可以解釋，藝術家們為什麼總是喜歡臨摹奇異的景觀，因為這會讓他們的想像處於放鬆狀態，能虛構最美的圖景。當然，吉爾平強調，這些創造都是基於自然法則，做到這一點之後，即使人們明知作品中的場景全是虛構，卻仍可以被深深吸引。「自然就是原型。由此而來的印象越是強烈，判斷力就越敏銳。」[137] 吉爾平並未完全打破古典主義的藝術原則，但是就其突出自然審美中想像的創造活動而言，他無疑提出了一種新的美學原則，道出了 18 世紀英國美學所未道出的思想。

正是由於突出想像的創造性，吉爾平並不只是誇讚優美或壯麗的自然景觀，而是勸導人們平等看待一切自然事物，從那些平淡甚至貧瘠的景觀中發現美。這一方面是因為，即使在荒涼貧瘠的地方也仍有一些奇特之景。吉爾平列舉英國最荒涼的地方，即從新堡到卡萊爾的荒野，軍用通道從這裡經過，「通道已被荒廢，荒野一望無際，長達 40 英里。但即使在這裡，我們始終看到有些悅人耳目的東西。石楠叢連片而生，草地千變萬化。在這些縱橫交錯的地帶上面，我們看到美麗的光線，沿著山坡傾瀉而下；有城堡點綴

135　William Gilpin, *Three Essays*： *on Picturesque Beauty; on Picturesque Travel; and On Sketching Landscape*： *to Which is Added a Poem, On Landscape Painting*, London, 1794：52.
136　同上，第 53 頁。
137　同上。

其間，羊群、松雞、千鳥和其他野禽成群結隊。連片的城堡矗立在一座黑黝黝的小山的背影裡，而遠處又一片明亮，形成一幅完美無瑕的畫面」[138]。當然，即使在這些描繪當中，我們也可以發現吉爾平在自己想像中為回憶中的景色進行構圖、著色，不過他意在指出另一種審美方法，即在沒有宏偉景象的地方，人們仍然可以仔細欣賞豐富的細部和其中質樸的美。更重要的是，另一方面，如果能夠不受失望情緒的影響，人們還能在想像中為自己創造美景，設想在哪裡可以添一座山，造一條河，修建一座城堡或修道院，廣袤的空間恰恰是想像力的舞臺。無論如何，自然的造化都超過藝術創作，其構圖、光線、色彩之豐富遠非藝術可以比擬：「透過研究自然，我們的趣味越精雅，藝術作品就越貧乏。」[139] 讓人更難忍受的是園藝中過於精細的風格，「園藝風景多麼單調乏味！多麼幼稚荒唐！河岸那麼平行順滑！草坪及其邊緣多麼不自然！」[140]

可以看到，吉爾平對於畫意效果的描述實際上重新撿起了心理學原則，雖然他並不打算像其他美學家那樣構建一套心理學體系。不過，吉爾平的新意也不在於其心理學的描述，而在於他在透過心理學解釋畫意效果的時候，更加倡導動態美，這既表現在他把自然審美看作一個流動的過程，也表現在自然審美經歷了從感官活動到想像活動，再到創造活動的過程。最終自然審美帶來的同樣是一種超越了感官快樂，這是 18 世紀英國美學一直堅持的原則，但是吉爾平試圖借自然審美打破傳統的藝術法則，而其他美學家在藝術問題上則難以找到突破的方法，所以即使吉爾平在美學上沒有提出更新穎的方法和理論，我們也仍然可以看到他在古典主義到浪漫主義的轉變過程中所發揮的作用。

---

138 William Gilpin, *Three Essays*：*on Picturesque Beauty; on Picturesque Travel; and On Sketching Landscape*：*to Which is Added a Poem, On Landscape Painting*, London, 1794：55—56.

139 同上，第 57 頁。

140 同上。

吉爾平

畫意與藝術

　　雖然吉爾平一開始便試圖將畫意看作一個獨立的美的類型或範疇，以釐清畫意這一概念與繪畫的關係，但從詞源來看，畫意終究不能脫離與繪畫的關係，而且即使在自然審美的過程中闡明畫意的時候，吉爾平也不時以繪畫法則來描述畫意美的特徵。在《畫意美》的最後一篇論文中，吉爾平更為直接地探討畫意與繪畫的關係。不過，吉爾平提到繪畫時，尤其看重的是速寫，因為速寫並不拘泥於細節的刻畫，而是捕捉事物的瞬間形態。同時，吉爾平更為讚賞的是速寫以大膽而靈動的線條對事物之特徵的強化和對想像活動的激發，所以速寫的作用不在於準確地記錄，而是進行主動審美欣賞的一種輔助手段，最終自然是高於藝術的。「速寫藝術之於畫意的旅行者，一如寫作藝術之於學者。每一方對於凝固和傳達各自的觀念來說都是同等必要的。」[141] 速寫有助於自然欣賞者在頭腦中將事物的理想形態予以穩固，甚至是將其創造出來。這樣一來，吉爾平並不是簡單地延續藝術模仿自然這種傳統觀念，而是要重新確立藝術與自然的關係，自然而然也發表了對於藝術的獨特理解。

　　速寫或取自想像，或取自自然。想像的速寫若是出自大師，便有巨大價值，因為這樣的速寫就是他的初次感知，是最強烈、最鮮明的。畫家的想像中儲備了來自自然的所有精緻的形式和動人的效果，畫意可以信手拈來，隨意揮灑，形成各種雲詭波譎的場景，而且在這個過程中，畫家自己也進入一種迷狂之中，一切皆為自然流露。與此同時，這些速寫又經得起藝術法則和畫意之眼的嚴格檢驗，雖然吉爾平沒有闡明其中的標準具體究竟是什麼。

　　吉爾平著重討論的是取自自然的速寫，這種速寫從自然中採取某個視角，或為了將景色固定在自己的記憶中，或是將其傳達給他人。要將面前的

141　William Gilpin, *Three Essays*： *on Picturesque Beauty; on Picturesque Travel; and On Sketching Landscape*： *to Which is Added a Poem, On Landscape Painting*, London, 1794：61.

景色記錄下來，旅行者最先要考慮的是選取一個最好的視角，一步之遙就可能導致巨大差異。

其次要考慮的是如何將這個視角中的景色恰當地縮略在一張畫紙的範圍之內，因為自然景色的幅度是無限的，畫紙卻規定了限度；要注意不要讓畫面容納過多的東西，如果景色非常寬廣，旅行者可以以某些景點為核心將其分成兩幅畫面或更多，以便表明各個景物之間的關係。

速寫的首選工具是石墨，它可以快速而流暢地把心中的觀念表達出來，而且其灰色也可以輕易擦拭，給隨後的修改留下很大餘地，但石墨更大的優勢在於它能準確地表現景色的代表性特徵；在創作過程中，石墨只需要勾勒出外在輪廓和大致關係，而無須過分注意明暗。這些優勢使石墨可以讓人在寥寥數筆間就記錄下眼前景色。當然，這樣的作品很多時候也還是半成品，只是把主要景物描繪下來，不至於被人很快忘記。同時，這種單一工具也導致豐富的遠景難以被準確地再現。所以，吉爾平提議，在遇到內容複雜的景色時，有必要用文字來把遺漏的東西記載下來，留待日後用其他工具加以補充和潤色，例如印度墨水。

如果速寫的作用不僅是把景色固定在記憶中，而且還要傳達給別人，那就必須要做更多修飾。首先，需要更完整和準確的構圖，輪廓要更清晰，表現出光影的效果。其次，形象和環境也要做一些潤色。總之，要更像一幅畫，這可稱作修飾的速寫。當然，不是任何事物都要予以修飾，而只是那些作為主題出現的事物。

要有完整的構圖，意思是要給作為主題的事物一些輔助，而且這個事物儘量不要變形，雖然不是做到逼真。因為自然最缺乏的就是構圖，其觀念對畫意的速寫來說過於廣泛，因而需要構圖予以約束。所以構圖不是否認速寫的自由，而是運用藝術法則使自然景色的特徵更鮮明。例如，人們可以隨意

吉爾平

在畫面底部設置一些前景，可以在某個地方增添一些植物，也可以削減一些景物，最終的目的是要透過對比來凸顯主景，使畫面在整體上更和諧。在修飾的速寫中，線條也更優雅一些，避免使草率的筆觸顯得失真。為此，即使真實的景色中具有一些過於突出的部分也要用一些樹木花草加以掩飾，去掉一些看上去較為刺眼的東西，否則畫面就顯得雜亂。在用石墨勾勒出主要構造之後，有些地方需要用鉛筆描繪更明顯的輪廓，也有些地方可以用印度墨水去渲染。吉爾平強調，即使輪廓不是簡單的外形，線條也不能過於死板和連續，而是要顯得自由隨意，只要不違背明暗關係即可。

說到這裡，讀者肯定會有疑問，既然是取自自然的速寫，這些「創造」如何能不脫離自然。這個問題涉及人們如何理解藝術。從哈奇森之後，當然在西方從亞里斯多德以來就流行這樣的觀點，即人們在藝術作品中看到模仿與原物的相似本身就是審美快樂的一大來源，但是，特別是在繪畫領域，清楚模仿如何能做到相似或逼真卻是一個難題。吉爾平察覺到了這一點，那就是：「最完美的繪畫藝術也不可能顯出自然的豐富。當我們考察任何自然的形式時，我們發現自然各部分的多樣性是最完善的修整也難以企及的，並且一般來說，試圖做到最完善的修整最後將顯得死板。」[142]

如前文所說，在吉爾平眼中，自然最大的特點在於其多樣性和動態性，但繪畫的產物只能是靜態的。如此一來，繪畫越是想以確定準確的線條和色彩模仿自然事物，結果就越是遠離自然的本質。所以，要表現自然美就不能依賴線條和色彩本身，它們做不到自然的多樣和動態。不過，它們可以讓觀者的心靈運作起來。如果說藝術是在模仿自然，那麼這種模仿是透過欺騙來實現的。「因而畫家不得不借某些自然的色調或富有意味的筆觸來欺騙眼睛，從這些色彩和筆觸，想像得到了線索。我們在克勞德的風景畫中常常

142　William Gilpin, *Three Essays： on Picturesque Beauty; on Picturesque Travel; and On Sketching Landscape： to Which is Added a Poem, On Landscape Painting*, London, 1794：72.

看到遠景的神奇效果，如果走近了觀察，這些遠景是由一種簡單的筆畫構成的，染上些自然的色調，與一些富有表現力的筆觸混雜一起。」[143] 也許，我們可以從吉爾平的論述中得出這樣的結論：所有藝術都需要接受者的想像和心靈的參與和投入，最好的藝術是那些能夠喚醒接受者想像和靈感的藝術，讓他們能更深入地理解自然。當然，吉爾平在討論光線和陰影的時候，目的同樣在於表明自然景色是豐富而靈動的，最閃耀的光線並不一定是適合畫面的光線，光線要與陰影形成對比，同時一定要表現出光的漸變。在速寫中，不妨讓一兩個活的形象進入其中，例如馬車、小船、牛羊，或者人，但用筆一定要簡潔，精雕細刻反而顯得造作。從構圖的角度而言，這些形象可以標識出地平線，但主要作用是使畫面富有生氣。

吉爾平討論了速寫的諸多技巧，但正如他自己所說，對於速寫，我們「不能指望有很高的精確性」，因為「整體觀念只能被尋找，而不是畫面的獨特性」[144]，速寫中可以有山川河流，有城堡寺廟，有渺茫遠景，可以表現相對關係，但是它不會像完善的繪畫那樣雕琢細節。這並不意味著吉爾平對精緻的繪畫持有什麼偏見，只是因為只有專門的藝術家才能在此領域有所斬獲，而吉爾平所推崇的速寫則針對那些境界較低的人，這些人僅把藝術當作閒暇時的消遣。「繪畫既是一門科學，也是一門藝術」[145]，從業者需要掌握解剖學、透視學等知識，也需要投入畢生的精力，而且還要有出眾的天才，所以極少有人能出類拔萃，臻於完美。在吉爾平眼中，速寫多半是業餘者的愛好，主要作用是在自然審美的過程中記錄景物，在頭腦中構想理想的景致，從而將感官娛樂轉化為帶有知性色彩的審美快樂。

言下之意，以精確複製事物為目標的專業藝術並不是自然審美所必需

143　William Gilpin, *Three Essays : on Picturesque Beauty; on Picturesque Travel; and On Sketching Landscape : to Which is Added a Poem, On Landscape Painting*, London, 1794 : 72—73.

144　同上，第 87 頁。

145　同上，第 89 頁。

吉爾平

的，審美與藝術不是毫無關聯，但審美不必以藝術為己任，所以吉爾平固然比許多美學家更多地涉獵藝術，但他所倡導的是生活美學。

從柏克的優美——崇高二分法到吉爾平的畫意，也許有人試圖從中發現理論發展的某種必然性，是否可以將畫意納入一個新的美學體系中，但吉爾平並沒有在這三個概念之間建立緊密的聯繫，雖然他聲稱自己提出畫意的目的是要讓美這個核心概念變得更清晰。之所以無法找到其中的必然連繫，是因為吉爾平沒有在畫意的特徵和效果背後構造一套哲學體系（哪怕它相當粗略），對自然和人性給予新的理解和闡釋，所以他試圖補充柏克的美學時，無法對柏克的哲學，尤其是其中的情感理論形成有效的挑戰或改造，從而為構造更完整的畫意理論鋪平道路。當然，這不是完全否認畫意概念在審美實踐領域的積極意義。柏克的美學雖然將審美置於社會生活的語境中闡明美的本質和意義，在藝術領域對莎士比亞和米爾頓的推崇也指明了英國審美趣味的新趨勢，亦即衝破古典主義的規範，確立一種更為熱烈的、富有情感表現力的趣味，但具體到實踐層面就會遇到重重麻煩，在解釋具體事物之所以產生審美快樂的原因時，無法產生太大的效果。吉爾平發現柏克美學的缺陷在於它把事物從廣闊的環境中隔離出來，而且將事物的性質進行原子主義的分析，因而破壞了事物本身以及與其環境的整體關係，所以他雖然指出畫意美在事物上的特徵應該是粗糙，但這個特徵的作用恰恰在於讓觀賞者形成整體觀念，而不是專注於具備細節。同時，在旅行中欣賞自然景觀，在速寫中重視自由大膽的線條和著色，也是為了將觀者的視線從單個事物引向更廣闊的環境，這就形成了當今環境美學家伯林特（Arnold Berleant）和卡爾松（Allen Carlson）等人提倡的參與式審美模式。

當我們從這個角度來看，吉爾平借藝術而闡釋畫意在一定程度上是為了透過藝術中的構圖、運筆、著色等技巧來展現出自然審美的動態性，從感官的觀察到想像的構造，再到複雜的心靈活動。可以想到，作為牧師的吉爾平

應該更充分地描述自然審美所引起的宗教和道德性質的心理活動。這樣看來，吉爾平可以建構一套更為複雜的審美心理學，雖然他沒有表現出這種宏偉的願望。

吉爾平

普萊斯

普萊斯

　　吉爾平所提出的畫意雖然沒有形成系統的美學理論，但他還是帶來了很大的迴響，在 1790 年代在英國掀起了一場圍繞畫意以及園藝學的爭論，這場爭論中較為重要的一個作家是尤維達爾·普萊斯（Uvedale Price, 1747 ～ 1829）。普萊斯出生於赫里福德郡，其父同樣是一位業餘藝術家。其早年生活乏善可陳，雖然曾受教於伊頓公學和牛津的基督教堂，但在 20 歲出頭時繼承了佛科斯雷的家產之後便無所事事，終日混跡於倫敦的社交圈，被人稱作「那個時代的紈絝子弟」。好在自從娶了一位伯爵的女兒為妻之後，普萊斯回到老家安定下來，精心打理地產，並開始鑽研園藝方面，發展出以畫意為中心的園藝理論，同時在古代語言方面也有一定造詣。從 1793 年開始，普萊斯還擔任赫里福德郡的郡長，直至去世。他的美學思想主要展現在《論畫意及其與崇高與美的比較，兼論繪畫研究對於改良真實景觀的用處》（1796）中。

繪畫與園藝

　　在開始介紹普萊斯的思想之前，這裡首先要提醒，吉爾平論述畫意主要是為了引導他人找到自然審美的有效途徑，普萊斯卻是直接在園藝學領域論述畫意的，也就是說，他的畫意理論主要是運用於園藝學或園林建造的。在吉爾平看來，園林是人造之物，免不了追求規則齊整，因而留下許多人工痕跡，比起大自然的豐富多樣來，必然顯得貧乏無味。從某種程度上說，普萊斯同意吉爾平的批評，但他試圖改變園林建造的這種風氣，所以崇尚自然的畫意理論就有了用武之地。不過，普萊斯實際上提出了一個難題，何謂自然？大自然的風貌千姿百態，有雄偉的高山大海，也有纖美的溪流花草，還有更多事物難以被美的語言描述和歸類，建造園林時，效仿哪種才算得上是自然風格，自然的精髓又是什麼？到最後，大概必定是言人人殊，沒有定則了。

普萊斯認為園林改良是有標準的，這個標準不是當下流行的、獲得時人賞識的園林樣式，而是應該來自具有更長久影響的更高的權威，這樣的權威只能是偉大藝術家的作品。普萊斯很清楚，園林不同於繪畫，繪畫的技巧不能直接用於園林，但研究繪畫之所以有益於園林，是因為這些藝術家對自然美已經做了最深入的研究，無論是其普遍的效果，還是最微末的細節，他們觀察了形式和色彩的性質和特徵，也嘗試將它們進行最佳組合，表現在最終的作品中。像休謨一樣，普萊斯並不認為偉大的藝術家完美無缺，可作為牢不可破的絕對標準，但他們畢竟長期以來受人崇拜，甚至被神聖化，因而影響了人們在某個領域的判斷力。所以，他們累積的經驗仍值得參考。園林雖然將自然本身當作素材，在自然環境中營造美的效果，但面對自然美，普通人知其然卻不知其所以然，繪畫將自然界各種風格的事物排列組合，聚合於方寸之間，給視覺形成強烈印象，園林也當然可以從中得到借鑑，簡言之，自然本身是美的，但這些美散落於各處，普通人很難領會其中奧祕，而繪畫對這些美深有研究，集中展現，同時也展現了自然美的原理和規律。

　　「如果改良藝術像繪畫藝術一樣，業已經過如此長期的培育，依據固定的原則，並且流傳有天才的各式作品，經歷了歷代的檢驗（儘管藝術家的最初構想中不可能有樹木的繁榮和枯萎這種巨大變化），那就沒有必要來參照和比較現實的作品和模仿的作品了，但目前的事實是：臻於完美創作的唯一典範，從自然之作品而來凝聚於藝術作品唯一固定不變的精選，是在最著名大師的畫作和構思中。」[146]

　　雖然繪畫和園林在普遍原則上是相同的，在實踐上卻不同。普萊斯提到一種區別：「僅僅從創作畫面的角度來觀看自然，與從改良我們關於自然觀念的角度來觀看畫面，前者如果靠得太近，就會使我們的趣味變得狹窄，而

146　Uvedale Price, *On the Picturesque, As Compared with the Sublime and the Beautiful; And on the Use of Studying Pictures, For the Purpose of Improving Real Landscape*, London, 1796：8—9.

普萊斯

我相信後者一般來說使趣味變得精緻和開闊。」[147] 普萊斯的意思應該是：有些畫家只重視細節的描摹，但不理解整幅畫面的和諧，也不理解自然之所以具有如此效果的原因，而園藝必須重視這些。事實上，最偉大的畫家也有「開闊而自由的心靈」，熟悉除繪畫之外的其他藝術，達文西（Leonardo da Vinci, 1452～1519）、米開朗基羅（Michelangelo, 1475～1564）、拉斐爾（Raphael, 1483～1520）、提香（Titian, 1488～1576）等人莫不如是，在他們眼中，繪畫和自然相得益彰。其他畫家卻不是從研究自然為出發點，而是從繪畫來看自然。特別是有些鑑賞家鍾愛某個畫派，熟知其特點和優長，但很少關注這些畫家是如何理解自然的，所以到了園林這個領域，這些鑑賞家就無計可施了，這無疑是本末倒置。如果人們拋開派別上的偏見，甚至超越繪畫的界限，對形式、色彩、效果以及可見事物組合的普遍原則爛熟於心，那就不僅可以理解繪畫法則，也可以將這些事物看作景色的一部分，看到它們如何與周圍的環境結合在一起，當然這便是園藝的目標。實際上，並不是所有自然景色都適合於繪畫，所以園藝借鑑的是繪畫藝術研究自然得出的普遍原則，而不是繪畫本身的法則。如果說不能將繪畫的法則直接運用於園藝，它們至少可以糾正園藝中的缺陷。同時，隨著園藝的進一步發展，隨著人們對自然的進一步了解，園藝最終將不再依附於繪畫，得到更普遍的原則：「這便是繪畫原則，因為這種藝術透過從整體景色中那些較為乏味和零散的事物中分離出那些最動人和天衣無縫的東西，已經更清楚地表明了這些原則，但它們實際上也是所有可見事物必須依賴的，也是必須參考的普遍法則。」[148]

---

147 Uvedale Price, *On the Picturesque, As Compared with the Sublime and the Beautiful; And on the Use of Studying Pictures, For the Purpose of Improving Real Landscape*, London, 1796：10.
148 同上，第15頁。

看來，就園藝而言，主要問題是這個領域尚未出現久經考驗的典範，甚而至於，當下的園藝甚至是違背從繪畫中得出的普遍原則的。「一個畫家，或者說任何以畫家的眼睛觀察的人，對樹叢、綠化帶、人造湖以及那些已完工地方的始終不變的平滑和千篇一律，無動於衷，如果不是心生厭惡的話，另一方面園藝家卻認為這些是最完美的裝飾，是自然能夠從藝術中汲取的點睛之筆，並因此必定認為克勞德的作品相對而言是粗魯的、殘缺的。」[149] 與吉爾平一樣，普萊斯最為反感的是充滿人工痕跡的、造型有序的園林，這種風格與優秀的風景畫所遵循的原則背道而馳。

普萊斯之所以推崇克勞德（Claude Lorrain, 1600 ～ 1682），是因為其作品中不存在任何有序的東西，山水樹木都自然錯落，相映成趣，呈現出一種開放的圖景。其中的建築物也不追求整飭有序，而是被樹木遮掩，被水氣籠罩，顯得氤氳朦朧；近景中的湖泊河流沒有平滑的水岸，而是掩映在山石草木之間，蜿蜒曲折，時斷時續。顯而易見，普萊斯崇尚的是一種接近自然的開放式園林，追求多樣變化，反對刻板有序。從這個角度，普萊斯提出了畫意：「在我看來，現代流行的園藝所缺乏的東西是畫意，因為園藝家僅關注高度的光亮和流暢的線條。」[150]

普萊斯不願意將其批評停留在經驗層面上，而是希望在人性中找到畫意的根據。有序刻板之所以受到批判，是因為它忽視了美感的兩個重要來源：其一是多樣，其二是錯綜。普萊斯認為兩者有所差異，但相互依存。

對於錯綜，普萊斯如此定義：「事物的布局由於一種局部和不確定的掩蓋，激發和滋長了好奇心。」[151] 對於多樣，普萊斯建議人們參照錯綜的定義：「在我看來，總體而言，正如錯綜指的是布局，多樣指的是事物的形式、色

149　同上，第 16—17 頁。

150　Uvedale Price, *On the Picturesque, As Compared with the Sublime and the Beautiful; And on the Use of Studying Pictures, For the Purpose of Improving Real Landscape*, London, 1796：25.

151　同上，第 26 頁。

普萊斯

調和光影，它們是如畫景色的最大特徵，因此單調和裸露是被改良環境的最大缺點。」[152] 所以，與多樣和錯綜相對立的是單一或單調。也許，普萊斯可以用霍加斯的話來解釋這一點：「探索是我們生活的使命，縱然有許多其他景象的干擾，也仍然令人愉快。每一個突然出現而暫時耽擱和打斷探索的困難，都會讓心靈倍加振奮，增強快感，把本來是辛苦勞累的事情變成遊戲和娛樂。」[153] 當然，幾乎所有 18 世紀的英國美學家都相信，某種欲望的滿足是快感的主要來源；混亂和殘缺的事物誘使想像力去尋找線索和補足整體的欲望，而征服其中的困難，最終實現目的就給人帶來滿足。

在一片景色中，如果一切都千篇一律，一覽無遺，就無法使想像活躍起來，也不可能產生除了直接刺激感官以外的其他快樂。在普萊斯看來，當時流行的園林便是這種風格：「在以各種技巧裝飾的小路上看起來是與土地的構造相反的：兩側被規則地削出斜坡，種上規則的植被，而其中的空間（如果還有空間的話）和道路也是整齊劃一地平行排列；路彎處明顯是人造的，路邊草地的邊緣也被整齊地削平。總之，一切都像是用一套模型製成的，以至於好奇心這一最活躍的快樂之源幾乎被滅除了。」[154] 而在鄉村道路的環境中，所有細節都保持著地表的錯綜複雜。彎路急促，出人意料，水岸時斷時續，這裡有些樹叢，那裡有些灌木，偶爾還夾雜些石頭；草地邊緣沒有人工裁剪的痕跡，而且道路本身的邊緣都是行人和動物踩踏出來的，絲毫沒有單調一律的樣子，所有這一切都增加了整體上的畫意效果。普萊斯尤其提到林區景色，其中千百條道路，穿過野生的草叢灌木，柳暗花明，四面八方匯集而來，極富畫意，但是如果這些道路平整順滑，乾淨整潔，那就畫意全無。的確，對於園林而言，植物是非常重要的一種素材，而普萊斯鍾愛的尤其是

152　同上，第 26—27 頁。
153　同上，第 32 頁。
154　Uvedale Price, *On the Picturesque, As Compared with the Sublime and the Beautiful; And on the Use of Studying Pictures, For the Purpose of Improving Real Landscape*, London, 1796：28—29.

那些沒有被人為規劃的野生樹木，「與紳士們種植的那些可憐的被束縛得筆直齊平的樹相反，無人修剪的老樹枝杈橫生，直接跨過那些小路，常常有某種生氣和活力」[155]；其間地面崎嶇起伏，樹根虯結交錯，羊群棲居樹蔭之下，顯得十分自然。

定義畫意

從對實際例證的描述上看，普萊斯明顯是支持吉爾平的，但對於吉爾平的定義，普萊斯不甚滿意。普萊斯認為吉爾平只是含糊地運用了「畫意」一詞，亦即畫意是適於在繪畫中表現，或者可在繪畫中表現出出色效果的景象特徵，這個定義內涵上不夠準確，外延上也不夠廣泛，而且無法讓畫意與其他美的形態清晰地區分開來。「的確，如畫的事物因其可在繪畫中得到展現而讓人快樂，但每一種在繪畫中得到表現的事物同樣是如此，如果它足夠令人快樂的話，否則人們就不會畫它，因而我們就應該總結說（當然人們並不打算這樣說），繪畫中所有令人快樂的事物就是如畫的，因為這裡沒有做出任何區分或排除。」[156] 普萊斯的批評無疑是有道理的，畫面中的一個蘋果、一幢建築物都可能是令人愉快的，但不一定像吉爾平所言那樣是具有畫意的。當然，在普萊斯看來，重要的是吉爾平沒有將畫意這個概念彙整到一個完整的美學體系中，把畫意與崇高和優美截然區分開來，同時也過於依賴繪畫藝術來定義畫意，因而導致這個概念處於含混不明的狀態。

普萊斯說：「我希望在這部作品中，畫意的特徵能像崇高或美一樣確定分明，也不那麼依賴繪畫藝術。」[157]

---

155 同上，第 32—33 頁。
156 同上，第 48—49 頁。
157 Uvedale Price, *On the Picturesque, As Compared with the Sublime and the Beautiful; And on the Use of Studying Pictures, For the Purpose of Improving Real Landscape*, London, 1796：49.

普萊斯

之前，普萊斯在論述園林時，確實把某些優秀的畫作視為營造景色的典範，但他認為，那是因為那些畫作符合了自然中美的規律。言外之意，園林景色並不一定要來自繪畫，所以他希望畫意這一概念能夠突破繪畫的限制，立足於更普遍的原則，終而可以與崇高和優美建立區分關係，形成一個完整的體系。為了達到這個目的，普萊斯首先從詞源學上為畫意鬆綁。「畫意」這個詞首先源於義大利語「pittoresco」，在法語和英語中沒有相對應的詞語。

不像在英語中，「pittoresco」不是來自被畫的事物，而是來自畫家，而這個區別並不是無足輕重；因為一者指的是一種特定的模仿及其適於模仿的事物，而另一者指的是從考察所有特殊效果的習慣而來的事物以及自然的一般外觀，一個藝術家為這些事物所迷戀，而一個普通的觀察者卻可能無動於衷，因此與再現它們的能力無關。英語詞彙自然而然把讀者的思維引向了繪畫作品，並且從主體的這種偏頗而狹隘的視野而來，事實上僅僅是畫意的一種展示變成了畫意的基礎。崇高和優美在詞語上並不是同樣指涉任何視覺藝術，因而也適用於其他感官的事物：的確，「崇高」一詞在其原來的語言中以及在一般意義上，意為高聳，因而嚴格來說也許應該僅與視覺事物有關，然而我們會毫不猶豫地稱韓德爾的一首交響曲是崇高的，稱柯賴里（Arcangelo Corelli, 1653～1713）著名的協奏曲是優美的。但是，如果有人簡單地、不經驗證就稱史卡拉第（Giuseppe Domenico Scarlatti, 1685～1757）或海頓（Joseph Haydn, 1732～1809）心血來潮創作的樂章是如畫的，人們肯定有理由取笑他，因為如畫這個不能用於聲音，但這樣一個樂章的變奏突如其來、出人意料——從某種輕鬆率意的特徵和打破常規的面貌而言，與自然中類似的景色如出一轍，正如協奏曲或合唱曲與眼前宏偉或優美的景象具有某種相似性。[158]

158　同上，第54—56頁。

實際上，普萊斯的解釋與吉爾平有共同之處，吉爾平也經常使用「畫意之眼」（picturesque eyes）這樣的詞語組合，也就是說，「畫意」一詞可以指一種獨特的觀察方式。雖然吉爾平從來沒有 —— 事實上普萊斯也沒有 —— 明確解釋這種用法的特定內涵，但我們知道他強調畫意是需要人們去發現的，也必須動用想像和思維能力。另一方面，普萊斯借崇高和優美具有超出視覺範圍的含義來說明畫意的廣泛性，當然也有道理，這一點柏克已經論述過；相反，從艾迪生以來，很多美學家理所當然地認為美原本僅指向視覺事物，卻沒有予以充分的論證。不過，這裡最值得注意的是普萊斯指出：「在我們的所有感覺之間有一種普遍存在的和諧與相似，即便是透過不同感官來觸動我們，但它們都源自類似的原則。若是我們只把觀察局限於單單一種感官時，就不能清晰地查明原因（儘管柏克先生已經進行了出色的解釋）。」[159] 很明顯，我們的某種感官從來不是孤立地發揮作用的，而是並發的，存在相互影響，這相對於後來美學中所謂的通感或聯覺（synaesthesia）。

普萊斯要證明，畫意與崇高和優美有著繼而不同的內涵，但同時也需要在它們之間建立有效的連繫。既然各種感覺可以連通或感應，因而如果由某些性質構成的某種特徵能產生獨特的效果，無論這些性質在自然中還是在藝術中，人們就應該將這種特徵歸為一類，並賦予其一個獨特的名稱。柏克已經有力地指出之前人們混淆了優美和崇高的含義，普萊斯又提出，還有一種混淆同樣存在，甚至柏克自己也沒有意識到，那就是畫意與優美的混淆，以至於人們甚至會造出「畫意美」這樣的詞語來。當然，讀者立刻會想到，普萊斯指的是吉爾平。

普萊斯辯解說，他並不是反對這種表述方式，反對的是人們用這個表述

---

159 Uvedale Price, *On the Picturesque, As Compared with the Sublime and the Beautiful; And on the Use of Studying Pictures, For the Purpose of Improving Real Landscape,* London, 1796：56.

普萊斯

一幅畫面的總體特徵，而其中卻包含著種種景象和不同類型的事物。比如說，一座古舊的茅舍、一個老婦人富有畫意美。如果畫意和優美混合起來，結果仍然是美的，這個用法倒情有可原，如果畫意與恐怖、醜或畸形混合在一起，人們便不願意稱之為畫意美，雖然也含有畫意的特徵，那麼人們就可以非常明顯地辨認出畫意是具有自身特徵的。不過，普萊斯相信，人們很難把畫意和美混合在一起，因為兩者的根本性質是截然相反的。

根據柏克的理論，美最基本的性質是平滑，即一個事物的表面絕對地平整一致，沒有一點多樣或錯綜；美的另一個性質是漸變，也就是線條的變化不是突然或斷裂的，而所謂錯綜則是相反，人們難以從錯綜形式中去掌握一根線條的來龍去脈。如果畫意是與美相反的特徵，那麼其基本性質恰恰就是粗糙、突變以及不規則。普萊斯確信，依賴這些性質，人們就足以將畫意和美區分開來。

普萊斯以建築為例加以說明。完整的希臘神廟表面平滑，色彩均勻，無論在繪畫中還是現實中都是優美的，但如果是座廢墟，那就是如畫的。在從優美到畫意的轉變過程中，首先，是氣候因素，如雨水、霧氣，使其失去表面和色彩的一致性，變得粗糙和多樣。其次，石頭經過風化變得鬆動脆弱，進而局部崩塌，石塊隨意散落，周圍的道路上雜草叢生，逐漸凹凸不平，蹤跡模糊。同時，鳥類把種子丟棄在石縫之中，長出的植物遍布整個建築，加速了其衰朽，牆壁、門窗的有序線條變得支離破碎。照此來看，哥德式建築本身就比希臘式建築更有畫意，因為其形狀、表面和線條更加粗糙、多樣，如果年久失修，變成廢墟，甚至其整體結構上的對稱也蕩然無存。當然，普萊斯也描繪了自然界中山水、植物、動物的畫意，也解釋了有些畫家為什麼比另一些畫家的作品更有畫意，區分原則與吉爾平也很相似。不過，也許是為了過於突出畫意的廣泛性，普萊斯在有些地方顯得較為牽強，例如說希臘

神廟本身是優美的，但如果根據柏克的理論來說則無疑應該是崇高的；又說驢比馬更有畫意，追究起來卻不知驢究竟哪裡比馬顯得更多樣和粗糙。一如說山羊比綿羊更有畫意，但是一般來說綿羊的毛既是通體白色，沒有多少變化，而且也比山羊的毛更捲曲。普萊斯的意思也許是山羊讓人聯想到它們本來生活在崎嶇的山坡上，它們與岩石、雜草渾然一體，顯得比平整草地上的綿羊更有畫意？

　　從心理學的角度，普萊斯也借用柏克的理論來說明畫意與美的區別。柏克認為，美的情感源於愛，既有兩性之愛，也有同類之愛和對異類的愛，但兩性之愛應該是最基本的，而這種愛最直接的表達方式就是愛撫；美的事物雖然主要透過視覺吸引人，但與此同時，也激起人想去撫摸它們的欲望。畫意卻很難符合這套理論，因為令人喜愛之物總是年輕新鮮的，而粗糙卻是年老衰弱的象徵，因而不能激起人們的喜愛之情，雖然普萊斯補充說，畫意並不一定意味著衰老：「一者在於平滑，另一者在於粗糙；一者在於漸變，另一者在於突變；一者在於年輕、鮮嫩的觀念，另一者則在於年老，甚至衰朽的觀念。」[160]

　　畫意與崇高的關係，雖不似與優美那樣是對立的，但也截然不同。首先，崇高要求事物有巨大的外在形式，畫意卻與外在形式無關；巨大的事物可以是如畫的，小巧的事物亦可如此。其次，崇高的事物令人敬畏和恐懼，因而不可能去形容輕巧活潑之物，而畫意的特徵礙於錯綜和多樣，既可用於最宏偉之景，也可用於最豔麗之物。再次，崇高的一大特徵是無限，但富有畫意的事物無論大小，都必須有其邊界。此外，畫意的多樣也與崇高所需要的一致相反，風雨欲來之時烏雲密布是崇高的，但不是如畫的，風雨過後雲破日出則是如畫的。總體而言，「兩種特徵之間最根本的區別是：崇高因其

160　Uvedale Price, *On the Picturesque, As Compared with the Sublime and the Beautiful; And on the Use of Studying Pictures, For the Purpose of Improving Real Landscape*, London, 1796：82—83.

普萊斯

莊嚴絕無美的那種可愛，畫意卻使美更加迷人」[161]。

在柏克來看，崇高產生的情感首先是驚愕和驚懼以及痛苦和恐懼，在身體內部，崇高事物透過對感官的強烈衝擊，使神經處於一種超出自然狀態的緊張狀態；優美與此相反，其事物使神經放鬆，給人一種溫柔倦怠的感覺。與崇高和優美的效果相比較，普萊斯認為，畫意的效果是好奇，「雖然不那麼鮮明有力，卻有一種更普遍的影響。它既不讓神經放鬆，也不猛烈地拉伸，而是透過其活潑的動作使它們隨時待命，因為當與其他特徵混合起來時，就糾正美產生的倦怠或崇高產生的驚懼。但是正如每一種糾正的本質一定是取自它所要糾正的東西的獨特效果，當畫意和其他兩者結合在一起時也是這樣。自然會賣弄風情，它使美更有趣、更多變，但也更活潑。……又因為它的多樣、錯綜，它的半遮半掩，激起了讓心靈活潑起來的那種好奇，使心靈的各種能力被驚愕綁在一起的鎖鏈鬆動一些」[162]。

普萊斯強調，畫意有其獨立的形態，但它常常與優美和崇高結合在一起。一個事物既不平滑，也不宏偉，而是充滿了錯綜、突變，其形式、色調、光影變幻莫測，那就是如畫的。例如，一條小路或水路被粗糙的田壟或堤岸圍繞就富有畫意，但是如果這些田壟或堤岸不斷上升，直到其間的道路變成了一道深深的山谷，遍布大大小小的山洞、斜倚的石塊，這個景象給人宏偉險峻的感覺，這就有了崇高的成分，但還保留著些畫意；如果田壟或堤岸變得平滑，緩緩傾斜，中間的草地平坦柔軟，還有蜿蜒的小溪穿流而過，水質清澈，波光粼粼，那就顯出優美，也不失畫意。

普萊斯之所以能夠將畫意與優美、崇高結合起來，相互增益，也是因為他發現柏克對於後兩者性質的列舉確實存在一些矛盾，也就是說，柏克注意到了

---

161 Uvedale Price, *On the Picturesque, As Compared with the Sublime and the Beautiful; And on the Use of Studying Pictures, For the Purpose of Improving Real Landscape*, London, 1796：103.

162 同上，第105—106頁。

一些局部的、孤立的性質，但沒有說明這些性質如何能糅合在一起。例如，柔軟和平滑是美的重要性質，如果一個事物的表面是堅硬的，再經過精心打磨，那必定是異常平滑的，卻無論如何不是柔軟的，就如一個嬌媚的女性，其皮膚就是柔軟和平滑的結合，但如果在一幅畫中將其刻意描繪得很光滑，那也許就失去了「柔軟」這一視覺效果。在自然景色中亦是如此，溪中的石頭被水流沖刷得很光滑，但不柔軟，如果上面覆上了青苔，就不僅平滑，也顯得柔軟；花園中的草坪被剪得齊平，不僅不再柔軟，而且原先的碧綠也消失了。如果要將這些性質融合在一起，就不僅是美的，而且還是如畫的，換句話說，畫意往往能將屬於美的那些性質完美融合。然而，對於畫意如何與崇高相融合，或者如上文所說使崇高變得稍加柔和，普萊斯並未真正論述。

從具體事例來看，普萊斯的確能夠將畫意與柏克所論的崇高和優美區分開來，而且他也實事求是地指出畫意與崇高、優美多半是相伴而行的，而沒有過分突出畫意的獨立性。與此同時，他也在心理學層面上闡明，崇高源自恐懼，優美源自愛，畫意則源自好奇。從中可以發現，普萊斯把艾迪生首次提出的新奇一定程度上更完善地納入與崇高、優美並存的體系中，因為無論是艾迪生還是後來的美學家，都沒有具體指出新奇本身的性質是什麼。在他們看來，新奇只是一種暫時和偶然的性質，完全依賴於主體的心理習慣，在外在事物上沒有實在的表現，普萊斯則參照柏克的體系，確定了這些性質，即粗糙、多樣和不規則。當然，這並不能完全反駁艾迪生和其他美學家的觀點，但這些性質的確更容易造成新奇的效果。照此看來，普萊斯推陳出新，用畫意取代了新奇，同時將畫意提升到與崇高、優美同等的地位上。「我不禁要自誇比較了三種特徵，並相互參照解釋，由此得出，畫意填補了崇高和優美之間的空缺，說明我們從許多在原則上不同於兩者的事物上得到快樂，這些事物應該有一個獨立的分類。」[163]

163　Uvedale Price, *On the Picturesque, As Compared with the Sublime and the Beautiful; And on the Use of*

普萊斯

藝術中的畫意

　　一開始，普萊斯是由繪畫闡釋畫意的，但在確立了畫意獨特的原則之後，他便可以由畫意重返藝術，說明畫意在藝術中的表現以及藝術由此而形成的不同風格。這頗似康德由分析進至演繹的路數。

　　普萊斯首先指出，在崇高、優美和畫意三種特徵中間，園藝家或藝術家可以營造的唯有優美和畫意兩者，而崇高則超出人力之範圍，只能在一定程度上被強化或弱化；在剩下的兩者中間，藝術家們最容易掌握的則是優美，尤其是在柏克（在普萊斯看來）清晰地確定了其原則之後，藝術家們更是師出有名。但普萊斯首先提出警告的便是藝術家們對美的曲解和濫用，那就是毫無節制地製造平滑和漸變。之所以如此，一個重要的原因是製造這些效果幾乎用不著什麼趣味和創造，只需要掌握一些粗淺的技術便可：「只要能製造一張精緻的蘆筍花床的人就等於具備了園藝家最重要的資質，並可以很快領會抹平斜坡、找到水平的祕密。」[164] 然而，過多平滑的色調和流暢的線條導致的是平淡乏味。

　　普萊斯早就指出，在自然中優美和畫意是經常混合在一起的。在所有造物中，最吸引人的美體現在女性嬌美的容貌上，但即使在這裡，自然也力圖避免單調乏味。「希臘人認為，要使臉部其他流暢的線條顯出韻味，鼻子到前額的一條幾乎筆直的線條是非常必要的。因此，眉毛、睫毛給眼睛這個平面覆上一些陰影，還有相對粗糙的頭髮，半遮半掩，也襯托和渲染著其他地方的柔和、潔淨和平滑。」[165] 玫瑰可謂花中女王，色澤明亮、構造精巧，卻生長於灌木之中，葉子呈鋸齒狀，莖上布滿棘刺。自然界中其他植物也莫不

　　Studying Pictures, For the Purpose of Improving Real Landscape, London, 1796：137—138.

164　Uvedale Price, *On the Picturesque, As Compared with the Sublime and the Beautiful; And on the Use of Studying Pictures, For the Purpose of Improving Real Landscape*, London, 1796：125.

165　同上，第 126 頁。

具有粗糙多樣的性質，當然很多時候是作為裝飾存在的，使整體的美益發活潑而雅緻。在藝術創作中也有豐富的例子。圓柱是平滑的，但柱頭是粗糙的；建築物的立面是平滑的，飾帶和檐板是粗糙的。總之，裝飾部分多半是粗糙多樣的，整體結構則服從美的原則。「一幢樸素的石頭建築，沒有任何富有稜角的裝飾，可是非常優美，也有人認為其因簡樸而獨特，但是如果一個建築師要裝飾尖頂或者圓柱及其柱頭以及房屋或神廟上平滑的石頭構件，幾乎所有人都能察覺到優美的建築和裝飾豐富的建築之間的區別。」[166] 這樣看來，藝術中美和畫意的混合，畫意主要被用在裝飾部分，而整體上則遵循美的原則，這種構造與自然事物中的畫意有很大區別，自然事物，尤其是在植物的形態上，畫意是可以獨立存在的。

在藝術中，根據畫意成分的多寡，或者對於畫意諸性質的運用方式，藝術作品表現出不同的風格來。普萊斯對繪畫中光影效果的分析具有典型意義，也得出了一些簡略的結論。有些畫家以優美見長，如科雷吉歐（Correggio, 1489～1534），他注重流暢的線條和輪廓，形狀和色彩上的轉換儘量不要突兀，或顯出明顯的痕跡；他畫中的光線沒有耀眼炫目的效果，而是在漸變中顯得柔和細膩，將一切都融合在一起。「他總是被稱引為柔和無痕的轉變、效果渾然一體的完美典範，給人留下可愛的普遍印象。」[167] 但科雷吉歐的繪畫並不會僵硬死板，因為他透過率性的筆觸打破了其他畫家的那種刻意修飾，因而避免呆板無趣。在欣賞這種繪畫的過程中，觀者「當他感到靈魂之光的平和寧靜讓人溫暖歡樂，但不夠熱烈奔放時，他的心彷彿隨著幸福而膨脹，充滿了仁愛慈善，愛並呵護周圍的一切」[168]。

---

166 同上，第 134—135 頁。

167 Uvedale Price, *On the Picturesque, As Compared with the Sublime and the Beautiful; And on the Use of Studying Pictures, For the Purpose of Improving Real Landscape*, London, 1796：152.

168 同上，第 146 頁。

普萊斯

　　與之相對，魯本斯（Sir Peter Paul Rubens, 1577～1640）的繪畫則
注重強烈明亮的光線，表現出一種獨特的畫意。他的畫作中，光線有時從一
處縫隙透過，有時從雲層中穿過，就像閃電一樣，在形象上留下點點閃爍不
定的光芒；有時候急促的水流從某個地方奔湧而出，流溢在樹根之中，被分
成一縷一縷。突然迸射的光線與黑暗的背景形成強烈的對比，「所有這些炫
目的效果都是他那生氣勃勃的畫筆所增強，那些銳利而鮮活的筆觸，給每一
個事物以生命和活力」[169]。畫面上沒有圓潤婉轉的線條，沒有渾然一體的光
輝，其幽暗深邃更具有崇高的風格。

　　在普萊斯看來，克勞德的風景畫在光線的處理上又更勝一籌。克勞德的
畫作看起來也非常鮮豔，但他不像科雷吉歐那樣刻畫流暢的線條和漸變的色
調，因為他用瀰散的光模糊了物體的邊緣，也不似魯本斯那樣營造強烈的光
影對比形成奇幻效果，所以相比之下，最能表現畫意。「克勞德的畫作非常
明亮，但這種明亮是瀰漫於整幅畫作中的，達到了巧妙的平衡，透過幾乎是
可以觸摸的氣氛變得柔和溫潤，這種氣氛遍布每一個部分，並把所有東西結
合起來，最後沒有哪個局部會吸引眼睛，整體上光彩奪目，寧靜祥和，每一
種事物都被照亮，每一種事物都處於最甜美的和諧當中。」[170]

　　普萊斯從光影效果來分析畫意的表現自有其道理，因為所有事物的輪
廓、形狀、色調都是在與其他事物的對比中，在與整體背景的對比中顯現出
來的，而這種對比又依賴光線的強弱和對比。他像吉爾平一樣描述了自然景
色在一天中不同時刻表現出不同的面貌，黎明時分的晨曦、正午的陽光，讓
同樣的景色給視覺形成不同的印象。所以，園藝家也必須研究光線的效果，
以創造富有畫意的景觀。黎明或黃昏時候的景色最顯畫意，「從這種環境
中，園藝家可以學到一門非常有用的學問。事物在天空中顯示出的輪廓尤其

169　同上，第 150 頁。
170　同上，第 152－153 頁。

值得注意，所以任何笨拙、纖瘦或者不協調的東西都不應該出現，因為不論何時，在這種情形中，幾乎所有東西都被晨曦融合在一起」[171]。總之，在任何一種風格中，畫意都是不可或缺的。一幅畫可以是優美的，但如果過於強調分明的線條和輪廓、鮮豔的色彩，而不用任何方式來潤色渲染，它們就會轉變成生硬乏味。一幅畫可以是崇高的，但如果過於昏暗，就失去活力。所以，畫意不是要取代崇高和優美，而是讓兩者顯出更多魅力。

普萊斯試圖忠實地遵循柏克關於崇高與美的描述，但也像柏克一樣過於關注事物局部細節上的性質，而非整體上的特徵，這使得他的描述瑣碎死板，也可能像柏克一樣陷入困境。反過來看吉爾平，他實際上更多地強調事物的動態性和生命活力，突出單個事物與其環境之間的總體關係，也看到觀者想像活動的積極作用，一定程度上比普萊斯更有說服力，但可以肯定的是：普萊斯在粗糙之外又加入錯綜這一因素，使他對畫意的定義更加嚴謹。

171　Uvedale Price, *On the Picturesque, As Compared with the Sublime and the Beautiful; And on the Use of Studying Pictures, For the Purpose of Improving Real Landscape*, London, 1796：165.

 普莱斯

想像理論的得失

想像理論的得失

　　自沙夫茨伯里正式將美學問題納入哲學領域以來，經過艾迪生、休謨、柏克到艾利遜等一系列重要美學家的一路開拓和發展，18 世紀的英國形成了一套獨具特色的美學。雖然每一個美學家的理論都各有千秋，但其中的線索仍清晰可見，圍繞著一些主要命題，由一些獨特的概念加以支撐，這些命題和概念既從前代繼承而來，又以經驗主義哲學的方法加以闡釋，彙整成一個較為完整的系統。相信此前對各個美學家思想的評述可以展現出這些傳承關係。總體來看，18 世紀英國美學主要是一種審美心理學，也就是著重於描繪審美經驗的性質、構成和運行規則。這使得它必然採取與以理性主義為基石的新古典主義不同的原則和角度，不再僅僅研究審美事物的性質和特徵，而是要以審美主體的心靈活動作為研究事物。從這方面來看，英國美學真正確立了美學的主體性原則。

　　毋庸置疑，英國美學抓住了古希臘西方傳統美學的致命缺陷，也就是人們不可能在美的事物的外在屬性上得到普遍而永恆的標準，例如比例、適宜和完善等，對此霍加斯和柏克從事實上予以了致命的批判，並提出了全新的看法。這雖然不意味著傳統美學的完全終結，卻象徵著新的美學思潮的濫觴和噴湧，這種思潮終將在藝術創作和審美取向上得到體現。甚而，美學家們憑藉審美經驗的特殊性而排斥理性在美學中的主導地位。很顯然的，美是由於人們在情感上受到觸動而被察覺到的，審美鑑賞與理性認識截然不同。即使美學家們並不打算顛覆古代的藝術經典，但他們的理解方式已發生巨大變化。美是一種情感，這在一定程度上成為近代西方美學的一個基本原則。這樣看來，18 世紀英國美學是近代西方美學的開端。同時，這種美學之所以成為近代意義上的美學，就在於它絕不是停留於對某種新的審美現象的直觀掌握，或者是對這些現象的粗淺歸納，而是要在新的原則和基礎上解釋所有的審美現象，這些原則和基礎來自對人性的獨特理解。顯而易見，英國美學

不是單純的藝術哲學，而是要囊括現實生活中所有的審美現象和審美經驗，並納入人性的基本原則和規律中。當然，美學家們不僅需要這樣的原則和基礎，而且也需要適用於規定和解釋具體審美現象的特殊概念和方法。由於 18 世紀英國美學從之前的經驗主義哲學那裡借鑑了諸多原則和方法，因而稱其為經驗主義美學也名副其實，但是 17 世紀經驗主義哲學的主要內容是認識論和倫理學，而其後的美學則發現審美與認識論的論述重點迥然不同，其倫理學的價值取向甚至大相逕庭，加上之前的經驗主義哲學本身內含的缺陷，這就不能不給這種美學在理論上帶來諸多障礙和矛盾。所以，18 世紀英國美學既提出了許多嶄新的乃至革命性的觀點，也留下一些疑惑，但這些疑惑也正是促進這個世紀和後來美學發展的重要動力。

感覺與情感

　　沙夫茨伯里提出人憑藉一種天生的直觀就可以辨別美醜時，就等於擺明了 18 世紀英國美學的首要問題，那就是這種直觀的根源是什麼以及由這種直觀感受到的美是什麼。當然，這兩個問題本身可以說是一個問題，因為美的存在方式與感知美的方式必然是相互對應的。哈奇森發揚了這個觀點，雖然在很大程度上也簡化和扭曲了沙夫茨伯里的整個思想，他認為人天生就必定具有一些獨特的感官，它就像外在感官一樣直接給人帶來快樂與不快的情感，哈奇森稱其為內在感官，或者就是通常所謂的趣味。但它與外在感官又截然不同，因為由它而產生的情感與純粹的感官愉悅存在根本的差別，後者引起肉體上的欲望，前者則與此無關，甚至與主體自身的利益無關。外在感官的主要功能是接受外物的性質形成簡單觀念，而美的東西在多數情況下是複雜觀念，當複雜觀念被拆分成簡單觀念之後，或者說一個美的東西被拆分成許多部分之後，美就消失了。由此看來，美應該存在於構成複雜觀念的簡

想像理論的得失

單觀念的關係中，或者通俗地講是在一個整體事物部分之間的關係中，哈奇森稱這種關係為寓於多樣的統一，而內在感官可以直觀到這種關係，並由此生成一種特殊的快樂。為了維護內在感官的直觀性，哈奇森認為內在感官對美的事物或觀念的領會不同於理性認識。

哈奇森實際上已經在尋求洛克的幫助，希望透過在與外在感官的對比中確定內在感官的存在，而沙夫茨伯里把對於美的直觀能力描述得過於神祕，缺乏近代哲學所希望的科學性。哈奇森對沙夫茨伯里的解釋與沙夫茨伯里的本意是有出入的，沙夫茨伯里所謂的那種直觀是基於其目的論提出的：與人們能夠直接領會到一個行為背後的動機相應，人們也能夠看到美的事物背後隱藏著的神性精神。但問題是，無論是神性精神還是對它的直觀能力在經驗主義哲學中均得不到有力的支持，因為經驗主義否認任何無法在感官經驗中找到其根源的東西，雖然美學家們會用其他方法來予以解釋。拋開這一點不說，哈奇森的觀點也有一些令人疑惑之處。如果沒有外在感官，內在感官是否還能夠運作？內在感官能直接知覺到簡單觀念之間的關係，而簡單觀念卻只能由外在感官得來，如此看來，內在感官是在外在感官的基礎上運作的，因此是後天的，而它是否是先天的也還是可疑的。

內在感官可以是一種先天能力，能在已存在於心靈中的簡單觀念中發現某種關係，並讓人感到某種快樂；也可能是後天的，因為這些關係也可以透過認知能力來發現，但這樣的話，內在感官就不能離開認知而運作。所以，內在感官的一個重要作用是能在心靈中引發一種特殊的情感。但這裡也存在疑問，那就是這種情感是否是原始的，其根源又在哪裡？美學家們承認存在一種無關利害或非功利的情感，這是他們闡述的基本命題，但這種情感總有些虛無飄渺，如果不是來自更深層次的原則就無法成立。哈奇森描述了這一現象的獨特性，但不能直接予以證明。他認為只有具備寓於多樣的統一這種

性質的事物或觀念才能引起美感，但經驗事實並不支持這一點，作為藝術家的霍加斯對此頗有微詞，尤其是崇高這一範疇被正式承認之後，哈奇森的觀點就更無立足之地了。所以，此後的美學家表面上接受內在感官和趣味這一概念，但他們希望從最基本的事實將其抽繹出來，這個事實就是感覺，但這個過程是非常艱難的。

經驗主義的基本原則是：所有知識都應該與可感知的現象相關，所以其基本方法是透過分析找到構成知識的不可再分割的要素，然後觀察這些要素之間的關係，便可得到知識的基本原理。構成知識的基本要素不可能是先天存在於心靈中的，只能是後天獲得的，因為不可否認的事實是一個沒有受過任何教育的人是不可能具有知識的；構成知識的基本要素只能透過感官來獲得，正如一個盲人無論如何也不具備色彩的觀念。但是，感官如何獲得這些基本要素，這些基本要素又是什麼，這些問題並非看起來那麼簡單。

培根在反對經院哲學抽象空洞的推理，力圖獲取關於自然的真正知識時，首先需要得到真實可信的資料，而能提供這種資料的非感官莫屬。「既然全部解釋自然的工作是從感官開端，是從感官的認識經由一條直接、有規則和防護好的途徑以達於理解力的認識，也即達到真確的概念和原理，那麼勢必是感官的表象愈豐富和愈精確，一切事情就能夠愈容易且順利地來進行。」[172] 當然，無論哪個經驗主義者也不會認為感官所接受的東西就一定是真實可靠的。培根說，感官「有時只能帶給人虛妄的報告」。感官畢竟是一種有限的能力，同時代義大利的伽利略（Galileo Galilei, 1564～1642）已經指明，人必須依靠一些儀器才能準確地觀察到事物的本來面貌。實際上，科學研究的一個重要目的就是消除感覺的弱點和偏頗，而培根也知道由感官而來的東西必須經過論證和實驗，「感覺所決定的只接觸到實驗，而實驗所

---

172 培根：《新工具》，許寶騤譯，北京：商務印書館，1984 年，第 93 頁。

想像理論的得失

決定的則接觸到自然和事物本身」[173]。培根雖然列舉了影響感官的各種外部原因，但對於感官的內部活動或者心理學卻幾乎沒有有效的研究。他也強調，為了形成知識，人必須同時求助於理性，但對理性作為一種截然不同的能力如何與感性能力發生關聯卻又諱莫如深。

霍布斯發現感覺並不像所理解的那樣簡單明瞭。首先需要探問的是感覺如何產生。他的解釋遵循的是唯物主義原則。凡感覺就必然意味著存在能形成感覺的器官，這些器官屬於人的身體，也就是物體。但如果作為物體的器官靜止不動，它們就不能形成感覺，所以器官若不是自行運作，就是受他物作用而運作。在這裡，我們先從後者談起。當外物作用於器官時，器官便運動起來，並將壓力傳遞至神經或其他的經絡，終而抵達大腦和心臟；當大腦和心臟受到壓力時就產生反作用力，也就是由內向外自我表達的努力或傾向。霍布斯雖未明言，但大腦和心臟應該是一種有別於外物的特殊物體，因為當它們產生反作用力的時候，不僅能驅動經絡，再經器官導向外物，而且在自身之內還產生了一種奇特的東西，即映像或幻象（seeing or fancy）[174]，亦即通常意義上的感覺。由此感覺有雙重意義，既指映像或幻象本身，也指它們形成的過程。

這套唯物主義的學說既有精妙之處，也有難解之謎。說其精妙是因為它在感覺和外在世界之間構成一個不間斷的連結，恪守物質運動的連續性原則；凡感覺必有原因，原因就是物體的運動。說其難解是因為我們無法確定作為映像或幻象的感覺與外物和身體器官是否是同一種東西，如果相同，就不應該叫做映像或幻象；如果不同，物體又如何能產生與自身不同的東西？可以肯定，霍布斯認為感覺與物體是互不相同的東西，雖然外物可以是感覺的原

173　北京大學哲學系外國哲學史教研室編譯：《十六—十八世紀西歐各國哲學》，北京：商務印書館，1975 年，第 17—18 頁。

174　在《論物體》中霍布斯也曾稱感覺為 phantasm（幻覺、影像）。

因。這個問題必然會引發很大的疑惑，也就是感覺是否能準確地再現外物，知識是否能真實地反映外在世界。霍布斯可以有自己的解釋：一物作用於另一物，不是將自身的屬性強加給對方，而是引起對方屬性的產生和變化。正如他自己所舉的例子，我們的耳朵聽到聲音，而在外在世界聲音不過是物體的振動，因為物體的振動刺激了耳朵，耳朵產生了自身特殊的運動，這種運動與物體的振動不盡相同，耳朵的運動引起的神經運動又有不同，最終感覺是大腦和心臟自身運動形成的結果。這種理解是對當時力學的借鑑，霍布斯也由此提出了偶性說。物體最本質的規定性是量的展延。物之所以能被人感知，意味著它們不是在空間上擠占了感覺器官或把自己的一部分轉移至感覺器官，而是引起其變化，因此物體中必然有一種不是物質的東西，可被看作是一種能力，這種能力使另一物的內部發生變化。這種能力就是所謂偶性：「一個偶性就是某個物體藉以在我們心裡造成它自身概念的那種能力。」[175]需要注意的是：偶性雖是一種非物質的東西，但絕不會脫離物體而存在，紅色是一種偶性，但要是脫離了具體物體，也就沒有「紅色」這一概念。當然這不可能解釋所有的疑問，然而把感覺與其事物，即外在的物體區別開來這個觀點已是霍布斯的一大創見。

　　這一套學說確實過於複雜，洛克對此進行了很大的簡化，他承認物體的性質是一種能力，可以引發感覺，而對感覺的發生和形成過程不予深究，但他抓住了霍布斯的要點，將感覺的結果稱作觀念，這就把感覺的結果與物質的運動切斷了關係，成了一種精神性的存在。觀念與柏拉圖的理念在英文中共用一個名稱，這就等於說，如果存在某種精神的東西，也只能寓存於人心之中，而且如果觀念是由外物引發的，那也只能是具體個別的。這同樣暗含了一個重要觀點，即從心靈內部而言，觀念是一種原始的基本事實，由此而

175　北京大學哲學系外國哲學史教研室編譯：《十六—十八世紀西歐各國哲學》，北京：商務印書館，1975年，83頁。

想像理論的得失

出發，知識的構成也是在心靈內部完成的。眾所周知，洛克認為由簡單觀念到複雜觀念是心靈自身主動能力的結果。依照經驗主義原則，已經形成的知識仍然是關於具體事物的知識，但相對而言，此時的複雜觀念或多或少是抽象的，因為知識必定具有一定的普遍性。事實上，原初的簡單觀念是否是完全個別的，還是會具有類的性質，洛克沒有細加辨析，事實也許很難這樣。比如，我們從一片樹葉那裡得到一種形狀的觀念，這個觀念與關於同一棵樹上樹葉的觀念是否完全不同呢？畢竟即使是科學家也不會對樹上所有的樹葉一一查看。當然，經驗主義者會說類的觀念是一種複雜觀念，是在簡單觀念之後形成的。幾乎所有經驗主義者都認為，心靈想到一個抽象概念的時候總要將其與具體事物聯繫起來，具體觀念和抽象概念不會是完全分離的。

霍布斯和洛克對於感覺的解釋確實有悖於常識，卻讓哲學家把研究的重心從外在世界轉向了內在心靈。與笛卡兒（René Descartes, 1596～1650）的哲學一樣，這也是一種主體性的轉向，從而打開了心理學的廣闊領域。一定程度上說，18世紀英國美學之所以蔚成體系也是得益於這種心理學哲學。然而，就感覺這個論題而言，霍布斯和洛克的理論會引發很多疑問。第一個問題是：何謂簡單觀念？霍布斯雖未明確探討，但他應該同意洛克的意見，即從感官而來的幻象或思想是簡單的、不可分的，但他們都沒有仔細思考所謂簡單和不可分究竟到什麼程度。他們都認為思想或觀念是對外物性質的反映，乍看之下沒有什麼特別之處，仔細思量卻大有疑問。我們看到一片樹葉時，意味著感覺到了它的形狀、顏色，還注意到其葉脈、葉邊鋸齒以及各部分的色差等細節，那我們會問，一片樹葉、形狀、顏色、葉脈、鋸齒都是同等的簡單觀念嗎？顯然葉脈和鋸齒比其他性質更簡單。洛克把單位也稱作簡單觀念，但如果說形狀、顏色、葉脈和鋸齒包含在一片樹葉中，相對而言，樹葉倒應該是複雜的東西了。然後我們還會問，我們是先看到一片樹葉，還

是先看到其他的各個細節呢？顯然這要看我們首先注意到的是什麼，單憑感官還決定不了什麼是簡單觀念，什麼是複雜觀念。一個物體的形狀無論多麼複雜，但如果它能被眼睛一下就掌握，那麼在心靈中這種形狀就可以是簡單觀念。照此來看，哈奇森所謂寓於多樣的統一這種性質就不會是複雜觀念了，多樣和統一的觀念很可能是心靈進行分解的結果。事實上，人們多數情況下是先看到一片樹葉這種很複雜的東西，在仔細觀察之後才發現更多的細節，甚至人們首先是看到了一棵樹，然後才觀察上面的樹葉。無論如何，很多時候簡單觀念不是構成複雜觀念的現成材料，而且很可能也不是感官直接得來的，也許感覺的過程應該是這樣的：人首先看到的是一個複雜事物，在對這個事物進行分析得到簡單觀念之後，人才在心靈中重新構造成一個複雜觀念，而這後一個複雜觀念與當初直接感覺到的東西一定是有所區別的。所以，哈奇森所謂的複雜觀念不知道指的是哪種複雜觀念，如果他指的是心靈重新構造的複雜觀念，那他就沒有必要發明內在感官這種能力。

第二個問題是：雖然霍布斯的唯物主義可以在外物和心靈中的思想或觀念間建立起實在關係，但兩者畢竟有所不同，所以我們還有必要懷疑感官真的可信嗎？這裡問的不是感官的活動本身是否正常，一根筆直的木棍在水中看起來就是曲折的，但眼睛也忠實地反映了這個現象，否則我們永遠也發現不了光的折射原理。這裡的問題是：正常的感官有時也不能感覺到外物的性質，比如很少有人能在10公尺之外還能看見樹葉上的葉脈，也看不見油畫上的細微筆觸，那麼遠距離看到的模糊影像算是真實地反映了事物的性質嗎？一塊油漬的表面五顏六色，且變幻不定，這些是油漬的真實性質嗎？像在今天一樣，霍布斯和洛克都相信，無論思想或觀念與外物的性質如何不同，它們都是由外物本身的一些非常細微的微粒作用於感官而形成的。儘管這樣，但洛克仍懷疑觀念是否與外物的性質相一致。他做出了一個影響深遠的區

想像理論的得失

分，就是把我們關於事物性質的觀念分為兩種：一種是第一性質，如形狀、凝結性、廣袤、運動、數目等；另一種是第二性質，如顏色、聲音、味道等；實際上，他說還有第三性質，即一物影響另一物的能力。第一性質是物體本身就具有的，關於它們的觀念也與這些性質相一致；關於第二性質實際上也是由外物的第一性質引起，但感官還產生了額外的運動，因而形成了第二性質，這些性質本身是外物所不具備的。洛克的辦法解決了笛卡兒的難題，笛卡兒認為物質的基本性質是廣延，顏色等性質卻彷彿不占據空間，因此也就不是物質本身固有的性質。不過，既然人感覺到了顏色這樣的性質，它們就不可能憑空而來，只能由物質的運動引起，但它們本身不是物質，而是心靈作用產生的結果。洛克的這個區分帶來了嚴重的後果，觀念已經不同於外物，而第二性質竟然是外物本身不具備的，人們就有理由相信任何性質都是心靈的主觀產物，這就是柏克萊（George Berkeley, 1685～1753）的結論，而休謨則對觀念的來源不置可否，甚至否認外在世界的存在。不過，這倒也給艾迪生很大的啟發，也許美也是一種第二性質，是外物本不具備的，而是由外物引發再由心靈生成的，也讓後來的美學家堅定不移地從心靈那裡探尋美的祕密。

我們必須注意到，經驗主義對感覺的探討可以分為兩個方面：一是感覺如何發生，二是感覺的結果，即觀念具有什麼樣的性質；前一方面更傾向於生理學，而後一方面則屬於心理學。一定程度上，觀念論是一種現象學，它不是應用科學，因而無助於人們發現物質世界的真實規律，其目的是要揭示生活在世界中的人的意識活動的規律。即使人們可以透過某些儀器，發現事物所不為人知的性質，但這些性質到了心靈當中的時候仍然是觀念，仍然要服從心靈的規律，對人的生活產生影響，這一點不在今天意義上的科學研究範圍之內。然而，正如我們所看到的那樣，霍布斯和洛克對感覺的分析顯得

過於草率，他們過於迷信原子主義，在某種意義上，他們也以自然科學的方法來研究心理現象，這讓他們發現了許多被人忽略的現象，也違背了日常經驗中的很多事實。霍布斯和洛克並未探討多少美學問題，但他們仍為後來的美學提供了有力的工具，而後來的美學也將得出他們意想不到的結論。我們已經看到，18 世紀英國的所有美學家研究的不是外在事物的性質，而是它們對於心靈的影響，美不是外在事物的性質，而是心靈活動的產物。

哈奇森所強調的一個主要觀點是：內在感官會給人帶來一種特殊情感，情感也將是 18 世紀英國美學研究的一個重要問題，實際上關於情感的存在方式、運行規律及其對生活的影響是這個美學思潮所做出的最大貢獻，因為 17 世紀之前幾乎所有哲學家都將情感視為意識的干擾因素而逐出哲學的研究領域，遑論有任何積極的探索。

真正將情感納入哲學領域的是霍布斯（Thomas Hobbes, 1588 ～ 1679），而迫使他這樣做的原因是他對於想像和思維的理解。在他看來，感官離開事物之後仍在繼續活動，因而映像會持續留存和衰弱。這是簡單的想像，但還有一種複合的想像，即不同的感覺或映像會被組合在一起，甚至是虛構外界並不存在的形象。這一觀點也許是為了附和培根，培根說過，想像是一種能隨意地分解和組合形象的能力，而這與霍布斯自己的體系並不非常契合，因為這樣的想像幾乎沒有規律和原因，也沒有憑附的媒介。霍布斯自己的複合想像應該是他所謂「想像的序列或系列」，也就是思維。他的基本觀點是：

> 當人思考任何一種事物的時候，繼之而來的思想並不像表面上所見到的那樣完全出於偶然。一種思想和另一種思想並不會隨隨便便地相連續。但正像我們對於以往不曾全部或部分地具有感覺的東西就不會具有其想像一樣，那麼由一個想像過渡到另一個想像的過程也不會出現，除非類似的過

程以往曾在我們的感覺中出現過。原因是這樣：所有幻象都是我們的內在運動，是感覺中造成的運動的殘餘。在感覺中一個緊接一個的那些運動，在感覺消失之後仍然會連在一起。由於前面的一個再度出現並占據優勢地位，後面的一個就由於被驅動的物質的連續性而隨著出現，情形就像桌面上的水，任何部分被手指一引之後就向著導引的方向流去一樣。但由於感覺中接在同一個被感知的事物後面的，有時是這一事物，有時又是另一事物，到時候就會出現一種情形，也就是說，當我們想像某一事物時，下一步將要想像的事物是什麼很難預先肯定；可以肯定的只是，這種事物將是曾經在某一個時候與該事物互相連續的事物。[176]

這個觀點也有些不太清楚的地方。表面上看，霍布斯認為想像至少與感覺有很大關係，感覺一個接著一個在心中形成想像，因而想像就形成了連貫的序列，簡單來說，想像遵循時間和空間的連續性原則；一旦想到某個東西，這個東西就會把與它在原先感覺前後相連的東西牽引出來，這就形成了想像的序列。然而，這必然要使我們回去再討論感覺的序列，而感覺是否有嚴格的連續性就很成問題：每個感覺就像一個一個的點，這些點之間是否有明確的秩序呢？這個很難說。我們走進一間房子，我們的感覺是否是從一個事物或者其性質向與其相鄰的事物或性質連綿不斷地行進呢？恐怕不是，事實也許是，許多事物一下子湧進了我們心中，感覺比較模糊，關聯並不緊密。即使是儲存於心中的感覺（即單個的想像）也不一定再有清晰的時空秩序。所以，想像很難嚴格服從感覺的時空秩序。

事實上，霍布斯也並不這樣認為，他的意思是儲存在心靈中的思想會自然地發生某些關聯。在他所區分的兩種思維中有一種是無定向的，這種思維沒有目的，思想之間沒有恆定的關係，但他的例證表明，但凡被聯繫在一起

176　霍布斯：《利維坦》，黎思復、黎廷弼譯，北京：商務印書館，1985 年，第 12—13 頁。這段話中的「思想」（thought）一詞是映像或幻象的正式用語，大致相當於洛克的觀念。

的思想總還是有隱祕關聯的。一個人在內戰期間突然問一個羅馬銀幣值多少錢，霍布斯說，實際上之間的聯繫是十分明顯的，「因為這次內戰的思想就導引出國王被獻給敵人的思想，而這一思想又導引出基督被獻出的思想，並進一步導引出那次出賣的代價——三十塊錢的思想」[177]。這種思維看起來時空錯亂，散漫無序，但思想之間至少有著相似性。

然而，也許只有第二種思維才是真正的思維，是心靈發起的主動想像，那就是定向思維，這種思維「受某種欲望和目的的控制」，思想之間的關係更恆定。霍布斯把定向思維分為由果到因和由因到果兩種，也表明定向思維的意義更為重要。只有存在某種欲望和目的的引導，心中的思想才有了焦點和方向，使原本左衝右突、枝杈橫生的思想彙集到一條道路上，「因為我們嚮往或欲望的事物所產生的印象是強烈而持久的，如果暫時中斷的話，也會很快被恢復」[178]。這樣來看，無定向思維也不是沒有目的，只不過比較隱蔽，是一種無意識的思維活動，因為那個人問羅馬銀幣值多少錢是因為他無意識中想出賣國王，霍布斯說他「居心不良」。

這裡就需要注意欲望和目的這兩個因素。在此前的哲學史上，思維歷來就是理性能力，而欲望則無論如何不能歸於理性的範圍之內。的確，霍布斯並不認為沒有欲望就沒有思維，但那種思維沒有方向，沒有明確的因果關係，是心靈無意識的活動，即使過去經驗中的思想存在一定的關係，這些關係也是鬆散的。只有欲望才使這些關係得到增強，穩固下來，只有這樣，心靈才展開有意識的活動。通俗地講，只有我們想得到一個東西，我們才展開真正的思維，在思想間建立明確的因果關係。這個時候，無定向思維中那些鬆散的關係並非沒有意義，它們為定向思維提供了無數條道路，欲望則將這些道路引向一個目的地；或者說無定向思維中有很多碎片，欲望則將它們拼

177 霍布斯：《利維坦》，黎思復、黎廷弼譯，北京：商務印書館，1985 年，第 13 頁。
178 霍布斯：《利維坦》，黎思復、黎廷弼譯，北京：商務印書館，1985 年，第 14 頁。

想像理論的得失

接成一張完整的拼圖。從這個意義上說，沒有欲望就沒有思維。當然，既然是有欲望參與的思維，它便與一般意義上的理性思維有所不同。事實上，霍布斯也區分了兩種知識，即事實知識和觀念知識，後一種知識以數學和幾何為典型，也包括哲學，它們是有條件的知識，因為它們必須從一個確定的定義或命題開始，而前一種知識，他認為就是感覺和記憶，至少其目的是絕對的知識，也就是關於具體事實存在和可能性的知識，其典型形態是歷史。這兩種知識並不是風馬牛不相及，因為學術知識是用一些語言或符號把事物間的因果關係確定下來而已，只不過由於語言自身的抽象性，知識就成了普遍的，而且人們也直接運用語言來進行推理。霍布斯所謂的定向思維無疑是指向事實知識的，當然其中可以包括學術知識，但學術知識只是構成整個思維的一部分，因為它們自身沒有欲望和目的，但可以幫助欲望和目的的實現，直言之，學術知識一定程度上是事實知識的工具。可以說，經驗主義哲學更多探討的是事實知識，這也構成了 18 世紀英國美學的一個重要基礎。

霍布斯把欲望歸於激情這個概念之下。激情意指人的自覺運動，與生命運動相區別。生命運動指的是今天所謂的生理運動，而自覺運動指的是有目的的內在行動：「按照首先在心中想好的方式行走、說話、移動肢體等便屬於這類運動。」[179] 可以說，如果單單是行走、發聲和引動肢體那就是生命運動而已，但「按照先在心中想好的方式」，則表明這些外在運動是有內在驅動力的，即設定目的和實現目的的方式，「因為行走、說話等自覺運動是中央取決於事先出現的有關『往哪裡去』、『走哪條路』和『講什麼話』等等想法，所以構想映像便顯然是自覺運動最初的內在開端」[180]。

從這裡可以看出，自覺運動之所以不同於純粹的推理，是因為自覺運動首先是對目的的構想，同時也包括驅動思維實現這一目的的動力以及對目的

179　霍布斯：《利維坦》，黎思復、黎廷弼譯，北京：商務印書館，1985 年，第 35 頁。
180　同上。

134

和主體自身的評價。總而言之，自覺運動這個題目要探討的是定向思維中主體的各種內在狀態。在霍布斯的論述中，這些狀態呈現為一個不斷轉化的運動過程。構想映像而沒有付諸行動時，激情只是意向。「當這種意向是朝向引起的某種事物時，就稱為願望或欲望，後者是一般名詞，而前者則往往只限於指對食物的欲望——饑與渴。而當意向避離某種事物時，一般就稱之為嫌惡。」[181] 當這個事物不在眼前時，欲望和嫌惡就是愛和憎。「任何人的欲望的事物就他本人來說，他都稱為善，而憎惡或嫌惡的事物則稱為惡；輕視的事物則稱為無價值和無足輕重。」[182] 如果事物表面上是善的，則被稱為美，反之則是醜；如果事物在效果上是善的，則是令人高興，反之是令人不快；如果事物作為手段是善的，則謂之有效和有利，反之則是無益、無利和有害。為了貫徹其唯物主義原則，霍布斯把這一系列的狀態看作是由感官引起的身體內部的精微的器官運動。

在他看來，只要是肉體的運動便會引起感覺，這些感覺的結果便是愉快或不愉快的心理：「這樣說來，愉快或高興便是善的表象或感覺，不高興或煩惱便是惡的表象或感覺。因此，一切欲望和愛好都多少伴隨出現一些高興，而一切憎恨或嫌惡則多少伴隨出現一些不愉快和煩惱。」[183]

霍布斯的唯物主義會引起很多麻煩，因為我們很難把各種內在狀態對應於體內的某些器官，尤其是愉快或不愉快的心理究竟是由哪種器官感覺到的呢？它們與由外物產生的映像有哪些區別呢？當然還有其他問題，比如，如果任何內在狀態都是物質的運動，人是否能夠控制這些運動而具有自覺性呢？最終霍布斯不會承認人有完全意義上的自由。在這裡我們要思考的是前兩個問題。首先可以確定的是：在霍布斯看來，愉快和不愉快的心理不

---

181 同上，第 36 頁。
182 同上，第 37 頁。
183 霍布斯：《利維坦》，黎思復、黎廷弼譯，北京：商務印書館，1985 年，第 38 頁。

想像理論的得失

是欲望，而是欲望的表象或感覺，這使得它們不同於由外物引起的感覺，雖然外物也會激發肉體器官的運動而產生映像，但情感是由肉體內部的運動產生的，其結果大概不能被稱作映像或幻象。所以，我們最好做出區分，把由外物產生的感覺稱作映像，把由欲望或嫌惡引起的感覺稱作情感。同樣的道理，愛和憎、善和惡、美和醜等，都是因對事物的不同看法而產生欲望的變體，所以本身不是情感，但它們能夠產生相應的情感，雖然霍布斯沒有詳細分析。這樣的觀點看似違背常識，但仔細一想便有合理之處，因為對事物的形式和性質的感覺談不上價值評判，只負責認知功能，而不產生情感；價值評判則是針對主體狀態的，若沒有任何欲求，也就沒有價值上的差異，對價值的感覺只能用愉快和不愉快的情感表達。同時，我們還可以說，情感與肉體所受的刺激不一樣，是完全內在的狀態。這樣，霍布斯為情感的發生和表現提供了較為穩固的基礎和合理的解釋。

其次，愉快和不愉快的心理究竟是依靠什麼器官而被感覺到的呢？可以肯定不是耳目等感官，但必定也是肉體性的。如果是這樣，那麼在霍布斯看來就存在某些真正的內在感官，而非任何比喻意義上的內在感官。這個推論對哈奇森來說是有利的，因為存在某些內在感官，其作用是感覺到愉快和不愉快的情感，至於這種內在感官就是肉體器官，哈奇森大約不會同意。但對哈奇森不利的是，在霍布斯看來，這些情感不是由外物引起的，而是因欲望及其各種變體而生的。更加不利的是，霍布斯眼中的欲望都與自我利益相關，固然說不一定都與饑渴等自然需求直接相關，由此而來對事物的評價也是從自我出發的，即使是欲望的各種變體也必不能脫離自我，自然而然，各種情感也是如此。霍布斯注意到，在社會交往中，自我必定要參考他人的欲望和情感，但如果要拋開自我利益而評價一切事情幾乎是不可能的，因為我們無法直接感知他人內在的欲望和情感。所以，哈奇森以為內在感官是對簡單觀念間某些特殊關係的掌握能力，同時還能引起某些特殊快樂來，這些觀

點在霍布斯的論述中得不到支持。即使認為內在感官能直接從觀念那裡引起某種情感，只不過是簡化了霍布斯的理論，哈奇森所謂能超脫個人利益的情感也是不可思議的。

如果哈奇森的內在感官理論除了有沙夫茨伯里的啟發還能在其他地方得到支持的話，最可能的便是洛克。洛克必定意識到霍布斯的唯物主義所帶來的麻煩，他也不想迷失於其中，因為並不是所有構成知識的觀念都能還原為物質運動或肉體器官的運動，這類觀念必定另有來源，那就是反省。這些觀念包括知覺或思維、意向或意欲，它們可被歸為理解和意志，具體而言有記憶、分辨、推理、判斷、信仰等。洛克認為反省發生於感覺之後，感覺引起心靈活動，人又可以透過反省來觀察到這些活動，至於反省是否要憑藉某些肉體器官，洛克大概不會認可，因為反省的事物中至少理解這一活動並不是肉體器官的運動。與此同時，洛克也並沒有明確把情感歸入反省觀念，但又認為感覺和反省都伴隨情感。這個觀點非常模糊。洛克與霍布斯對於感覺的定義不太相同，洛克的定義較狹窄，指的是外物對感官的作用，在霍布斯看來是不會產生情感的。當然，這又要看他們如何定義情感，如果情感可以指生理反應，比如刺痛，那洛克的說法也許是合理的，但問題是洛克自己也對情感沒有很明確的定義。不過，從他對情感對於人的積極影響來看，他必定同意霍布斯的看法。正是因為有情感，人才在大千世界中選擇和研究某些事物，並促使自己行動起來追求和避開某些事物，讓自己適宜於在這個世界上生存下來，因而情感與善惡相關。這樣一些情感應該不能局限於肉體反應，當然也應該透過反省而獲得。

哈奇森可以把洛克的反省理解為一種內在感官，實際上洛克確實曾將反省稱作內在感官，[184] 但這種反省與他的內在感官還有很大差距。首先，在洛

---

184 洛克：《人類理解論》（上冊），關文運譯，北京：商務印書館，1983 年，第 69 頁。

想像理論的得失

克看來由反省而來的只是簡單觀念，甚而反省並不是針對具有某種性質的外在事物；其次，如果說哈奇森的內在感官面對的是複雜觀念，那麼在洛克那裡形成複雜觀念則是思維能力，這裡不存在類似於外在感官的那種直接性；再次，在情感方面，洛克也不會認為存在脫離自我利益的情感，而且人不會對超出當下所追求的利益產生多大的熱情。所以，哈奇森可以有充分的例證表明，人在很多時候有一種不同於外在感官的美感，美感專注於事物的形式而非其實際存在，美感意在感受一種情感而不追求理想的知識，美感表明人具有一種非功利的態度而不耽於肉體欲望和自我利益，但這些觀點要從理論上予以嚴密的論證還缺乏很多東西。後來的美學家們雖然始終堅持這些觀點，但實際上已經放棄了內在感官這個概念。

雖然哈奇森的嘗試並不很成功，但霍布斯和洛克確實為 18 世紀英國哲學提供了很大的幫助。首先，對美的探索必須從心靈內部開始，雖然美離不開外在事物，但美的效果是在心靈中形成的。其次，美學應該著手分析構成美的各種要素，就像洛克所說的那樣，無論多麼複雜的觀念都應該能被還原為簡單觀念，這種原子主義不管是否符合事實，卻是一種有效的方法。對於 18 世紀英國美學來說，更為重要的是霍布斯和洛克讓人們相信情感並不是一個雜亂無章的領域，而是像自然世界一樣存在著嚴格的規律；情感在人性中有其根源，各種變體之間存在緊密的關係，所以人們可以像研究自然世界一樣研究情感的運動。如果美在心靈中表現為情感，人們同樣可以探明其根源，描述其規律，同樣在人的生活中發揮至關重要的作用。當然，18 世紀的英國美學家們必須改造霍布斯和洛克的理論，以能夠使它們適應美學的需要。

想像的祕密

　　霍布斯和洛克關於感覺和情感的理論雖然富有啟發，但也無法從中直接推導出美感的存在及其規則。面對這樣的問題，美學家們首先要證明（不僅是舉例）的是在人性的根源中有美的種子。在霍布斯和洛克看來，情感與欲望有著密切關係，其作用就在於保全生命，追求實際利益。不過，他們也都承認並不是所有情感都與肉體欲望的滿足有關，雖然也與較為長遠的利益相關。正如洛克所說：「感官由外面所受的刺激，人心在內面所發的任何私心，幾乎沒有一種不能給我們產生出快樂和痛苦來。我所謂快樂或痛苦，就包括了凡能娛樂我們或能苦惱我們的一切作用，不論它們是由人心的思想起的，或是由打動我們的那些物體起的。」[185] 霍布斯偶爾也提道：「想要知道為什麼及怎麼樣的欲望謂之好奇心。這種欲望只有人才有，所以人之有別於其他動物還不只是由於他有理性，而且還由於他有這種獨特的激情。其他動物身上，對食物的欲望以及其他感覺的愉快占支配地位，使之不注意探知原因。這是一種心靈的欲念，由於對不斷和不知疲倦地增加知識堅持不懈地感到快樂，所以便超過了短暫而強烈的肉體愉快。」[186] 這些觀點值得美學家們去發揮，當然他們必須找到充分的根據。

　　首先為美學家們提供根據的倒是霍布斯和洛克的感覺論。兩位哲學家都證明，外物與感覺在心中造成的結果是有區別的，對於感覺的結果，霍布斯稱作映像或幻象，在意識中又被稱作思想，而洛克則將其稱作觀念。眾所周知，這樣的看法是使經驗主義走向懷疑主義的一個重要原因：既然心靈中只有思想或觀念，對於外在事物究竟為何物，人就難以知曉。近代科學也證明，自然世界中的許多祕密是人們感覺不到的，人們不可能憑藉自己的感

185　洛克：《人類理解論》（上冊），關文運譯，北京：商務印書館，1983 年，第 94 頁。
186　霍布斯：《利維坦》，黎思復、黎廷弼譯，北京：商務印書館，1985 年，第 41 頁。

想像理論的得失

官而得知構成事物的那些微粒及其運動，雖然可以透過實驗和推理來論證。事物觸動外在感官可以給人以快樂或痛苦的感覺，心靈中已經存在的思想或觀念雖然不再作用於外在感官，但同樣可以讓人感到快樂或痛苦，當然它們與感官感覺到的快樂或痛苦就截然有別，也就是這樣的快樂或痛苦不是肉體的，而是心理的。同時，如果凡是思想或觀念都會引發情感，那麼它們就不僅是具有認知作用，或者說情感運行規則與理性認識法則並不相同，因為理性認識恰恰是要將思想或觀念附帶的情感色彩予以消除。當然，霍布斯和洛克的情感理論也表明一個重要觀點，即情感本身絕不是空洞的，而總是與具體思想或觀念相隨，如果沒有思想或觀念，欲望就沒有所指，情感就不會發生或者至少是沒有意義的。這個觀點在 18 世紀英國美學中是得到驗證的，而且美學家們很好地闡釋了觀念與情感之間的互動關係，休謨的論述尤其充分。

由此而言，人的思維和行動並不完全依循物質世界的規律，而是更多地服從情感的規律。既然如此，人也不完全著眼於眼前的實際利益來決定自己的思維和行動。沙夫茨伯里已經證明，人不會滿足於實現肉體欲望，實際上肉體欲望本身並不會給人快樂 —— 洛克也指出，欲望是伴隨痛苦的，消除痛苦是獲得幸福的首要步驟，否則人就不會在滿足口腹之欲之後還要追求珍饈美饌、華服輕裘，因為這些東西顯然超出了基本的生活需求，而且當一個人習慣於錦衣玉食之後，他很快就會感到厭煩，失去之後更會感到加倍痛苦。如此看來，人反倒會發現和追求其他快樂，以消除對物質生活的依賴和迷戀。從一定程度上說，真正的幸福不是放任物質欲望，而在於以理性恰當地節制。從這個意義上說，沙夫茨伯里對自由的理解與霍布斯和洛克截然不同。當然，這種差異也源於他們對人性、道德以及哲學本身作用的不同理解。

沙夫茨伯里並不否認人有自我保全的欲望，因為這恰恰是人類生存和繁衍所必需的。如果一個個體沒有保全自我的能力，人類整體也將無法存在。但是，作為一種社會性生命，人不僅需要自我保全，而且必然存在一種能使社會形成秩序、凝聚為整體的天性，這種天性就是所謂的社交情感或自然情感。霍布斯認為人類社會之所以形成，原因同樣是個體的自我保全，為了在競爭中避免兩敗俱傷，人類才結成契約。從激情的角度來說，社會的形成主要源於恐懼，而且恐懼也是維護契約的動機：無論是對自我消亡的恐懼還是對強大的國家力量的恐懼。然而對於沙夫茨伯里來說，如果不是人天性中就具有對同類的愛這種感情，人必然會以一種消極的態度面對契約，他表面上遵守契約，內裡卻會牴觸契約，因為按照霍布斯的觀點，一個個體的權勢一旦超過其他人，他就不再願意與他人平等相處，弱勢的人也不能指望得到契約的保護；相反，只有社交情感才能使人積極自願地服從社會秩序和道德法則。沙夫茨伯里同樣認為情感是人的一種重要能力，人以情感的方式評價善惡，卻提出了與霍布斯和洛克相反的觀點。從沙夫茨伯里的論述，人們至少能夠推論出，在人心中存在一種與自我利益對立的情感。在 18 世紀，休謨和柏克都繼承了沙夫茨伯里的主張，並中和了霍布斯和洛克提到的自我防衛的情感或自私情感的相關論述。在下文，我們會探討 18 世紀英國美學中，美在社會交往中所發揮的重要作用。

霍布斯提到的好奇心所帶來的愉悅，沙夫茨伯里提出的社交情感和人對超越肉體愉悅的快樂追求，它們可以作為不同於功利性情感的根源，然而問題是它們是如何表現出來，並演化成一般人所謂的美的情感？此時，美學家們抓住了霍布斯和洛克的觀念論。觀念是由感覺形成的，是感覺的結果，而非感覺的事物，但是當觀念本身成為觀照的事物時，它們便不再與感覺有直接的關係。因此，如果說欲望與感覺存在直接關係，那麼對觀念本身的觀照

想像理論的得失

則可以免除這一層關係。對觀念本身的觀照便是想像，這一點本身也符合霍布斯的理論，因為在他看來，想像是感覺的衰退，亦即由感覺而來的映像的再現。所以，從霍布斯和洛克所闡明的外物與觀念的關係這一點可以進一步推演出觀念與想像的關係。因為脫離了與肉體欲望的直接關係，由想像而來的情感同樣可以與肉體欲望滿足而生的情感截然不同。因此我們便可以理解艾迪生為什麼要將審美情感稱作想像快感。他說，想像快感「既不像感官快感這麼粗鄙，也不像悟性快感這麼雅緻」[187]。艾迪生把想像看作是主要與視覺相關的能力，但他也指出，想像本身無須有事物在眼前。實際上，即使事物在眼前也並不妨礙想像活動，因為想像的特長便是「保留、改變和結合」心中的觀念或他所謂的意象。在這裡我們可以看到艾迪生對想像的理解具有兩個突出的特點：第一，意像這一概念強調了想像的事物是形式，而非事物本身的存在；第二，想像具有能動性，結合他對新奇、偉大和美三個概念的描繪，我們可以發現，他認為想像運動可以在心靈中喚起一些特殊美感。這兩個特點是後來美學家們基本上都主張的，雖然還有待進一步的分析和描述。

同時還值得重視的是，艾迪生還有一句用以比較和描繪的話暗中透露了美感的一點根源：「它（想像的快感）既不需要較重大的工作所必需的沉思默想，而同時也不會讓你的心靈沉湎於疏忽懶散之中而容易耽於欲樂，但是像一種溫和的鍛鍊，喚醒你的官能免致懶散，但又不委給它們任何勞苦或困難。」[188] 人本來受欲望驅使而陷於痛苦，且需要透過勞苦的工作才能獲得生活所需，若是一味地追求肉體欲望的滿足又容易耽於欲樂，而過於耽於欲樂反而會傷及自身，因此也不是真正的幸福，所以人既希望避免工作的勞苦，

---

187 繆靈珠：《繆靈珠美學譯文集》（第二卷），章安琪編訂，北京：中國人民大學出版社，1987 年，第 36 頁。
188 同上，第 37 頁。

又要避免過度的欲樂。這句話反過來說也是正確的，人既需要經受一定的勞苦——否則就不能生存，也需要適度的欲樂——否則就不能體嘗幸福。艾迪生的意思顯然是：面對自然和藝術的想像快感處於勞苦和欲樂的中間狀態，意味著人生真正的幸福。這些描繪也真是意味深長，其間既附和了沙夫茨伯里關於美感的非功利主張，也暗中承續了霍布斯和洛克的功利主義思想，並把它們糅合得水乳交融、天衣無縫。終究而言，美感是脫不開肉體欲望的滿足的，但經過想像的神祕醞釀，美感又超越了感官愉悅。同時，想像活動卻千變萬化，讓心靈始終處於活躍狀態，讓人既無須承擔工作的勞苦，又能享受「溫和的鍛鍊」。正如柏克所言，這種鍛鍊能讓機體處於適當的緊張狀態，去戰勝生存面臨的困難。

人的心靈也有欲望，那就是它不能忍受完全的靜止和平淡，而是需要不斷被刺激，活躍起來，它才能感受到快樂；要滿足這種欲望，不能單純憑藉外在事物，更多的是要依靠內在觀念或意象。這是 18 世紀英國美學家們的共識。這就難怪艾迪生會把新奇當作一種美了，因為新奇的觀念或意象可以打破心靈的平靜，使其激盪起來。18 世紀的英國美學家們也照例把新奇當作一種美，雖然不是最重要的一種。正如休謨曾講，新奇本不是事物本身的性質，因為此時被認為是新奇的東西，在被人們習慣之後也就不新奇了。顯然，與新奇相對的是平淡，是人們習慣於某些現象時的一種狀態，所以習慣這一概念也就顯得相當重要了。

無論是新奇或是習慣都表明，在想像中觀念並不是孤立地存在的，而是與其他觀念相互連結。這一點早在霍布斯的理論中就有提示，正如霍布斯所做的比喻，想像中的思想只要有一個被觸動就會引出一系列的思想來，就像桌面上的水被手指一引就自然地流向那個方向。對於想像中觀念的連繫為何如此緊密，霍布斯的解釋不會太清晰，洛克的解釋卻要清楚得多，雖然他很

想像理論的得失

少用「想像」這個詞。在洛克看來，簡單觀念之形成複雜觀念有賴於思維能力，即結合、比較和抽象，但他也發現有很多觀念並不是這樣形成的，而是由於機會和習慣：「有些觀念原來雖然毫無關係，可是人性竟能把它們聯合起來，使人不易把它們再行分開。它們永遠固結不解，任何時候只要有其中一個出現於理解中，則其『同伴』常常會跟著而來。如果它們聯合起來的數目在兩個以上，則全部觀念都不可分離，因而同時呈現出來。……習慣在理解方面確立其思想的常徑，在意志方面確立其決定的常徑，並且在身體方面確立其運動的常徑。」[189] 當然，在洛克看來，他所謂這種觀念的連繫既不是植根於自然，也不合乎理性，乃是虛妄和瘋狂的起源。一個人明知酗酒對身體有害，但還是要拿起酒杯。從理性的角度看，黑暗本是一種單純觀念，但人們卻將其與恐怖觀念聯合在一起，「不單不敢想鬼怪，而且亦不敢想黑暗」[190]。自然，宗教上的迷信也源於此。

不過，無論觀念的這種連結虛妄與否，事實上卻支配著很多人的思想和行為，大概沒有比這更自然的事情了。因此，在休謨的論述中，甚至因果推論也不過是一種習慣，亦即認為曾經多次接續出現的觀念之間存在因果關係。不管怎樣，可以肯定的是：想像與情感之間存在密切關係，有時人們由想像或觀念連結引起的情感比現實事物引起的情感還要強烈和持久。對於 18 世紀的美學家們來說，重要的不是想像是否符合理性法則，而是是否可以激發適當情感。在他們看來，想像從一個觀念到另一個觀念的運行方式本身就會產生相應的情感，其中一條重要的規律是：習慣因為能夠消除陌生和未知的不安而給人一種適度的快樂，但過分的習慣又使人感到倦怠，所以人們又希望遭遇陌生和未知，內心便產生一種想要克服這些困難的動力，以享受克服困難之後成功的喜悅。傑拉德的話具有典型意義：「心靈適應於當前事物

---

189 洛克：《人類理解論》（上冊），關文運譯，北京：商務印書館，1983 年，第 376 頁。
190 同上，第 378 頁。

144

的活動是趣味多數快樂和痛苦的來源，而且這些（情感）的結果會加強或削弱許多其他（情感）。」[191] 總而言之，孤立的簡單觀念很難產生明確而強烈的情感，只有處於一個背景當中，作為想像運動的一個環節，觀念才富有意義，也為想像的情感增強力量。

我們應該區分兩種明顯不同的想像，雖然很多美學家有時候將兩者混合在一起，第一種想像是心靈對某事物形式的構想方式。就像我們盯著一隻在天上飛翔的鳥，我們的視線會隨著鳥飛動的軌跡而運動，我們看到的始終是作為一個點的鳥，它一路飛行的軌跡則是由想像構想出來的，本身也就是想像運動的軌跡。即使是能被視野整體掌握的事物，我們也會用想像的方式來觀察。比如，當我們看到一條河流時，視覺的焦點會從某一端點開始向一個方向運動，視覺焦點滑過的地方則被留在想像當中，而尚未注意的部分也會隨想像接續而來，到視野盡頭之處，想像仍然不會停止，一直綿延下去。當然這種想像與感覺活動幾乎不可分離，其運動方式隨注意的重點而變化。實際上，想像的作用是首先將觀念分解為部分，然後再以某種順序組織這些部分，無論我們面對的事物是大是小，想像都可以這樣活動。無論如何，停滯的想像不能產生強烈而鮮明的情感。

這種想像理論經由艾迪生的提倡和休謨的闡發，逐漸在後來的作家那裡得到更系統的分析和描述。持這種想像理論的代表無疑是柏克。他很明顯地繼承了霍布斯的唯物主義，希望將人類的幾乎一切活動都歸因於物質運動。所以，他認為想像實際上是感覺的延留和再現，想像運動與感覺運動存在著同構性，想像產生的情感也跟感覺產生的情感相類似。他對於崇高感和美感的解釋遵循著這樣的原則。比如，他認為美的事物應該具有平滑的性質，因為平滑的物體讓視覺和觸覺進行順暢的運動，而順暢的運動則產生溫柔的情

191　Alexander Gerard, *An Essay on Taste*, London, 1759：165.

想像理論的得失

感；崇高的事物應該具有無限性，很明顯是因為這種性質能讓視覺和想像進行綿延不斷的運動。因此，某些事物給人美感或崇高感不是因為它們具有某種象徵意義，而是因為它們直接給人的感覺和想像形成獨特的刺激，這種刺激又產生特定情感。霍加斯的蛇形線學說同樣是基於這種想像理論，因為蛇形線的優勢正在於使想像產生多維度、多樣卻富有規律的運動。事實上，在他看來，能夠產生這種想像運動的不僅是蛇形線，而且還有具有特定節奏的旋繞造型、明暗相間的色調等，但其原理與蛇形線是類似的。當然，對這種想像理論予以最為系統描述的應該是凱姆斯，雖然這不是他美學中最重要的部分。凱姆斯首先肯定心靈中不存在孤立觀念，因為知覺本身就是一個連續的過程，所以人們得到的是「一個持續的知覺和觀念的序列」。觀念之間天然地存在關聯，這是因為心靈本身就有一套觀察事物和想像觀念的規則，比如從主體到附屬、從整體到部分等，凡是符合這些規則的知覺和想像就是令人愉快的。當然需要指出的是：就像休謨的哲學，凱姆斯的想像與認知在一定程度上是一致的。

第二種想像可以叫做聯想。也許一個事物或觀念本身不能讓人感到愉快，或者並不比其他事物或觀念更令人愉快，但如果人們由此想到與其相關的另一個令人愉快的觀念，那麼這個事物或觀念就同樣會令人愉快；當然如果由此想到令人不快的觀念，那它也同樣令人不快。這種想像理論的源頭就是上文所說的洛克的觀念連結，在他看來，這種想像是謬誤和虛妄的一大根源，在後來的一些美學家看來卻是美感的重大來源，艾利遜就是這種理論的代表。艾利遜之所以推崇這種想像是因為他發現趣味情感的效果本不單純，不能僅僅以感覺和想像來解釋——當然他並不完全排斥想像的作用，而是還有更多的觀念來引發和強化情感。在他看來，帶有豐富聯想的想像才能叫做趣味，由此產生的情感才能叫做趣味情感，而由單純的感覺和想像產生的情

感則應是簡單情感。由眼前事物引發的聯想可能與自我的回憶有關，但更多的是普遍觀念，如歷史、社會風俗、文學藝術等，所以如果一個人擺脫了自我利益的糾纏，反而能產生更豐富、更遙遠的想像，進而由此產生的情感就越加濃厚。顯而易見，在艾利遜看來，美感即他所謂趣味情感不完全是對事物或觀念形式的想像激發起來的，或者說他主張的美學不是形式主義的，而是具有更多文化色彩，也使審美與意識、道德產生內在關聯。

　　的確，聯想的隨意性會使美學失去客觀性和科學性，然而艾利遜力圖尋求更嚴密的邏輯，從形式主義的想像理論引出不同層次和方式的聯想，從而建立完整的美學體系。首先，對於形式的想像本身能夠引起特定情感，但是簡單情感，而且這種形式不一定引發美感，因為有很多形式本身是中性的，既不美也不醜。其次，由想像而來的簡單情感會讓人聯想到事物的表現力，也就是在想像當中形式暗示著或者人憑藉直觀可以感受到一個事物的本性。平緩的線條象徵著事物的溫順，高聳的形狀意味著事物的威嚴，溫順、威嚴並不是事物的形式，而是一種性格，但這樣的性格不是出自隨意的幻想，而是來自想像的自然傾向。因為想像總是被形式觸動而運動起來，而運動本身又必然意味著存在一個能動者，也就是事物本身；然後，人自然地會把能動者即事物與人本身相類比，認為事物也是因內在的精神力量或情感而發出了特定運動，因而認為事物也具有類似於人的性格，不同的性格就會發出不同方式的運動。再次，由這個事物出發，人們自然地會聯想到與其有關的事物或觀念，這種關係或是時空接近，或是因果關係，或是其處於其中的整體生活，也可能是偶然關係，這些事物或觀念與當下的事物由某種主導的情感所貫穿，形成一個綜合的整體，因而它們都會繼續強化事物的表現力或性格，因而在人心中引起豐富的趣味情感。最後，事物之所以美是因為它具有某種表現力或性格，而性格真正來說只有人才具有，所以美的本質最終在於人的

想像理論的得失

性格或道德。艾利遜的美學幾乎容納了之前美學家的所有思想，可以說是 18
世紀英國美學的集大成者，雖然他在美學史上很少被認真對待，原因也許是
他的著作過於瑣碎冗長，在具體觀點上缺乏十分顯著的創造性。而他最突出
的貢獻應該是將沙夫茨伯里的美學糅合在以經驗主義方法為主導的美學體系
中，因為他合理地解釋了美所蘊含的精神性因素：在想像和聯想的作用下，
由事物的形式可以推導出其內在表現力，一直往上可以追溯到整個自然世界
背後的神性精神。

其實，很少有美學家所持的想像論完全是第一種意義上的，即形式主義
的想像論，因為如果僅堅持純粹的形式主義必然會使美學的內涵變得極為貧
乏，無法讓審美在現實生活中發揮更多意義，而這正是大多數美學家的重要
目標，所以他們也不免要用到聯想原理。被譽為形式主義美學開山鼻祖的霍
加斯之所以認為蛇形線具有豐富的審美意味，是因為這種形式暗示著最大的
效用，自然創造便將最美的形式和最便利的效用熔為一爐，他最終也認為最
美的事物實際上是具有豐富性格的人的體貌，在人身上形式與內在性格達到
了完美統一。在休謨看來，對人的性格和行為審美是透過同情這個概念來實
現的，同情也是一種想像，其功能是把觀念轉化為印象，直接地說是把形式
轉化為情感，即由他人的行為或所有物來想像他人內心的情感，而之所以能
如此的根據是自我經驗，因而同情不過是推己及人。傑拉德和凱姆斯則多採
用休謨的方法，而且直接提出道德美或精神美的觀念，但是由於關於物的形
式觀念與道德觀念截然不同，所以他們在這方面使用的想像實際上是艾利遜
所謂的聯想。

總括起來，想像的作用有以下幾點：第一，想像把外在感官獲得的觀念
轉化為內在觀照的事物，同時可以對這些觀念進行分解和重組，這個時候的
觀念變成了休謨所謂的反省觀念，當然這個過程有時也與感覺交錯在一起。

第二，想像把直接欲望轉化為內在情感，這是因為想像關注的是作為意象的觀念，而非事物的實際存在，可以說想像把欲望形式化了，使人拋開了當下的欲望，反觀心靈內在的運動。正如柏克認為美感起源於愛，美感卻不等於愛，美感是對愛進行反省而得到的情感。當傑拉德把科學當作趣味的事物的時候也是基於這種考慮，趣味的目的不是認知，而是反省科學研究中思維的巧妙運轉，這等於說想像可以把幾乎所有的思維和行為都形式化，以獲得一種形式化的情感。第三，想像呈現為觀念的動態推移過程，其分解和重組觀念遵循某些自然秩序或者習慣，在具體情況下，符合秩序和習慣的想像令人愉快，但是適度打破秩序和習慣的想像反而能產生不同的愉悅，根據事物的不同性質和想像的不同方式，人們可以把美分為多種類型，如優美、崇高、新奇等。第四，想像可以由當前事物自由延伸到與其相關的其他觀念，即聯想，其他觀念所引起的情感或具有的價值會使當前事物令人愉快，因而成為優美的、崇高的。

總結一段話：想像理論是 18 世紀英國美學的核心，憑藉這個概念我們可以貫通這個時期所有美學家的學說，細細梳理下來，我們便可發現英國美學非凡的創造性，其中最顯著的是美學家們運用這一概念第一次從心理學上完整地解釋了美感的原因和規律。所以，透過想像的作用，18 世紀英國美學確立了審美活動和美學自身的獨立性。最重要的是：在美學家們把美確定為一種情感的時候，他們能夠透過想像來清晰地描述情感的生成和運行規律，因此美學便具有了科學性。

想像理論的得失

想像的缺憾

　　想像的地位是如此重要，循著這個概念，我們可以把 18 世紀英國美學的許多內容勾連起來，形成一個完整的體系，但這套體系也不是沒有問題，當然在這些問題的驅使下，美學家們會提出更具新意的觀點來。

　　儘管想像化解了許多困難，但總體上說，這是一種形式主義的理論。這裡所謂形式主義不是指英國美學僅注重描述審美事物的形式特徵，而是指一種心理學的形式主義，具體而言，是美學家們把審美活動描述為一種純粹的、甚或機械的心理活動，這種心理活動可以不帶有任何意識和道德色彩。想像最能代表這種心理活動：想像把事物轉化為內在觀念，並在觀念之間進行時間和空間上的運動，由此產生的情感也可以不帶有任何價值色彩。

　　這一傾向就始於哈奇森，他的美學中幾乎不包含想像理論，不過要順暢地解釋內在感官和寓於多樣的統一這樣的概念也迫使美學家們必須運用想像理論。因為，哈奇森雖然可以透過現象上的比較來說明內在感官或趣味的直覺性，卻不能解釋其中的規律，要確定內在感官的性質和作用，他只能從事物的性質來描述，而這種性質便是寓於多樣的統一。這種性質本身與事物的價值毫無必然聯繫，只涉及其形式特徵，而這種特徵也無非就來自畢達哥拉斯（Pythagoras, 570 B.C. ～ 495 B.C.）以降的比例說。同時，他所確定的那種非功利情感在很大程度上只是說明與個人的欲望和利益無涉，但不包含更多積極的意義。此外，哈奇森還把趣味與理性認識相區分，甚至一定程度上是相對立的，這也會導致審美情感顯得空洞而貧乏。

　　哈奇森的內在感官學說此後並沒有受到很大的重視，想像理論大行其道，但美學家們仍然沿襲了經驗主義的方法，也就是把想像看作觀念之間的連結關係，而我們可以觀察到，這些關係一定程度上可以說是數學關係和幾何關係。這一點在傑拉德的論述中表現得非常明顯。有了艾迪生的開創和休

謨所提供的豐富探索，傑拉德第一次系統地勾畫出想像理論，並以此來解釋各種不同類型的美。對於美感而言，想像有兩個重要的意義：一是想像激發心靈想要克服困難並獲得成功感的欲望，二是想像為情感的運行提供了路徑，並使其表現為不同的類型。對於第一點，傑拉德沒有發掘更深的意義。在他看來，活躍的想像也許只是心靈的一種娛樂或者遊戲，以排遣千篇一律的沉悶；就像紳士們鍾愛的打獵，輕易捕獲的獵物顯然不能提起人的興致，只有撲朔迷離的追索才讓人樂此不疲。對於第二點，也就是想像在觀念間推移的方式，傑拉德主要依靠數學和幾何的方法來解釋。新奇之所以讓人快樂是因為這樣的事物打破常規，使想像需要克服困難才能適應，而至於新奇可以產生多大的快樂則取決於新奇的程度。這裡的問題是：新奇之為新奇指的是事物的何種性質，是價值上的還是形式上的？傑拉德無疑認為是形式上的，因而新奇程度取決於其偏離常規的多少，這樣我們便可以理解哈奇森為什麼說美的事物應具有寓於多樣的統一這種特徵。一致是常規，是讓想像形成習慣的原因，而多樣則是新奇，是適度打破常規或習慣的因素。對崇高感的解釋更能顯示傑拉德的形式主義傾向。他說崇高的事物有巨大和簡單兩個特徵，也就是巨大的整體事物是由等量的單位構成才顯得崇高。例如，軍隊之所以顯得崇高就是因為它由眾多人構成，而且服飾一致、隊列整齊。最令人驚訝的是對人的崇高品格的獨特理解：英勇的品格之所以讓人感到崇高是因為人們想到具有這樣品格的人彷彿是個征服者，戰勝一個又一個敵人，征服一個又一個國家，最後君臨天下；一個人具有仁善的品格令人景仰，是因為人們想到他的恩惠廣施眾人，不勝枚舉。如此一來，傑拉德就把崇高的事物轉化成了時間和空間上可以量化的觀念。

當然，這些理論並不是傑拉德和其他美學家思想的全部，但的確是他們最具代表性的理論。由於依賴於外在事物的特定形式，所以有些美學家的具

想像理論的得失

體觀點與傳統的比例說彷彿並無不同，只不過是從心理學的角度加以說明而已。但也必須指出，對於心理效果的強調也確實讓人們對審美事物進行重新觀察和規定。總體而言，18 世紀英國美學突出了多樣和變化，同時也削弱了比例和規則的地位。艾迪生把新奇列為一種美就是一個開端，而新奇本身就強調了多樣和變化。雖然包括他之內的許多美學家對新奇這種美頗有微詞，但若是缺少了新奇，其他類型的美就簡直無法理解，也許新奇本身沒有很大的價值，但它有助於增強優美和崇高這些美感。霍加斯在《美的分析》中用插圖的方式幾乎是顛覆了人們通常所持的比例和對稱等觀念，如果沒有變化，比例和對稱甚至比醜還要令人反感，至少醜的東西還能表現某些特徵。在柏克的論述中，比例和規則觀念被駁斥得體無完膚；相反，事物的具備特徵得到了強化。到了 18 世紀末，吉爾平、普萊斯等人提出了畫意這個概念，用事實清楚地證明，自然界幾乎不存在任何嚴謹的比例、對稱和規則，而是到處都變幻莫測。他們尤其注意到光線對事物的影響，在一天的不同時刻中隨著光線的變化，事物顯得撲朔迷離，多采多姿；即使是像建築、雕塑這樣的藝術作品也是新不如舊，整齊明亮的建築看起來刻板呆滯，隨著時光流逝，有些地方坍塌碎裂，表面斑斑駁駁，輪廓參差不齊，倒顯得意味深長，引人遐思。

對於審美事物特徵取向上的變化確實值得從多方面予以深究，尤其是 18 世紀末，畫意概念的流行與以華茲華斯和柯勒律治為代表的湖畔派詩人的崛起、以康斯特勃（John Constable, 1776～1837）和透納（William Turner, 1775～1851）為代表的英國風景畫的繁盛有著莫大的關係。然而，從英國美學的理論邏輯而言，對這些變化的理解仍然是出自想像對形式的掌握方式，因為人的心靈先天性地厭惡死板的規則，喜歡朦朧、模糊的事物，如此才能帶著好奇心去探索事物。如此說來，想像不關心事物的存在，似乎

沒有功利的考慮，但它也不願意對觀念或事物以及整個世界有實質性的理解和領會。綜觀 18 世紀英國美學，這樣的形容固然是片面的，因為任何一個美學家也不會把美看得如此淺薄，將其看作是一種無關宏旨也無傷大雅的娛樂，雖然他們的理論免不了要得出這樣的結論來。從霍加斯到休謨，再到傑拉德、凱姆斯和艾利遜，都提到效用之美，也就是說，審美鑑賞的過程中人們會考慮到事物的形式與其效用的關係，或者說此一物作為彼一物的有效手段給人的快樂，例如休謨說，不管從形式上看一艘船多麼不協調，但想到這形式有利於船快速平穩地航行，人們就自然會認為它是美的。但這樣一來，審美鑑賞就必須有理性認識的參與，這與美學家們堅持的審美直覺性是互相衝突的，無論是面對自然還是藝術作品，美學家都認為理性的認知能力會妨害到審美鑑賞，因為理性認識會將一個完整的事物加以拆解，阻斷了想像的順暢運行，阻塞了情感的自由釋放。休謨曾說，一個圓形本可以給人美感，但如果有誰把這個圓形分解開來，從個別性質上一探究竟，美感就立刻消失了。柏克也曾講，如果有人在看《奧德賽》時總是想到其中的航海路線是否正確，那就與審美鑑賞南轅北轍，絲毫體會不到崇高感。

不過，這裡還是要刻意提醒一下，在〈趣味的標準〉一文中，休謨遇到藝術鑑賞的標準如何確定的問題時，在萬般無奈之下，他指出藝術作品實際上都是由一系列命題和判斷構成的，細心而有經驗的讀者看出藝術家的構思和手法是否合理，是否符合藝術法則，因此能證明讀者在趣味上的選擇是否高明，而在《道德原理研究》中，休謨也指出藝術美是建立在理性認識的基礎上的，在體驗到美感之前，接受者應該首先對作品描繪的事實有正確的認知，鑑賞的確與認知不同，需要直覺式的趣味，只不過鑑賞所面對的是已經明白的事實。同樣，這些言論與 18 世紀英國美學總體上堅持的原則是有矛盾的，但也可以看出，美學家們很難漠視理性認識對審美活動的影響，事實上

想像理論的得失

他們接受的最大影響之一就是經驗主義的認識論。然而，問題的關鍵不是這種難以化解的矛盾，而是理性認識的參與是否能改變英國美學的心理形式主義。

美學家們可以說想像的運行軌跡恰恰也就是理性認識的法則，正如凱姆斯所指出的那樣，想像總是要遵循某些自然秩序，而這些與理性認識的法則並不衝突，只不過想像同時還能激發起某種知性的快樂來。休謨在討論想像的時候也指出，觀念連結遵循的自然原則有相似、時空接近和因果關係三種，而印象則更側重相似關係，這些關係也與認識法則在很大程度上是重合的。他的懷疑主義指向外在世界是否存在和可知、人格是否具有同一性，但這些關係他是絲毫也不懷疑的。如果說想像與認知是一致的，那麼想像就不必顧忌自己是否正確，因為自然的想像總是正確的，最終而言，認知並不影響想像，這最多也就等於表明想像活動是暗合了認知法則的。如果說想像與認知的關係像休謨所說的那樣，想像並不關心知識是否正確，是因為這種知識已經被理性證明是正確的，想像僅是反省知識中觀念之間的巧妙關係，那麼想像就是把知識也形式化了，而且此時的想像不會為理性認識增添什麼意義，也不能突破理性認識法則。

實際上，造成 18 世紀英國美學這種心理形式主義的始作俑者恰恰是經驗主義的認識論。霍布斯和洛克的觀念論讓後來的美學家找到了解決難題的訣竅，但也為他們帶來了麻煩。經驗主義力圖把認知的事物分解為不可分的原子，然後再尋找這些原子的結合方式。霍布斯和洛克在認知的起點上就發現，以這種原子主義的方法，構成知識的最小單位只能是心靈中的思想或觀念。這些思想或觀念，正如霍布斯稱其為映像或幻象，彷彿是照相機拍攝到的影像，它們來自事物但不是事物本身，而是透過感官這種特殊儀器被攝入心靈中的表象。任何東西都可以成為這種表象，而不僅僅是所謂的外觀；人們可以打開事物的外觀，但其內部構造在人心靈中同樣也有表現。不管外在

世界是什麼樣子，人就依靠這樣一些碎片來拼湊他自己的世界。透過感官，人與其生活其中的世界就保持著這樣一種若即若離、似真非真的關係。休謨對此感到懷疑，但他只能這樣生活，如果真的要保持理性的話，人自己倒覺得遠離了自己的生活，寸步難行。

　　霍布斯和洛克的一個巨大貢獻還在於，他們強調了這樣一個事實，就人還以激情、欲望、情感等主觀方式來領會事物及其觀念。這一理論有其獨到之處，但也同時存在一些隱患。首先，霍布斯和洛克的經驗主義肯定人天生就攜帶著欲望，並由此產生痛苦和快樂的情感，這些情感促使人行動，非此人就不能生存，這是不可否認的事實。因此，欲望和情感是人一切行為的推動力。人的確有理性，但用休謨的話來說，理性也不過是情感的工具，欲望和情感促使人們認識世界和組織社會。他們強調欲望和情感的個體性和功利性，在 18 世紀曼德維爾仍為此辯護，這一點是美學家們難以接受的，因而需要提出一種與此相反的情感類型，而想像恰恰可以勝任。想像不關心事物的實際存在，只是在觀念之間遊戲，所生成的是一種內在情感。唯有柏克繼承了霍布斯式的功利主義，將崇高與美的根源視為社交情感和自我防衛的情感。不過，我們也要注意，在柏克看來，審美主體並不真實地面對社交的誘惑和生存的考驗，而是站在旁觀者的角度回味和欣賞真實生活的境況，享受著沒有危險的生存遊戲。實際上，霍布斯的情感理論並不像看上去的那麼簡單，由直接的自然欲望演化出了豐富多彩的人類生活，囊括了意識、道德、宗教、政治等領域，其中也包含了人生最深切的生存體驗。然而，18 世紀英國美學的想像理論在抵制馬基維利主義的同時，卻沒有吸納更多積極的內容。這樣一來，情感本身仍然是一種「刺激 —— 反應」的行為模式，即使在美學中也仍舊如此，只不過這個模式變成了心理學模式。

　　經驗主義揭示，情感的活動具有規律，這種規律與觀念連結存在對應關

想像理論的得失

係，沒有觀念支撐，情感就不能被激發也不能被傳遞和轉化，這無疑為情感客觀性提供了有力的支持，但是由於經驗主義的方法試圖把一切都還原為原子式的因素，因此情感也被如此對待。為了保證美學的科學性，18 世紀的美學家們過於依賴經驗主義的原子主義方法，因此想像理論成為解釋情感運動的基礎，這樣得到的情感就成為單純形式的情感，甚至把霍布斯（且不說沙夫茨伯里）情感理論中的豐富內容也被去除掉了，或者說情感的意義被狹隘化了。

包括經驗主義在內的近代哲學本身帶有主客二元論的特點，這既讓人更清晰地認識了世界中的事物，也導致了人與世界的隔閡和分裂。18 世紀英國美學同樣帶有這種傾向，這種美學是以旁觀者的視角來審視內心的活動的。作為這種美學核心的想像理論典型地展現了這種傾向，想像所面對的不是外在世界，而是人自己的心理世界，它一方面清晰地描述了情感的運行規律，也在一定程度上導致了人與自身的分裂。

想像一方面是一種能動的力量，可以隨意和自由地改變外在世界和內心世界給它的觀念，心靈在這個過程中享受著自由創造的快樂；另一方面想像也沒那麼自由，它服從某些自然秩序或是習慣的力量，人本身也不可控制想像運動，這樣說來，想像又是一種被動的機械運動。那麼，想像到底是自由還是不自由呢？我們可以聯想到霍布斯和洛克以及休謨對自由的討論。總體而言，他們對於自由的看法是類似的，即自由是人具有做或不做某事的能力，而能力不受人的主觀意願支配。有時人們看起來有充分的自由選擇此或彼，實際上卻是由於他需要他所選擇的東西和行為，也就是說他還是受著某種必然的力量控制，這種力量通常就是某種欲望，如洛克所言，欲望會使人不快，「不快是行動的泉源」。所以，自由說到底是一個中性的概念，是指人客觀地存在某種能力。如此說來，想像就無所謂自由和不自由，如果人們用的是一般意義上的自由，即知其不可為而為之，那麼想像是沒有自由的。

在想像中，人們享受著美的快樂，這種快樂卻只是一種幻象，不可能對實際
生活有絲毫的改變。

想像理論的得失

美與道德

美與道德

　　想像理論是 18 世紀英國美學的認識論基礎，它們提供了有效的分析工具，可以使美學家們清晰地描述審美經驗的心理規律，雖然這種理論先天性地遺傳了經驗主義的一些缺憾。不過，18 世紀英國美學的真正目的絕不僅此而已。事實上，這種美學的重要目標在於道德，想像理論一定程度上是證明這個目標的工具。英國美學之所以將道德作為其目標，一個重要的原因就是反對 17 世紀經驗主義哲學家們所宣揚的功利主義，這種功利主義在霍布斯的論述中登峰造極，到 18 世紀也有曼德維爾（Bernard Mandeville, 1670 ～ 1733）為之聲張。經驗主義在道德和政治上的功利主義主要是將個體的現實利益作為衡量一切價值的標準，也將其視為社會秩序的形成原因。霍布斯所說的也許是事實，卻令人難以接受。1688 年光榮革命之後，功利主義也不再適合作為整個社會的意識形態，美學的興起目的是要重塑意識形態。然而，如果美學要成為一門科學，而不是簡單的道德說教，它就必須同時保證其前提的合理性和邏輯上的一貫性；既然 18 世紀英國美學在方法上繼承了經驗主義，它勢必要面臨這種方法帶來的困境，所以它對於功利主義的轉化或融合並不那麼順風順水，甚至還可能作繭自縛。自然，我們這裡關心的不是這種美學主張的觀點是否能讓人在情緒上接納，而是要從理論和邏輯上來解析其合理性。我們看到，18 世紀英國美學並不是簡單地反對和否認功利主義，而是試圖在非功利性原則下將其馴服，整合到新的體系中；反過來，美學的非功利性原則也可能被解構，轉化為另一種功利主義。

經驗主義哲學中的功利主義

對於經驗主義哲學來說，功利主義並不是一個陌生的概念，因為它在培根那裡就已顯露端倪。培根將經院哲學視為敵人，一個重要的原因就是經院哲學不能提供有用的知識，亦即為人類帶來福利的知識。他曾舉例說道，自己時代的英國之所以繁榮昌盛全賴伊麗莎白的淵深學問和廣博知識，如此才得以對抗西班牙，稱霸世界；歷史上的亞歷山大大帝戰功顯赫，也是因為他重用學者，發揮了從亞里斯多德那裡學來的科學知識。由此可見，「知識就是力量」。當然，培根也相信知識可以陶冶人的品格，也可以滋養信仰。《培根全集》的編輯者麥克盧爾指出，培根把「致用的自然技術」和理論性的自然哲學加以區分，並突出前者的意義，意味著「科學的革命」。[192] 這意味著，培根強調自然科學的目的在於改造自然世界，為人類所用。當然，很難認為培根的思想是嚴格意義上的功利主義，更不是個人主義，但他對於人類現實利益的關懷卻可視作功利主義的先聲。

18 世紀末的邊沁（Jeremy Bentham, 1748～1832）被視為功利主義的創始者，他的功利主義有兩條原則：一是最大幸福原理，二是自利選擇。通常，這兩條原則被運用於法理學和道德哲學領域。如果從英國哲學的傳統來看，邊沁的思想實在是霍布斯和洛克思想的延續和提煉，不同之處只在於後兩人沒有運用過「功利主義」這個詞。關於霍布斯和洛克的功利主義，本書的導論中已有敘述，但這裡還是要從他們的哲學體系進行推演，以便更清晰地表明 18 世紀英國美學是如何反駁和轉化此二人的功利主義的。

在近代，經驗主義作為一個哲學流派與理性主義相對立。不過，從原則上說，兩者並非勢不兩立。梯利（Frank Thilly, 1865～1934）在其《西方哲學史》中強調說：「所謂唯理主義可以指這種態度，它肯定知識的標

---

192 胡景釗、余麗嫦：《十七世紀英國哲學》，北京：商務印書館，2006 年，第 70 頁。

準是理性而不是啟示或權威。從這個意義來看,一切近代哲學都是唯理主義的。」[193]「所謂唯理主義可以指這種觀點,它認為真正的知識由全稱和必然的判斷所組成,思維的目的是制定真理的體系,其中各種命題在邏輯上相互聯繫。這是關於知識的數學式概念,幾乎所有新的思想家都視之為理想。」[194]經驗主義承認這兩種理性,只不過認為絕對的知識是不可能的,而且知識的起源是後天經驗,而不是所謂的先天理性;由於後天經驗是無限擴張的,所以經驗主義同時也不承認知識能達到絕對的確定性。

實際上,導致經驗主義與理性主義相互對立的是兩者在研究領域上的差異。經過主體性的轉向,經驗主義者和理性主義者都認為知識是由概念構成的,不同在於理性主義者認為概念應該是完全抽象的,因而不受事物感性多樣性的限制和干擾,這樣構成的知識才是普遍和確定的,而經驗主義者則不承認有完全抽象的概念,概念不過是表達具體事物的詞語,所謂抽象的普遍概念不可能與具體事物相分離。當然這種差異又可以說是形而上學上的差異。對於構成知識所需要的邏輯,經驗主義者則是不否認的,甚至承認這些邏輯的確是人先天的思維能力形成的,問題是這些邏輯在什麼地方有效。在現實生活中,人們所見到的,頭腦中所想到的,都是具體的事實,那種以數學為理想的純粹邏輯在現實生活中恐怕無用武之地,即使真的用到也是模糊的。所以,霍布斯區分了兩種知識:一種是學術知識,是人們用語言符號來進行推理的知識,以數學和幾何學為代表;另一種知識是事實知識,其內容不是抽象的符號,而是具體的現象,這種知識可謂之生活知識。後來休謨也做了這樣的區分,他稱之為觀念間知識和事實知識,他也承認前者是不需要以經驗為參照,他找不到任何理由來懷疑這種知識的普遍性和確定性;關於事實的關係是所謂的因果推論,休謨看來則是不確定的,固然可以說因果關

---

193 梯利:《西方哲學史》,葛力譯,北京:商務印書館,1995 年,第 283 頁。
194 同上,第 284 頁。

係的觀念是人先天就具有的，但誰也無法肯定地預料未來發生什麼；因果推論是發生在人心中的，自然要受到人的目的和心理狀態的影響，理性的分析和推理只能給人一些信心，卻不是決定人做出選擇的唯一因素。

總而言之，理性主義者試圖以理性思維的邏輯來建構自然知識，而經驗主義者則要以人性的邏輯來理解人的生活。經驗主義者也是理性的，但這種理性，正如布萊爾所說，就是「在實踐中判斷手段對於目的的適宜性」[195]，而非對外在事物進行客觀描述。一切知識都要放在人求取幸福生活中來看待，否則就沒有意義，也許人最終也不能得到確定而普遍的知識，但只要能有利於生活也就足夠了。誠如洛克所言：「理解的正當用途，只在使我們按照物象適宜於我們才具的那些方式和比例，並能了解它們的條件下，來研究它們；倘若我們只能得到概然性，而且概然性已經可以來支配我們的利益，則我們便不應專橫無度地要求證據，來追求確定性了。如果我們因為不能遍知一切事物，就不相信一切事物，則我們的作法，正如同一個人因為無翼可飛，就不肯用足來走，只是坐以待斃一樣，那真太聰明了。」[196] 人只能追求自己可以追求的幸福，也只能認知自己能夠認知的東西；倘若要忽略人的能力來認知和行動，就只能陷入虛妄和瘋狂。

看到經驗主義者對知識的態度，我們就不難理解，他們的哲學為何要從感覺開始進入人的心靈世界。感覺是人天生的能力，它們接受的是具體觀念，由於累積而形成習慣和經驗，這就是知識。憑藉知識，我們可以得到我們能夠得到的東西。在經驗主義者眼中，也許不存在純粹的知識，知識總是要滿足人的某種需要，如同霍布斯所說，需求是一切發明的泉源。當然，經驗主義必然要受到質疑，因為感覺一方面始終在變化之中，並不可靠；另一方面每個人的感覺也未必相同，但經驗主義可以堅持說，生活中本來也就沒

195　Blair, Lectures on Rhetoric and Belles Lettres, London, 1783：18.
196　洛克：《人類理解論》（上冊），關文運譯，北京：商務印書館，1983 年，第 4 頁。

美與道德

有放諸四海皆準的規則，每個人都必須根據自己的經驗和處境來安排自己的生活。可以說，經驗主義在認識論上就表現出某種意義上的功利主義。

既然需求是一切發明的泉源，自然而然，人的需求本身就成為經驗主義哲學的一個重要論題。毫無疑問，在霍布斯和洛克看來，人最基本的需求就是生存，霍布斯有言：「作家們一般稱之為自然權利的，就是每一個人按照自己所願意的方式運用自己的力量保全自己的天性 —— 也就是保全自己的生命 —— 的自由。」[197] 這種需求並不受人自己的控制。他們的分析留給讀者的印象是：促使人生存下去的不僅是自然所提供的物質資源，更重要的是需求在心中所產生的驅使力量，那就是快樂和不快；如果人沒有感覺快樂和不快的能力，人的其他能力也就是多餘的了。洛克說：「因為上帝意在保存我們的生命，所以他要使許多有害的物體在接觸我們的身體以後，產生痛苦，使我們知道它們會傷害人，並且教導我們躲避它們。」[198] 沒有快樂和不快就談不上欲望，「因為欲望之起，既是由於我們在需要一種不存在的好事時，感覺到痛苦、不快，因此，那種不存在的好事就是一種慰藉；在慰藉產生以前，我們就叫它欲望」[199]。

值得注意的是，在這裡可以推斷出這樣一些結論來。首先，有欲望是因為想要的事物不在眼前；經驗主義的認識論讓洛克和後來的哲學家深受其害，因為人們只能從中得到一些觀念，而無法得知外物的存在，但是欲望或者不快則讓人確信外物的缺失。因此，懷疑論只能從情感的角度來排除，而從認知的角度則無能為力。其次，既然好事的不存在讓人感到不快，那麼快樂或不快是與外物是否對人有利相關的，洛克說道：「事物所以由善、惡之分，只是由於我們有苦、樂之感。所謂善就是能引起（或增加）快樂或減少痛苦

197　霍布斯：《利維坦》，黎思復、黎廷弼譯，北京：商務印書館，1985 年，第 97 頁。
198　洛克：《人類理解論》（上冊），關文運譯，北京：商務印書館，1983 年，第 95 頁。
199　同上，第 221 頁。

的東西；要不然它亦得使我們得到其他的善，或消滅其他的惡。在反面說了，所謂惡就是能產生（或增加）痛苦或減少快樂的東西；要不然，就是它剝奪了我們的快樂，或給我們帶來痛苦。」[200] 當然，應有之義是：他人的行為是善或惡也應是其結果是否給自己帶來快樂或痛苦。也許有人認為，單憑苦樂情感一個人不可能知道什麼對他真正是善的或惡的，有時候帶給人快樂的往往是不利的東西，而帶給人痛苦的未必是不利的東西，正所謂良藥苦口。對於這一點洛克給予的解釋是：相較於苦口良藥給人的痛苦，病痛之苦大概要強烈得多，對死亡的恐懼應該是最令人痛苦的，兩痛相權取其輕，人必定要以其他方式來消除當下最強的痛苦。的確，無論是洛克還是霍布斯從來沒有完全否認理性的作用，只不過理性充當的僅是手段的作用。同時，後來的休謨對此亦有更精彩的論述，這裡無意贅述。

霍布斯與洛克在細微的地方有所差別，但總體的思想是一致的，那就是善惡與欲望有關，而情感是對欲望的感覺，因此情感也是對善惡的判斷。而且，霍布斯更強調了欲望和情感判斷的個體性：「任何人的欲望的事物就他本人說來，他都稱為善，而憎惡或嫌惡的事物則成為惡；輕視的事物則成為無價值和無足輕重。」[201] 如果把欲望和情感表達出來，都可以用直敘式的語言，即「我愛」、「我怕」、「我快樂」、「我斟酌」等。當然，從認識論的角度來看這一點是顯而易見的：每一個人都只憑藉自己而不能假借他人的感官來獲得快樂和不快，也就無法得知一物是否對他人有利，所以關於外物的善惡之分也都只能由自己來判斷。

然而，霍布斯的最偉大之處在於他是把欲望置於社會語境中來看待，精闢地闡述了個人欲望在建立社會和國家過程中的重大意義。社會或與他人的交往極大地改變了自保這一自然欲望的運作模式。一方面，直接肉體欲望的

200　洛克：《人類理解論》（上冊），關文運譯，北京：商務印書館，1983 年，第 199 頁。
201　霍布斯：《利維坦》，黎思復、黎廷弼譯，北京：商務印書館，1985 年，第 37 頁。

美與道德

滿足不再是個人生活的唯一目標；另一方面，人必然在社會道德法則中處理與他人的關係。當然，這兩方面都與自保有著直接或間接的關係。

對於人類欲望的本性，霍布斯有一句話鞭辟入裡：「人類欲望的目的不是在一項間享受一次就完了，而是要永遠確保達到未來欲望的道路。因此，所有的人的自願行為和傾向便不但是要求得滿意的生活，而且要保證這種生活，所不同者只是方式有別而已。」[202] 直言之，人的欲望是永遠也不會滿足的，因為想要保證滿意的生活是永遠也不可能的。對這種恆久欲望造成障礙的因素一個是自然資源的有限性，另一個是他人的競爭，第一個因素自不必討論，重要的是第二個。按照霍布斯的邏輯，在自然狀態下，人與人相互平等，至少每一個人自認為如此，不允許別人超過自己，所以人與人相互競爭，為了避免受制於人，每一個人都先發制人，用一切暴力手段來消滅或統治他人。這樣的結果便是人人自危，兩敗俱傷，但人的理性又必然要尋求和平，以保衛自己，但和平必定要付出代價，就是自願放棄一定的自然權利，來達到相互的和解，這就是契約。霍布斯的邏輯是：一旦要建立契約，人們就必定會尋求樹立一個所有人都難以撼動的權威，否則契約必不穩固，因為如果只是少數人建立契約，追求相互平等，就會又陷入競爭狀態。這個團體之外的更大的團體必定恃強凌弱，要消滅和統治他們，老子夢想的小國寡民的社會是不可能存在下去的，所以人們必須要樹立一個共同的權力，亦即形成穩定的法律，使其他人都服從於它，才可能永保和平。霍布斯以為，這個共同權力也最好是賦予一個人，以避免權力內部的相互競爭，這就是君主國家的政體。

我們現在要關心的是：在社會和國家形成，以及法律和道德確立之後，人們又是出於什麼樣的動機，如何來評價道德法則，如何與他人相處，以什麼樣的方式來滿足自身的欲望。可以肯定的是：在此之後，社會和國家必

202　霍布斯：《利維坦》，黎思復、黎廷弼譯，北京：商務印書館，1985 年，第 72 頁。

定不會是太平無事，因為人們仍然會「利用一切可能的方法來保衛我們自己」，只不過不再使用暴力手段，否則霍布斯就不會提出品行這一概念了。這個概念指的是「能在團結與和平中共同生活的人性」，這些人性又能以「權勢」一詞來延伸解釋。對於權勢，所有人都「得其一思其二、死而後已、永無休止」地追求，「因為他不事多求就會連現有的權勢以及取得的美好生活的手段也保不住」[203]。看來，在所謂的文明社會中，人類之間也不是其樂融融，即便有了法律和道德，人與人之間的競爭關係也仍然存在，而法律和道德只是保證這些競爭不要造成無謂的傷害，至少保證給人的好處大於其遭受的傷害。

一旦法律和道德確立起來，人們就立刻知道要遵守它們，但遵守的動機仍然是自我防衛，如洛克所言：「人們所以普遍地來贊同德行，不是因為它是天賦的，乃是因為它是有利的。」[204] 所謂良心是有的，但也「只是自己對於自己行為的德行或墮落所抱的一種意見或判斷」[205]，也就是說，對於遵守和違反法律和道德的行為，最終還是要付諸情感來判斷，不管其中會運用多少理性。後來休謨也發展了契約論，提出他的道德理論。在他看來，有些德行是自然的，正義這樣的德行則是人為的，但即使是人為的，一旦確立起來人們就自然地產生一種要服從它的情感，也就是說需要一種道德感，比如說對恪守德行的人的尊敬和破壞道德法則的人的憎恨或恐懼，單憑理性無法定義一種行為是否是正義的。不過，在霍布斯和洛克看來，要讓人心甘情願地服從道德規則、維護公共利益大約是比較困難的，一方面他們承認情感的力量（至少隱祕地透露了這層意思），雖然是出於對自我利益的感覺。另一方面也需要有獎懲的措施，讓遵守者確信他會得到利益，讓違反者受到應有懲

203　同上，第 77 頁。
204　洛克：《人類理解論》（上冊），關文運譯，北京：商務印書館，1983 年，第 29 頁。
205　同上，第 31 頁。

罰；至於誰最有權力來執行這賞罰，霍布斯認為是國家這個巨靈，而洛克則在此之外還求助於上帝。

如果我們拿霍布斯和洛克的政治和道德學說與邊沁的功利主義原則相比較，輕而易舉便可發現他們之間的共同之處。首先，社會秩序形成的根源是人的自私以及由自私達成的妥協。其次，霍布斯和洛克同樣承認有公共利益，也就是社會成員的最大利益，雖然實現這種利益的動力仍舊是人的自私本性。再次，但也不是不重要的一點，即道德判斷是一種情感判斷，雖然不排斥理性的輔助作用。

沙夫茨伯里與非功利性原則

在康德看來，非功利性或無利害性原則只屬於審美領域，但這個原則的起源其實是在道德領域中，18 世紀英國美學興起的契機恰恰就是沙夫茨伯里在道德上的反功利主義。

沙夫茨伯里提出這種主張自有其社會歷史背景，卻也由此提出一套系統的思想，雖然他本人極其厭惡系統的哲學。他抓住了霍布斯和洛克功利主義的一點要害，那就是：如果善惡是由個人的利益好惡決定的，那麼一個社會中就難以形成普遍的道德準則，而且由此以往，他們關於人性、社會、道德、宗教的一系列學說都無法立足。

在人性方面，沙夫茨伯里提出了一個不可否認的事實，即人類兩性之間都樂於彼此來往，他們都不求回報、無怨無悔地養育自己的後代，甚至其他動物也是如此。如果人類是自私的，他們就不會向任何人示好、示愛，也完全有理由拋棄子女，任其自生自滅；如果不是這樣，那他們天生就不完全是自私的，而是還有愛同類的本性。霍布斯可以說，兩性之間所以來往是因為人天生有情欲，他們這樣做只是為了滿足自己的欲望，讓自己生存下去；養

育後代不過是為了讓後代回報自己，不至於最後老無所養。而沙夫茨伯里則說，不管是不是為了自己，但結果是由於兩性天生相互吸引，養育後代，才使整個人類繁衍生息，看來上帝賦予人類這種欲望和傾向不是為了某個個體，而是為了人類整體，縱使個體沒有意識到這一點。所以沙夫茨伯里確信，人天生就懷有一種社交情感或自然情感（social affection or natural affection），因而愛異性、愛後代，也愛同類，由此人類才建立密切關係，能夠構成社會。

霍布斯還可以提出反駁說，兩性交往、養育後代畢竟範圍狹小，不足以解釋同類間陌生人的交往關係，一個人如何能體會到其他人的利益和愛好呢？同時，如果上帝使個人的行為符合整體利益，而個人卻感覺不到，那就是盲目的行為，因此不能說明個人有意識地為他人著想，為整體利益著想。還有，如果遵守道德法則而得不到任何好處，甚至還反害自身，那誰又會遵守呢？即使建立了社會，制定了法律，難道不還是有人處心積慮要謀取私利？若不是樹立絕對權威，嚴加制裁，讓他知道所受之害甚於所得之益，甚至要「創造」出明察秋毫的上帝，告訴他今世之惡雖未得報應，來世也將遭受更殘忍的刑罰，讓他心懷恐懼之心，否則還有誰會安心服從法律和道德呢？沙夫茨伯里則可以回答，自私之心也是人之天性，但也僅為了讓個人生存，如果他無力生存，人類也將覆滅。人們遵守法律和道德必定是有好處的，但誰又會認為那好處立刻就得到實現呢？既然當下看不到好處，那就說明人們不全是為了好處而行善的；也許有人認為行善是為了自己更大的好處，但是如果一個人連當下的好處都不能有望得到，他還會謀求長遠嗎？相反，正是因為有人自私自利，巧取豪奪，法律和道德才屢遭侵犯；儘管如此，社會秩序也仍然總體上得以維持，難道這不是人們為了整體利益而做到的嗎？霍布斯本人也承認，從未有哪個社會真正意義上的陷入「每個人與每個人的

戰爭」。沙夫茨伯里戲稱,霍布斯如此毫不隱諱地揭露人性之醜惡,難道不是懷有惻隱之心,擔心同類受此傷害?

為了證明社交情感的先天性,沙夫茨伯里提出了目的論的形而上學,這與霍布斯和洛克的思想截然不同。透過科學研究,人們可以發現,在自然界沒有哪種物質和生命是多餘的,它們共同構成了整體的自然界。物種之間相互依賴,相互幫助,使自然界得以和諧運轉。在一個物種內部,個體與個體之間、個體與整體之間也相互依存,沒有整體,個體無法生存;沒有個體,整體也無法延續。從一個個體生命來看,它的身體構造也同樣被設計得恰到好處,既無缺失,也無累贅,以保證它能夠自我維持。由此可見,自然界,乃至整個宇宙是一個整體,而之所以為整體,是因為其中必定存在一個精神性的目的,如此才能維繫整體的運轉。目的因同樣存在每個物種和個體生命當中,只不過有些地方是外在目的,有些地方是內在目的,人作為一種有靈的生命,兼具兩種目的。正因有了這樣一種精神性的目的,整個宇宙才不僅是一個物質的、機械的構造,而是一種有機的存在。同樣,人也不是一種物質存在,而且更有其精神性的生命,人類社會也不能被歸結為一種機械構造,而是由一種精神性的紐帶凝聚在一起,這就是社交情感。當然,由目的論還可以引出另一個重要結論來,即道德上的善惡標準絕不只是個人的利益。

沙夫茨伯里起碼有一點是與霍布斯相似的,那就是善惡是情感判斷的結果,善令人快樂喜悅,惡令人痛苦厭惡;如果一個人沒有感情,對任何行為都無動於衷,那就等於沒有判斷善惡的能力。但問題是,如果善惡不以自我利益為參照,人們又如何能判斷它們?但在沙夫茨伯里看來,善惡並非抽象觀念,它們就展現在一個人的行為舉止當中,我們看到一個人做了有利於他人的事情,為他人帶來福利,我們就判斷他的行為是善的,反之為惡。人們會進一步問,那福利並不發生在我身上,我如何能感覺到呢?沙夫茨伯里

說，人有一種先天的直覺可以感覺到，這就是他所謂的「內在眼睛」，即使他人的行為不會為我帶來一點好處，也不造成一點傷害，我仍然能體會到這行為帶給我的快樂和厭惡。但人們還可以問，如果那個人只是想收買、利用他人，以讓自己得到更大的好處呢？沙夫茨伯里可以回答，如果最後他人受到了傷害，我到時必然會改變我的態度，由愛轉恨，而且因為我受到了欺騙，我的恨比之前更甚；相反，如果看到一個人暫時為他人帶來小小的不幸，卻最終為他人帶去更大的福利，我倒會更加敬重他。

然而，沙夫茨伯里並不想單從結果來定義善惡，他更看重的是行為的動機，他是一個典型的動機論者。的確，有人會施小善而為大惡，但任何人都有情感，他的行為也都發自情感，所以決定這個行為之為善或惡的原因乃是動機，他所謂的內在眼睛一定程度上也是跟動機息息相關的。當然，人們立刻就產生疑問，人們怎麼可以看到他人內心的想法呢？沙夫茨伯里會說，任何情感都會表現在一個人的舉手投足、容貌表情上，根據這些外在表現人們立刻就能直覺到其內在的情感。確實，這種直覺也許是錯的，但至少人們是根據其動機來判定善和惡的，否則的話，就連善惡是什麼都不知道。退一步講，即使我們不知道他人的真實動機，但至少知道自己的動機，即我們做一件事，或評判別人的行為是出於自我利益還是他人和整體的利益。如果是前者，那我們就是善的，並令我們快樂；後者則是惡的，並令我們自責或羞恥。以此類推，如果有人出於自私的情感而對他人行善，那他也是惡的。

如果我們只看重行為的結果，那我們就是在強求人們去做他們不可能做到的事情，因為人們的行為始終受到各種因素的干擾，使他的動機難以完滿地實現。我們有些時候也不能正確地領會別人的處境和他的需要，但只要我們是出於對整體和他人的愛，客觀地做出判斷，他人也必能領會我們的善意。如果我們只看重行為的結果，並始終以自己的好惡來行事，那麼善惡就

美與道德

沒有任何標準，因為每個人對結果的看法總是有差異，我們的好惡總是隨環境的不同而變化，而且由此我們就無法與他人來往，也不會形成任何道德規則；反過來，人們之所以願意遵守道德規則，不是出於私利，而是出於對道德規則的尊重、對同類的愛。基於這樣的理由，沙夫茨伯里對霍布斯和洛克的賞罰論提出激烈的抗議。如果行善是為了獎勵或避免懲罰，那就等於行善是一種交易，人們就會因需要的變化而隨時隨地改變自己的善惡觀念，而且在這種情形下，沒有人能安心生活，因為他總要提防別人如何算計他，要實現真正的和平就幾無可能。另外，霍布斯和洛克眼中的上帝，也擔負著實行賞罰的角色，這就是宗教的作用之一。在沙夫茨伯里看來，這樣的上帝大約總是怒氣沖沖，並不仁善，而真正的教徒只會非功利地愛上帝，讚美他完美設計宇宙，賦予人類生存能力，指明幸福的方向，因而遵行上帝賦予他的職責，即愛他的同類。

沙夫茨伯里遭遇的最大質疑就是：既然人性本善，熱愛同類，尊重道德，那又是什麼原因導致有些人作惡的呢？沙夫茨伯里的回答是：過分的自私感情，這些人利用他人的利益和善意來滿足私欲，而且既然人們認為這就是惡，那就證明人們的善惡之心是很分明的。實際上，作惡之人也不會得到真正的快樂，因為他總是要擔心別人會發現他的惡意，遭到別人的報復。最重要的是：他始終會受到良心的譴責而惶惶不安。人天生有自私感情，也有社交情感，它們在人類生活中各司其職，如果越出一定的界限都會造成惡行，就如一個母親愛自己的孩子是自然的，但如果嬌生慣養、溺愛無度，那只能帶來反效果。

所以，我們也要注意，沙夫茨伯里固然重視情感的作用，贊成善惡帶給人快樂和痛苦，但他絕不認為直接的苦樂就是善惡的標準：「讓我們誠實地面對自己，並且承認，快樂不是善的指標。因為當我們僅僅順從快樂的時候，我們會討厭變化，轉而譴責原先熱烈贊同的東西；當我們順從激情和單

純的性情的時候，就不能公平地判斷幸福何在。」[206] 一個成熟的人對善惡的判斷不應該是無意識的直接反應，而是基於對善惡的清晰認知做出的判斷，而對善惡的認知只有在不斷的反省之中才會成熟起來，直至運用自如，成為一種第二天性。這樣的認知和反省不是理性的計算，而是不斷地觀察自己在面對自己和他人的行為時，自己在情感上的反應是否真的恰當，如沙夫茨伯里自己所說，讓情感成為情感判斷的事物。比如，當我們幸災樂禍時也許覺得有一種快樂，但我們也可以再次體驗這種快樂或者站在他人立場上體驗這種快樂，在這樣不斷的反省當中，我們的情感就會變得理智、客觀，進而成為一種習慣，可以直接指導我們對自己和他人行為的判斷。所以，真正的德行不是盲目地行動，而是時時反省自己的動機是否符合人的自然天性，讓兩種情感在心中和平相處，陶冶成一種善良、平和、寬容的性情，培養對善惡美醜的判斷力，以高雅的行為舉止與他人相處，這才形成一個完善的人格。這是沙夫茨伯里哲學的最終目的。

　　這一切也都可以與沙夫茨伯里關於人性的觀點連繫起來。霍布斯以及洛克認為，人的本性就在於趨樂避苦。沙夫茨伯里同樣認為這是正確的，但關鍵問題是：人追求的究竟是什麼樣的快樂？如果人所做的一切都是為了自保，那麼在霍布斯看來人所求的快樂，一個是肉體欲望的滿足，另一個是統治他人。沙夫茨伯里沒有否認肉體欲望的滿足給人快樂，但他堅決反對這種快樂就是人追求的真正目的；單純的肉體欲望的滿足談不上好和不好，不過是維持生存的一種手段，而不是人有意識地追求的快樂。人的肉體欲望畢竟有限，得到滿足之後就很難再有更多的快樂，此時強迫一個人吃喝就等於讓他痛苦。如果一個人沉溺於酒肉，傷害了身體，到最後他一見到這些東西就會倒胃口，避之唯恐不及。有的人暴飲暴食，倒可能是心靈的空虛無法填補造

206　Shaftesbury, *Characteristics of Men, Manners, Opinions, Times*, ed., Klein. Lawrence E. Cambridge University Press, 1999：138.

成的。如果這時他找到了滿足這種空虛的方法，他就會慢慢放棄這種不良嗜好，這樣的方法就是對知識的追求。探索永無止境，由此他得到的快樂也會與日俱增，事實上也的確有很多人迷戀於此，雖經歷許多磨難也終不放棄，這一點連霍布斯也是承認的。

　　對於統治他人能帶來快樂，沙夫茨伯里同樣表示懷疑。一個始終想著要算計謀害他人的人，大概也會想到他人也正如此對待自己，處於這種情形中有何快樂可言呢？哪怕其他人迫於你的威勢臣服於你，他也未必真的會為你著想，反倒時時想著有一天要推翻你、統治你，反過來你自己也終日擔心他如何背叛出賣你，時時提防猜疑他，想盡辦法威逼利誘，他稍有不從你就暴怒憎恨，這當中又有何快樂可言呢？事實上，任何人都試圖得到他人的善意對待，希望別人信任他，也希望信任別人，在相互友愛中得到溫暖，就連那些十惡不赦之人也要信任幾個幫凶，知道眾叛親離的結果。不過，一個作惡的人恐怕最終也找不到可以相互信賴的人，所以作惡之人未必有什麼長久的快樂；反過來，一個仁善之人內心必定是快樂的，因為他終將得到他人的信任和尊敬，然而需要注意的是：沙夫茨伯里並不讚賞上流社會中善於社交的人，因為那裡的人只是為了虛榮而表現出虛假的友誼。

　　在沙夫茨伯里看來，精神性和社交性快樂一定程度上可以是統一的。一個人放棄物質享受，轉而探求知識，他就會越來越多地發現自然世界和人類社會的秩序，他必定要讚嘆造物主的智慧和仁善，因而更加熱愛他的同類。同時，一個同情他人、熱衷於公共利益的人也必不會沉溺於物質享受，因為那種快樂無法真正與他人共享，而由自然的社交性情感而來的快樂，「就是透過交流來享受善，透過反省或透過分享他人的善而如其本然地接受善，愉快地確切意識到對他人的愛，對他人名副其實的尊重或讚許」[207]。

207　Shaftesbury, *Characteristics of Men, Manners, Opinions, Times*, ed., Klein. Lawrence E. Cambridge University Press, 1999：204.

對功利主義的反駁為沙夫茨伯里的美學鋪設了重要的基礎。美在沙夫茨伯里哲學中的地位很重要，他整個哲學的目的指向倫理學，而審美無疑是陶冶道德情操、培養完善人格的重要手段。艾迪生說想像快感既不似感官快感那麼粗鄙，也不像理性認識那麼艱深，能把人輕易引向一種精神性的娛樂，因而避免了道德上的墮落，一定程度上這也表達了沙夫茨伯里的想法。

　　沙夫茨伯里說，人天生就傾向選擇某些形式，一個懵懂無知的兒童就喜歡規則的形狀，避開混亂無序的東西，這證明人天生就愛美。這與霍布斯的理論無疑是對立的，霍布斯認為人們只有知道一物對人有利才將其外表定義為美的，但這個說法很有問題，一個兒童甚至是一個成人也不一定直接知道什麼有利什麼有害，卻立刻就判斷出這個美那個醜，所以最初的美醜觀念與肉體欲望和自我利益沒有關係。可以看出，在沙夫茨伯里看來，愛美代表了人先天性地對非功利快樂的追求，同時這也表明他對美最基本的定義，規則的、富有秩序的形式。

　　然而，這也僅僅是最基本的看法，因為由此得來的美感是無意識的反應，雖然其中包含了人最自然的天性，但畢竟不是出於自主性的判斷，而且這種反應很容易受到各種干擾而變得扭曲。正如對善惡的判斷應該基於理性認識，因此可以使自然情感得以穩固堅定，不至於讓其為偶然的感官欲望和自我利益所動搖，對美醜的判斷也是如此。最初的美感依賴於物質形式，因而容易讓人誤以為外在形式越豐富、越亮麗就越能享受到美感，但最後會適得其反，讓人喪失真正的美感或趣味，因為物質形式總是有生有滅、變化不定，由此感官也因強烈的刺激反應而變得脆弱遲鈍，非更強烈的刺激不能滿足，如此惡性循環，人就沉溺於形式的刺激不可自拔，被其俘虜，失去了自由，而失去自由將是最大的不幸。

　　所以，美離不開物質形式，但也不能完全依賴於物質形式。為此，真正的美感也必須建立在理性認識的基礎上，也就是美感應該不僅知其美，而且

美與道德

也知其所以美。當然，還是要提醒一下，所謂的理性認識並不等同於數學式的計算，因為從目的論的角度來看，整個自然世界和個別生命體的本質並不在於其機械構造，而是部分與部分、部分與整體之間的目的關係。正如在康德的哲學中，目的關係不能在純粹理性中得到理解，而屬於實踐理性的範圍。在沙夫茨伯里看來，對自然世界和人類生活的認知就是對其中所包含的生命和精神的體驗、同情、領悟，如他自己所說，這能讓人處於一種「理智的迷狂」狀態中。以這種角度來理解，每一種形式背後總是隱藏著某個意圖，如果我們直覺這種形式是美的，那麼其原因必然是這個意圖，正如我們認為像雕塑、禮器這類東西是美的，並不是因為它們由貴重材質製成，而是因為其中包含有藝術。延伸思考，如果我們發現自然世界存在規律和秩序，那我們就必然會想到它們一定是出自某種至高無上的精神，因而我們會認為整個自然世界就是美的。缺少了意圖、精神這類因素，任何形式都是物質的，不是真正的美：「美、漂亮、秀麗，從不在物質中，而在藝術和設計中；從不在物體自身中，而在形式或促使其形成的力量當中。只有靈性才能形成它們。缺乏了靈性的東西都是令人恐懼的，而無形式的物質本身就是殘缺的。」[208] 這樣我們就可以理解沙夫茨伯里提出的三個層次的美，即僵死的形式；具有靈性生命的心智，即有形成能力的形式；最高的創造一切生命的精神，即最高的形式。依此理解，在所有事物中，人及其行為是最美的。

　　當然，人不是在任何情形下都能這樣理解美，而是需要一種特別的態度，即非功利態度，人必須超脫於感官享樂、個人利益，才能真正地享受到美。如他舉的例子，一個安閒地躺在海邊岩石上的牧羊人比一個艦隊司令更能感受到大海的美。如同對善惡的判斷一樣，審美判斷也需要理性的參與，需要把自己置於一個客觀公正、不偏不倚的位置上。實際上，在沙夫茨伯里

208　Shaftesbury, *Characteristics of Men, Manners, Opinions, Times*, ed., Klein. Lawrence E. Cambridge University Press, 1999：322.

看來，美與善就是一樣的，因為一個愛美的人，就是喜愛事物中富有秩序的、和諧的形式，他看到的不是事物的某個局部特徵，而是整體，就如一個有德的人也是站在維護道德規則、社會秩序的高度來評價自己和他人的行為和動機，所以增強人的審美趣味就必定能提升人的道德境界，進而有利於社會的完善：「對無論何種秩序、和諧和比例的崇拜和熱愛，自然地改善性情，有利於社交情感，並極大地有助於德行的養成，德行本身無非是對社會中秩序和美的熱愛。」[209]

沙夫茨伯里與霍布斯幾乎處處針鋒相對，而與洛克的共同點也只在於宗教寬容和政治自由，相比之下，沙夫茨伯里的非功利性原則就特別醒目。雖然雙方在邏輯上並無明顯的漏洞，但要評出誰對誰錯卻不是件容易的事情，也沒有哪個社會偏執一端，也許人性本無善惡之分或者善惡並存，只是在不同的處境中形成不同的傾向。霍布斯也不會慫恿人人作惡，沙夫茨伯里也不敢保證人人行善。不過，相比之下沙夫茨伯里更重視審美和藝術的意義，在生命後期，沙夫茨伯里越來越投入對藝術的研究中，並資助一些年輕藝術家的學習和創作。他的哲學意在培養一種道德情操，這個目的不能透過外在的強制（如賞罰）來實現，而是要觸動人的心靈，把其中那自然的社交情感激發起來並繼續保持；實現這一目的最有效的手段之一便是讓人拋開私利，感受自然的和諧韻律，體會至高無上、大公無私的神性精神，從而沉浸到美的快樂之中。在社交過程中，人們可以用美的方式來博得他人的讚賞和尊重，使善意被接受和傳播，由此可以感受到相互友愛的樂趣。無論是面對宗教的狂熱之病，還是政治的專制之害，人們都可以用藝術來調節和化解，因而形成一種自由、高雅的風氣。

---

209 同上，第 191 頁。

美與道德

然而，要認為霍布斯和洛克沒有美學思想，也是不公平的。眾所周知，由於清教倫理的影響，洛克鄙視藝術，但霍布斯在文學上造詣頗深，晚年還把《荷馬史詩》譯作英文，他關於藝術中想像和判斷力的觀點也為人所知。不過，這裡強調的是：在霍布斯的哲學中，美學（不是藝術理論）理應占有一席之地。按照他的政治學邏輯，人類結成契約建立社會和國家之後，法律應嚴禁任何人對他人施以暴力侵犯和人格侮辱，但他很清楚，人性中自我防衛、相互競爭和統治他人的傾向絕不會偃旗息鼓、銷聲匿跡，還是會透過其他非暴力的、非物質的方式表現出來，在情感上懾服他人，獲得尊重和榮耀。毋庸置疑，這種方式一定程度上就是美的。當然，這是一種功利主義美學，而且在 18 世紀暗中得到延續。

非功利的功利性

無論從哪個方面來說，沙夫茨伯里的美學都以非功利性為原則，他的目的論、情感論、動機論都有助於說明這一點。基於這點，斯托爾尼茨（Jerome Stolnitz）認為沙夫茨伯里開啟了西方近代美學，至少 18 世紀英國美學是自他而開始的。幾乎所有美學家都對美的道德意義有著濃厚興趣，有些人甚至還提出道德美這個範疇，他們彷彿繼承了沙夫茨伯里的美善同一，細究起來卻可發現事情沒那麼簡單，他們並沒有忠實地繼承沙夫茨伯里的衣鉢。造成這種情形的原因並不複雜，那就是霍布斯和洛克的影響依然強大，一方面，是美學家們要從他們的理論中汲取認識論的基礎和方法，要保證美學的科學性；另一方面，沙夫茨伯里聲情並茂的論述確實動人，但在經歷了17 世紀的動盪局勢之後，很難有人相信沙夫茨伯里的做法能徹底地解決問題，這讓他的思想顯得曲高和寡。

休謨說，他發現道德問題實際上是人們「應該」怎麼做的問題，沙夫茨伯里指明的是「應該」的方向，但現實生活事實上也許並不如此，況且沙夫

茨伯里的理論也不是無懈可擊。沙夫茨伯里提出的社交情感可以得到某些事實的支持，反過來霍布斯指出的人的自私本性也不是空口無憑。人的一切行為的確不單是為了滿足口腹之欲，那種不計個人私利的快樂也並非沒有根據，但問題是這種快樂在人的生活中究竟占據怎樣的地位，是不是值得一個人放棄一切去追求？那種看似讓人心醉神迷的迷狂在攸關利害的時候能發揮多大作用？單純保持一顆仁愛之心就能實際為整個社會帶來福利，推動社會發展嗎？人們創造的那些精美的藝術作品真的只是為了滿足那種不求功利的樂趣嗎？

休謨在霍布斯和沙夫茨伯里之間採取了折衷，人天性中有自私和有限的慷慨兩種傾向。人不完全冷酷無情，對他人毫無善念，但人自身的先天能力無法讓這種善念擴張得很遠，他愛自己的家庭成員，也可以愛有血緣關係的親戚，還可以愛自己的同鄉，再遠也可以愛自己的同族，即使這樣，愛這種情感也越來越淡。因為近在眼前的東西總是比抽象的觀念要更容易生成強烈的印象，看到身邊一個人遭遇險境，自己總不免有憐憫之情；而遠在千里之外的某人死於非命，卻不能對自己有任何觸動。情感總會受到時空的限制。除了至親之人，人們縱有仁愛之心也很難真正體會他人的內心。看到旁邊有個人受傷流血，表情痛苦，這讓我很同情他，但是痛不在我身上，我也只能想像自己在這種情況下感受如何，可是再怎麼樣也不會立刻就感覺到疼痛難忍，痛哭流涕。在休謨看來，人與人的交往依賴於同情這種特殊的想像，把客觀觀念轉化為生動印象，但這無論如何也不能在我心中復原他人的感受。亞當‧斯密的說法也很有道理，人的同情是有條件的：「雖然人類天生具有同情心，但是他從來不會為了落在別人頭上的痛苦而去設想那必然使當事人激動的激情程度。那種使旁觀者產生同情的處境變化的想像只是暫時的。」[210]如果不與當事人處於同樣或類似的情形中，也就是設身處地想像其情感發

210　亞當‧斯密：《道德情操論》，蔣自強、欽北愚、朱鐘棣、沈凱璋譯，北京：商務印書館，1997年，第 21 頁。

美與道德

生的具體原因，我們就不可能做到真正的同情，甚至還可能做出錯誤的判斷來，而且即使當事人和旁觀者盡了各自的努力，也不可能完全感同身受，雙方只能根據一般的習慣來客觀表達自己的看法。所以，同情或者社交是離不開具體情境的，就像藝術表現一樣，儘量地描述事情的來龍去脈，有條理地刻畫眾多細節，才能打動人心，如果訴諸抽象的概念和精密的推理，就是再真誠的情感也無以傳達。

說起來，休謨和亞當·斯密的同情理論是符合沙夫茨伯里的思想的，沙夫茨伯里也是希望人們培養一種客觀的情感反應能力，但是由於休謨和亞當·斯密並不認同沙夫茨伯里那種毫無限制的社交情感理論（以及作為這種理論的目的論形而上學），也由於他們繼承了經驗主義的認識論而堅持想像理論，所以他們仍然存在巨大分歧。當然，最大的分歧就是休謨和亞當·斯密絲毫沒有否認人的自私本性在社會中的正面意義。他們的理由是：如果不是為了獲得個人的幸福，即舒適的享受、高人一等的地位、他人的羨慕和尊重，人們就不會煥發出積極創造的活力，也不會為整個社會增加財富。他們也並不認為追求個人的幸福就必然犧牲他人的利益，比如一個人贏得財富不是透過竊取他人的財富而來，而是依靠自己的勞動、節儉和創造。就連極力擁護沙夫茨伯里的哈奇森也這樣說：「由於財富和權力甚至是最大德行和最慷慨行為的最為有效手段和最有力工具，把對財富和權力的追逐譴責為非高尚品格的某些避世道德家的理性推論是多麼軟弱無力！只要目的高尚，對它們的追求就是值得讚美的；當正當的機會帶來了財富和權力時，對它們的忽視是一種真正的軟弱。」沙夫茨伯里應該不會反對這樣的言論，但也絕不會把財富和權力視為幸福的必要條件，或者認為擁有財富和權力本身是一種真正的幸福。

對於什麼是美，休謨的論述非常複雜。他既贊成哈奇森的內在論，但在具體分析時又多用想像論，而且還運用了聯想和同情等概念。當然，我們也可以用哈奇森所謂的絕對美和相對美來概括。如果絕對美指的是屬於事物本身形式激起的情感，那麼休謨可以用想像理論來加以解釋，而且他對想像理論的發展和成熟厥功至偉。關於想像理論前文已有詳細介紹，茲不贅述，只需指出想像而來的快樂無論取決於習慣還是自然規律，只是負責把感官快樂轉化為內在快樂，想像總是追逐新奇，拒絕平淡，哪怕是平淡的情感，只要隨劇烈波動之後而來，也是令人快樂的。然而，想像並不能決定或判斷一個事物在價值上的差異，想像的快樂本身是中性的，理論上說，它們並不一定比感官快樂更好或更壞。從一定程度上說，想像能使原初的感官快樂更加持久，也更容易讓人沉溺於其中。因為感官快樂僅僅是暫時的，容易讓人饜足，但是想像讓人期待再次獲得記憶中的快樂，而期待總意味著心理上的匱乏，本身是一種不快，急需緩解，因而這種急迫的心情使得想像中的快樂比眼前的快樂更加令人痴迷。然而期待一旦得到滿足，快樂就立刻衰退，人又會產生新的期待，甚至是更急切的期待，而且想像與外在感官一樣容易在不斷刺激中變得遲鈍，又必須給予更強烈的刺激才能滿足，所以人們便想盡一切辦法來創造更新奇、更精緻、更宏偉的東西事物，以獲得想像中的快樂。由此而言，要從想像的快樂中推論出道德上的意義是行不通的，不僅不能證明其有道德的善，而且還可能是滿足個人私欲的有效手段。一個人可以透過研究自然世界而從中得到豐富而長久的快樂，也可以藉由鑽研華服美食來尋求感官上的刺激，有人還可以從研究如何施行酷刑以達到讓受刑者遭受最大痛苦而得到滿足。在人的生活中，幾乎很少有什麼快樂是單純憑藉感官就得以持久的，都需要得到想像的支持。

美與道德

　　休謨並不認為純粹的想像是美感的唯一來源，還有很多其他因素會影響人們對某一事物的想像，一個很重要的因素就是效用。「桌子、椅子、寫字桌、煙囪、馬車、馬鞍、犁，的確，可以推廣到每一種工藝品；因為它們的美主要由於它們的效用而發生，由於它們符合於它們的預定的目的而發生；這是一條普遍的規則。」[211]「為了適用和便利而精心設計的一架機器、一件家具、一件衣服、一幢房屋，就其適用和便利而言是美的，受到人們快樂和讚許的凝神諦視。一雙經驗豐富的眼睛在這裡可以敏銳發現愚昧和缺乏教養的人所看不出的許多優點。」[212] 這種解釋本沒有新奇之處，上可追溯到奧古斯丁（Augustine of Hippo，354～430），下可看到哈奇森的相對美。休謨的特殊之處在於他並不停留於此，而且還運用了同情這一概念，也就是說，人們會由一個事物聯想到其所有者，從而體會到表現在形式上的效用給人的快樂。

　　一般的想像會根據一般的概念來進行推論，「如敵人的城防工事由於建築鞏固可以被認為是美的，雖然我們可以希望它們全部遭到毀壞。想像堅持著對於事物的一般看法，並把這些看法所產生的感覺和由於我們的特殊而暫時的位置而發生的那些感覺加以區別」[213]。但在休謨看來，人們更常將某一事物與所有者聯繫起來，這倒不是說人們能夠真正設身處地替他人著想，而是要把自己想像為事物的所有者來理解這個事物。這種理解與休謨的整個認識論是一致的，人很難對抽象的觀念產生生動的情感，除非把自己與事物置於具體情境中。也許這裡的理解與休謨自己的表述有所不同，但從他所舉的例子中我們就可以發現其真實的意思：

　　大多數種類的美都是由這個根源（同情）發生的；我們的每一個事物即

211　休謨：《人性論》，關文運譯，北京：商務印書館，1980 年，第 401 頁。
212　休謨：《道德原理研究》，周曉亮譯，北京：中國法製出版社，2011 年，第 31 頁。
213　休謨：《人性論》，關文運譯，北京：商務印書館，1980 年，第 629 頁。

使是一塊無知覺、無生命的物質，可是我們很少停止在那裡，而不把我們的觀點擴展到那個事物對有知覺、有理性的動物所有的影響。一個以其房屋或大廈向我們誇耀的人，除了其他事情以外，總要特別注意指出房間的舒適，它們的位置的優點，隱藏在樓梯中間的小室、接待室、走廊等等，顯然，美的主要部分就在於這些特點。一看到舒適，就使人快樂，因為舒適就是一種美。但是舒適在什麼方式下給人快樂呢？確實，這與我們的利益絲毫沒有關係；而且這樣美既然可以說是利益的美，而不是形相的美，所以它之使我們快樂，必然只是由於感情的傳達，由於我們對屋主的同情。我們借想像之力體會到他的利益，並感覺到那些事物自然地使他產生的那種快樂。[214]

確實，休謨的意思彷彿是說，我們只有站在屋主的立場才能體會到房屋的美，但是屋主在其中生活得如何，是否真正感覺舒適，我們卻不得而知。當他展示其房屋的時候，也許正負債累累，只是想暫時享受一下虛榮而已，說不定還想把房屋高價出售給我們，所以我們只能設想自己居住於其中的感受如何。當然，這是一個十分微妙的問題，但也不是不可理解。同情是一種特殊想像，也服從想像的一般規律，也就是說，屋主是站在普遍立場上來讓我們理解房屋的舒適的，但如果我們不僅僅是想從形式上來考慮這種舒適的話，就只能運用同情的特殊原則，就是把普遍立場轉化為具體情境，從自己作為居住者的角度來真切體會房屋的舒適。

休謨下一步的推理應該是：如果我們自己非常窮困，無望住上這樣的房子，我們就只能崇拜屋主，甚至還要巴結他；如果我們自己也有能力住上這樣的房子，且與屋主地位相當，卻家道中落，看到屋主得意揚揚地炫耀就不免要憤怒。不管怎麼說，下一步我們就要想方設法來住上更好的房子，我們可以不偷不搶，但會加倍努力、加倍節儉，以期擁有比對方更大的榮耀。如

214　休謨：《人性論》，關文運譯，北京：商務印書館，1980年，第401頁。

美與道德

此一來，社會財富就得以增加，藝術發展得以進步。當然，關鍵是自己也得到了別人的尊重，因而倍感快意。這些情感也許與美已經無甚關聯，但也是自然而然的事情，所以要說，美感完全不帶個人的功利心是不太可能的。

休謨並不認為在美的外表之下隱藏有多麼深不可測的精神內涵。美只是能在想像和同情中得到快樂的東西，從本質上看，美的情感帶有功利性質。然而，我們還是要強調，從美學角度看，休謨並不是一個利己主義者，因為美也有加強人際往來的功能。人的情感非常敏銳，只要偶然的機會就可能使其一發不可收拾，「得到點尊重和誇獎時，它們會得意忘形；略受輕蔑，它們就受不住。毫無疑問，像這樣品性的人，要是跟那些沉著冷靜的人相比，它們總有更多的得意和快活，自然也有更多的刺骨的憂愁」[215]。由於所處情境的不同，個體的情感反應無法完全一致，這意味著人與人之間很容易產生衝突，所以在現實生活中敏感的性格並不可取；相反，在表現自身情感或接受他人情感的時候最好是根據想像的「一般的看法」。這就像在藝術鑑賞中一樣，我們面對的不是真實的人，也不必以真實的態度來做出反應，所以就很容易保持一種理智的態度，與此同時，我們又必須保持敏銳的判斷力，明察秋毫，才能準確地掌握作者的意圖。顯而易見，頻繁的審美鍛鍊有助於人際交往，「趣味的敏銳精緻，對於愛情和友誼是很有益的，因為它幫助我們選擇少數人作為事物，使我們在跟大多數人的交往和談話中持一種不偏不倚的態度」[216]。

亞當·斯密的話有助於我們理解休謨的意思：「在兩種不同的努力，即旁觀者努力體諒當事人的情感和當事人努力把自己的情緒降低到旁觀者所能贊同的程度這樣兩個基礎上，確立了兩種不同的美德。在前一種基礎上，確立了溫柔、有禮、和藹可親，確立了公正、謙讓和寬容仁慈的美德；而崇

---

215 瑜青主編：《休謨經典文存》，上海：上海大學出版社，2002 年，第 55 頁。
216 同上，第 58 頁。

高、莊重、令人尊敬的美德，自我克制、自我控制和控制各種激情 —— 它們
使我們出乎本性的一切活動服從於自己的尊嚴、榮譽和我們的行為所需的規
矩 —— 的美德，則產生自後一種努力之中。」[217] 從中我們可以看到德與美之
間的關聯。

　　如此看來，休謨的美學確有些自相矛盾，一方面美是有功利性的，美與
效用有關，給人以舒適便利的生活，讓人享受到世俗生活的樂趣，又在人際
交往中獲得優勢；另一方面美又沒有功利性，想像對感官快樂予以轉化，也
能讓人保持一種「一般的看法」，以客觀的態度來面對自己和他人的情感，
增進與他人的友誼。不過，我們觀察到，在休謨和斯密看來，人際往來注定
有些虛假，只是要以美的方式把自私和競爭的本性掩飾起來，所以美終究還
是功利性的。顯而易見，休謨想把霍布斯和沙夫茨伯里糅為一體，以沙夫茨
伯里的美學來緩解霍布斯極端的功利主義。從一定程度上說，他是成功的，
美學在他的理論中發揮了正面的作用，美既不是道德的附庸，同時也促進道
德的提升，但從根本上說，他的美學仍然是功利主義的。當然，休謨的倫理
學也是功利主義的，美學上的功利主義倒也不會令人驚奇，值得注意的是美
發揮作用的微妙方式。

　　這種功利主義在 18 世紀英國美學中並不鮮見，而是若有似無地存在於
很多美學家的體系中。明顯的是柏克，與休謨一樣，他也堅持二分法的人性
論，認為人有自我防衛和社會交往兩種基本的情感，以能夠讓人類生存繁
衍。比起其他作家來，柏克更重視肉體生命的意義。為了完成族群繁衍這一
偉大而艱巨的任務，人類需要付出很多的努力，也必定需要有很大的快樂來
促使人類去追求。首先這種快樂就是肉體和感官的，它們值得人類去追求。
自我防衛的情感雖然首先表現為痛苦和恐懼，但它們的緩解也可稱得上是一

217　亞當 · 斯密：《道德情操論》，蔣自強、欽北愚、朱鐘棣、沈凱璋譯，北京：商務印書館，1997 年，
　　第 24 頁。

美與道德

種快樂，雖然柏克更願意用「愉快」這個詞來命名。無論如何，柏克從來也沒有給予肉體和感官快樂道德上的譴責，他毫不猶豫地把人所創造的有利於社會交往的文化的作用歸結為「引導、提高人的情欲」；即使同情這種社交情感也與道德沒有太大關係，因為這不過是人類的一種本能而已，而且在他眼中幸災樂禍也稱得上是一種同情，還能帶來莫大的快慰。由此而來，人生最應該追求的就是健康、財富、地位這類價值。「我們能精力充沛、事半功倍地履行各種職責，皆是有賴於健康的生命」[218]，過於享受生命和健康反而讓人消沉萎靡，上帝又賦予人雄心，迫使他凡事都要超過其同類，讓他感到被讚譽的快樂。毋庸置疑，柏克眼中最大的美德就是勤奮，這能讓人吸引異性、享受快樂、擁有榮耀。如果所謂崇高與美指的是外在事物形式上的特徵，它們的用處就在於人可以透過感官來激發自己追求這些快樂的動力。如果還有什麼用處的話，那就是它們可以使情欲不那麼直白地被表露出來，使肉體不必經受太多折磨。

很少有美學家像柏克這樣直率，但也不否認美可以增進人的幸福。傑拉德說道：「擁有良好的趣味，能帶給一個人無與倫比的享受，並且使他從藝術和自然中幾乎所有的事物裡獲得快樂。因為在快樂產生的過程中，即使官能不斷運作，但不至於感到疲憊，且因為心靈感到滿足，所以不會覺得厭倦。良好的趣味為他拓展了能感知到幸福的領域。」[219] 同時，美還有一個優勢，那就是由美而來的享受不會像對財富的迷戀那樣招致他人的嫉恨，反而還會贏得他人的尊重。當然，傑拉德也不否認高雅趣味有助於培養美德，「只有當一個人的心靈被音樂、繪畫或詩歌的魅力所軟化時，才會更容易被友誼、慷慨、友愛和所有善良情感所感染」[220]，但他拒絕把美和善視為同

218　Burke, *A Philosophical Enquiry into the Origin of our Ideas of the Sublime and Beautiful*, p. 41.
219　Alexander Gerard, *An Essay on Taste*, p. 192.
220　Alexander Gerard, *An Essay on Taste*, p. 204.

一。而凱姆斯則說：「有無數人沉迷於賭博、吃喝等粗俗的娛樂，覺得美的藝術帶來的更雅緻的快樂毫無意思，但是與所有人類都說著相同語言的這些人，也宣稱自己喜愛更雅緻的快樂，始終贊同那些有著更高雅趣味的人，為他們自己那些低下鄙俗的趣味感到羞恥。」[221] 這句話同樣顯露出了休謨式的主張，即美的情感一定程度上沒有善惡之分，但它們在另一個領域中為人與人之間以文明的方式展開的競爭提供了機會。

很顯然，沙夫茨伯里的影響是非常顯著的，但後來的美學家們也未必忠於傳承他的思想。在很大程度上，這種差異的原因是後來的美學家們無法接受純粹的非功利的道德學說，而是寧願在功利主義和非功利主義之間採取折衷的立場，雖然不是毫無交集，但為相互競爭與和平交往劃定了界線。在經濟和政治領域，人們應該相互競爭，以達到累積物質財富的目的，在文化領域則應該相互體諒、同情，以緩和競爭所產生的不平等，維持社會的凝聚力。當然，實際的結果也許事與願違，相互競爭雖然會產生不平等的結果，但競爭本身是平等的，沒有平等就談不上競爭。文化上的交往彷彿是平等，但有時是最不平等的，因為文化上的地位即使透過個人努力也無法改變。這種悖論我們將在下一章解釋。

221　Lord Kames, *Elements of Criticism*, Vol. 1，p. 386—387.

美與道德

審美的社會學

審美的社會學

　　說到 18 世紀的英國美學，趣味這個概念幾乎是不得不討論的，因為它簡直就是這段美學史的代表，有些美學家的著作在題目上就開明宗義，將美學視為關於趣味的學說。然而，要給趣味一個準確的、唯一的定義卻並不是一件容易的事情，就連 18 世紀英國的美學家們也對這個概念莫衷一是。不過，在闡述了想像理論以及審美與道德的關係之後，人們可望對趣味這個話題有更清晰的理解。總體而言，趣味是一種特殊判斷能力，人們從中可以得到快樂的情感，這種快樂不是感官快樂，它與想像有很大的關係；要得到這種快樂的情感，人們需要一種非功利的態度，所以趣味判斷可與道德判斷相比。當然這只是趣味基本的特徵，還有很多因素影響著趣味的發揮，比如一個人的性格、社會風氣或習俗等。我們會看到，趣味的意義是想像理論難以涵蓋的，也不是純粹的心理學可以解釋的，在很大程度上，趣味還是一種社會交往能力，是在社會交往中對自己和他人的動機和行為的辨別和控制能力，美學家們對趣味的強調意在塑造一種社會交往的模式，從這個意義上說，趣味理論將社會交往審美化了。這些問題在關於趣味的標準討論中有著鮮明的展現，而這些討論是始終困擾著美學家們的難題。值得注意的是：說趣味的標準是困擾著美學家的難題，並不意味著因為沒有統一的意見而無足輕重。實際上，這樣的困擾才顯得趣味的標準這一問題如此重要，使得所有美學家都無法迴避，爭相表達自己的主張，而且在這些互有差異的主張中，我們才看到趣味豐富的內涵。

何謂趣味

　　雖然趣味是 18 世紀英國美學中的一個重要話題，但美學意義上的趣味概念不是首先在英國出現的，而是源於文藝復興時期的義大利和西班牙。考察這個流變過程不會解決所有問題，但會讓我們看到趣味概念為什麼會被英國的美學們所重視，他們將其納入新的理論體系中，或者說，用新的理論體系來闡釋趣味概念。在文藝復興時期，美學意義上的趣味只是用來表達藝術潮流的變化，在英國美學中則源於超出藝術批評的範圍，上升到了哲學層面，用以表明一種不同於純粹理性的認知方式，或者說他們試圖用系統的哲學來闡釋趣味概念，也由此改變了這種哲學。

　　在柏拉圖看來，感覺在認識論當中被置於低級的地位，因為感覺無法得到普遍而穩定的知識。與此同時，情感與理性相對立，被排斥在哲學之外。到了亞里斯多德，感覺雖然仍舊屬於低級能力，但一定程度上被賦予了積極意義，它們能夠為知識提供基本材料和經驗。不過，亞里斯多德對本義上的「趣味即味覺」的態度有些含糊，一方面，味覺屬於感覺的一種，而且由它獲得的認知也比視覺和聽覺狹窄，因而可以說是最低級的感覺；另一方面，亞里斯多德又認為味覺與觸覺相近，能夠做出非常敏銳的分辨，人在這一點上勝過動物，所以味覺又彷彿是比視覺和聽覺更高級的能力，是一種判斷力。同時，在亞里斯多德看來，雖然人的五官各有其特殊的感知能力，但人還有一種能力能夠把由五官得來的感覺統合在一起，形成一種獨特的判斷力，而且這種判斷力也是直接的。「最重要的是，當人需要判斷力的時候，觸覺就是一種分辨的感官。當味覺最終成為藝術中判斷力的一種隱喻時，其能力作為一種用以分辨和『精細的』感覺是關鍵。」[222] 然而，很難說後來的

222　Dabney Townsend, *Hume's Aesthetics Theory*：Taste and sentiment, New York; London：Routledge, 2001：49.

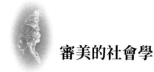

審美的社會學

藝術批評和美學中的趣味理論從亞里斯多德那裡汲取了多少幫助，因為一直以來西方美學的主導觀念是美在於比例，而對於比例的運用和掌握是感覺很難勝任的，只能求助於理性。只有在比例論遭遇挑戰的時候，人們對於審美能力的理解才會發生變化。

在文藝復興時期，受人重視的倒是柏拉圖，瓦拉（Lorenzo Valla, 1407 ~ 1457）、費奇諾（Marsilio Ficino, 1433 ~ 1499）、皮科（Giovanni Pico della Mirandola, 1463 ~ 1494）、布魯諾（Giordano Bruno, 1548 ~ 1600）和帕特里奇（Francesco Patrizi, 1529 ~ 1597）等人都「崇敬『神聖的』柏拉圖，並用他來反對『野蠻的』亞里斯多德。他們認為，亞里斯多德只不過是把柏拉圖的論點進行了僵化和誇張」[223]。當然，他們對柏拉圖有著獨特的理解，之所以選擇柏拉圖，是因為他們試圖借柏拉圖來倡導一種新的精神生活，即不再只是沉溺於對來世生活的冥想，而是在現世生活中領悟人性，提高個人的內心修養，由此而更接近上帝，而不是依靠外在儀式或強制戒律，例如佩脫拉克希望在隱居中探索自己的心靈，但他也廣泛遊歷，以理解他人；薩盧塔蒂（Coluccio Salutati, 1331 ~ 1406）認為上帝把一切法則都已印在人心中，人只要認識自己，堅守道德法則就是服從上帝的旨意；布拉喬利尼（Poggio Bracciolini, 1380 ~ 1459）和瓦拉也都為塵世的歡樂辯護，因為善就是順應自然規律；當然更別提費奇諾那種柏拉圖式的愛，因為上帝創造的世界不是乾枯的概念，而是美的萬物，善也應該在文雅的言行中表現出來才稱得上真正的善，這樣世界和生活才能讓人去愛。這樣的思潮會促使人們求助於內在心智和精神，或者說人文主義者追求的是在生活中的智慧。

在這些思想的感染下，文藝復興時期的藝術不僅僅是去模仿古代的典範，恪守由數學計算得出的比例，而且還要表現藝術家及其所描繪事物的內

223　加林：《義大利人文主義》，李玉成譯，北京：生活‧讀書‧新知三聯書店，1998 年，第 11 頁。

在心靈，就像阿伯提（Leon Battista Alberti, 1404～1472）所說的「高貴的靈魂」和「完美心智」。從文藝復興初期的喬托（Giotto di Bondone, 1267～1337）到往後的達文西、米開朗基羅和拉斐爾等人的作品，人們可以輕易發現，藝術家個人的風格越來越鮮明。由此，藝術家們必然會改變對藝術作品的評價方式，他們意識到總有一些東西是單憑純粹的法則無法表現出來也無法意識到的，藝術真正動人的地方也不在於那些法則，而在於那些屬於藝術家個人的東西。對此，評論家必須依靠某種並非理性的特殊能力才能發現它們，也就是說，必須要依賴一種直覺式的判斷力，因為人們無法套用現成的法則。只有這個時候，美學藝術的趣味才可能出現，「我們只有在文藝復興時期才能看到大量的富有表現力的藝術家，也因此，人們越來越重視個人因素對趣味理論造成的影響」[224]。

達布尼‧湯森（Dabney Townsend）考證，阿伯提的著作中首次運用了隱喻意義上的「趣味」一詞：「很多人說……我們關於美以及建築學的觀念都是虛假的，堅持認為建築形式隨個人趣味而變化多樣，而不依賴於任何藝術法則。這是無知之輩的共同錯誤，堅持認為他們不知道的就不存在。」[225]在這裡，阿伯提顯然對趣味持否定態度，認為它只是個人偏見。不過，也可以看出，當時人們對於藝術是否應該固守法則是有爭議的，而這一點在往後的言論中愈發明顯。到了16世紀，義大利的藝術家和作家們有意識地把趣味與判斷力直接連繫起來，因為藝術家的個性和表現力逐漸成為人們關注的核心話題，趣味就用來評判藝術家的性格以及這種性格如何融入獨特的表現形式中。與此同時，此時的藝術觀念開始擺脫模仿論，人們開始重視想像的創造性以及藝術作品的裝飾性，也就突出了藝術作品在審美上的自足性；藝

224　Dabney Townsend, *Hume's Aesthetics Theory*：Taste and sentiment, New York; London：Routledge, 2001：52.

225　Dabney Townsend, *Hume's Aesthetics Theory*：Taste and sentiment, New York; London：Routledge, 2001：52.

術創造的幻覺作用不再只是欺騙觀眾或者指向模仿的事物，它們自身構成一個系統，在這個系統中，局部細節不是指示某種外在之物，而是渾然一體，其中彷彿含有一種不可言說的韻味。這些表現形式和韻味與藝術家的個性結合起來就成為作品的風格，對於各具特色的風格，人們也不能單單依靠藝術法則來判斷和評價，而是需要一種如同味覺一般的辨別力來捕捉和體會。

卡斯蒂廖內（Baldassare Castiglione, 1478～1529）的一段話點明了藝術鑑賞所需要的特殊能力，雖然跟其他作家一樣沒有明確使用「趣味」一詞：「那些得到它們（藝術作品）的人首先要用作品來裝飾布置他們的房子，這些房子比人所居住的房子更神聖，它們是道明會親愛的神父達·貝加莫的房子，貝加莫不僅像其他優秀的藝術家那樣從透視的角度來看，而且還要從景觀的角度、從所畫的房屋的角度，站在遠處觀看，而且還觀察作品中的人物，要用木頭來做到偉大的阿佩萊斯（Apelles）用畫筆也難描繪的效果。事實上，在我看來，這些木頭的顏色要比畫家們所用的顏料更生動、更明亮，也更令人愉悅，所以這些神聖的作品可被稱作一種嶄新的，不是用顏料繪製而成的傑出畫作。人們很崇拜同時也很驚詫，這些作品雖然是用一些木塊拼接而成，但人們越是細看就越難發現接口，真是令觀者瞠目結舌。這位好神父為木頭上色的技巧如此高超，甚至能模仿帶有斑點和紋理的石頭，我相信在往後幾百年內也無人能及，正如後無來者。」[226] 這裡需要注意的不僅是藝術家用木頭模仿石頭質地的技藝，以假亂真，而且更重要的是從不同角度欣賞木雕的方式，其目的是要把雕塑與整個環境融為一體，鑑賞者要能把各個細節在自己眼中綜合起來品味其效果。這需要一種眼光、一種趣味。

多爾切的一段話則直接強調了藝術家個性的重要性，而個性是使作品充滿魅力的原因：「他（拉斐爾）將令人愉悅作為主要目的，（正如實際上

---

226 同上，第53頁。

也是繪畫的主要任務），追求的是雅緻而非威嚴，並且他也熟悉另一種人們通常稱作優雅的東西，因為他的所有作品除了在觀賞者頭腦中留下發明、設計、多樣這樣一些印象之外，還有普林尼（Gaius Plinius Secundus, 23～79）形容阿佩萊斯所畫人物的那種東西，即魅力（venustas），那是一種不可言傳的東西（je ne sais quoi），無論是繪畫還是詩歌令人著迷的地方。因此這種東西讓觀者或讀者心中充滿了無盡的樂趣，而我們不知道是什麼給了我們這樣的快樂。」[227] 到了 18 世紀，人們也經常用法語 je ne sais quoi 來形容美，同樣也強調美是理性無法掌握的東西，但毫無疑問的是：藝術作品之所以引人入勝是因為其中包含了某種不可見的精神，表現在形式上就是優雅，它很大程度上來自藝術家自身，能體驗到這種精神的是一種獨特的判斷力，亦即趣味。尤其值得注意的是多爾切所提到的「優雅」一詞，這個詞或者其同義詞常常出現在人文主義學者的著作中，它原本指的是人行為的得體，也就是嫻熟而自然地表現禮儀的舉止，而不是為禮儀所束縛而顯得僵硬猥瑣。多爾切在這裡運用「優雅」一詞，同樣意在說明藝術作品的魅力不是對現成法則的遵循，而是對法則靈活、創造性地運用，這使得作品中充滿一種無以言說的神祕力量，而這種力量的根源無疑是藝術家自身的心靈和性格。

然而，只有到了 16 世紀後期，風格主義（或稱矯飾主義）的藝術家們才很明確地把趣味作為一個美學和批評術語。朱卡洛強調藝術作品最吸引人的是優雅，而優雅與趣味有關：「優雅是……一種溫柔甜美的附屬物，吸引著眼睛，滿足了趣味……它完全依賴於良好的判斷力和良好的趣味。」[228] 有意思的是朱卡洛把眼睛與趣味對舉，趣味與眼睛既屬於同一種官能，又存在區別，彷彿要說明，趣味是一種特殊感官。風格主義本身重視形式組合的

227　Dabney Townsend, *Hume's Aesthetics Theory*：Taste and sentiment, New York; London：Routlodge, 2001：55.

228　同上，第 60 頁。

美，擺脫了純粹的模仿，甚至也不再依賴理想化的理論，即藝術美來自對所模仿事物最美細節的綜合，所以形式組合的美不能直接在自然中找到對應物。無論是藝術創造還是欣賞，其任務不是發現作品與現實事物的相似性，而是能夠在形式中間植入一種內在和諧，使其成為整體。

宙克西斯（Zeuxis）為了畫出想像中的維納斯，把人間所有少女最美的特徵集中在一起，但亞美尼尼說，即使這樣也未必能畫出所需要的效果：「如果宙克西斯除了常人所不及的勤奮之外不具有一種獨特的個人風格，他就從不可能把他從許多少女那裡複製來的優美的個別部分構成和諧的整體。」[229]可以看出，在這些藝術家眼中，趣味是一種綜合判斷力，和諧也不是能夠精確計算的比例，需要部分之間的默契配合，需要將一種生氣灌注其中。這樣的趣味不是理性認知的能力，它就像一種感官，可以在一瞬間做出精確判斷，所以它不免有一種神祕意味。17 世紀西班牙的葛拉西安（Baltasar Gracián, 1601～1658）寫道：「你能夠像鍛鍊智力一樣鍛鍊它（趣味）……你可以透過他的高尚趣味而了解一種高貴的精神：只有偉大的東西才能滿足偉大的心靈。……極致的東西總是很少，能鑑賞它們的人也不多。趣味能夠透過交流來傳授：只有足夠好的運氣才能產生最高明的趣味。」[230]

在 17 世紀的英國，隱喻意義上的趣味應該已經成為一個通用的詞語，雖然肯定算不上是一個正式的哲學術語，實際上在 17 世紀末的批評領域也是這樣，著名的評論家如丹尼斯、喬治·法考爾等人也沒有把趣味作為一個核心術語。只有在沙夫茨伯里的著作中「趣味」一詞才被廣泛使用，其內涵與美學有著直接關聯，但也超出了美學範圍，尤其與道德實踐關係緊密，因而顯得異常豐富。試舉兩段話，可見沙夫茨伯里對「趣味」一詞的基本用法：

229　Dabney Townsend, *Hume's Aesthetics Theory*：Taste and sentiment, New York; London：Routlodge,2001：60.

230　同上，第 61 頁。

我的理解是，所謂時尚的紳士指的是這樣一類人，一種天生優秀的天才或良好教育的理論使他們知曉什麼東西本身就是優雅和適當的。有些人只是憑藉天性，有些人則是透過藝術和實踐，耳朵通曉音律，眼睛精通繪畫，在裝扮和舉止等日常事情上有想像力，對所有的形制有判斷力，對能為所有聰慧之人帶來娛樂消遣的多數領域有著普遍良好的趣味。[231]

　如果他確實試圖獲得生活中真正的學問或趣味，他就必定會發現正派的心靈和慷慨的感情比外在世界中所有其他的齊整美觀之物都有更多的美和魅力，一點真誠和純樸，比裝飾、房產或權位等所有身外之物更加珍貴。為了這些身外之物，高尚之人往往變成流氓無賴，為了戰戰兢兢保住低賤的職位而放棄原則，出賣榮譽和自由。[232]

　如果熟悉沙夫茨伯里的著作，我們可以輕易發現他所用「趣味」一詞的內涵。首先，一個人有趣味可以指他在藝術方面有一定的修養。具體來說，他了解各門藝術的相關知識，尤其是有欣賞能力，能辨別美醜。不過，沙夫茨伯里從未要求一個有趣味的紳士掌握創造藝術作品的技能，所以在藝術領域，趣味多指接受能力而非創造能力。其次，趣味還可以反映出一個人心靈的內在品格，至少是有著高尚正義的德行和善良的感情，不迷戀於外在的財富和權勢，而追求一種精神境界。同時，更為重要的一點是：無論是藝術上的趣味還是道德上的趣味，都為主體帶來快樂的情感，或者說趣味是一種情感判斷能力，能夠對美醜善惡做出正確、恰當的情感反應，而不僅僅是通常所謂的理性認識。一個人有趣味，雖然意味著他具備理論知識，但更多地表現為一種實踐能力，他需要掌握的是「生活中的學問」，也就是說，趣味是面對具體藝術作品和行為情境時做出正確判斷和選擇的能力，而且沙夫茨伯

231　Shaftesbury, *Characteristics of Men, Manners, Opinions, Times*, ed., Klein. Lawrence E. Cambridge University Press, 1999：62.

232　Shaftesbury, *Characteristics of Men, Manners, Opinions, Times*, ed., Klein. Lawrence E. Cambridge University Press, 1999： 168.

里在很多地方強調，好的趣味能夠增進社會交往，帶給他人良好的影響。從藝術批評到道德實踐，趣味不再是一個鬆散的經驗性的概念，而成為沙夫茨伯里哲學的核心概念。

趣味之所以在沙夫茨伯里的論述中變得如此重要，本身也有英國哲學自身的獨特性這個原因。相比於笛卡兒視理性為人的本質，經驗主義卻突出感覺的意義，而由感覺而來的觀念或思想總是具體的，所以在一開始人就需要對具體的事物做出辨別，最後獲得的知識也仍然是面對具體情境的知識。特別是自霍布斯開始，經驗主義將人的情感活動和心理活動作為研究的重點。的確，霍布斯以及洛克的哲學一定程度上仍帶有理性主義的色彩，因為在他們看來，即使是情感活動也仍然遵循數學式的規則，但在他們的描述中，人們可以感受到，人不是一臺懂得思考的機器，而是一個有血有肉的個體，其生存的目的不僅僅是獲得理論知識，而是在生活實踐中求取快樂，雖然各種快樂有所不同；在追求快樂的現實生活中，人們更多依靠的是經驗，人們必然要面對千變萬化的現實情境，受到各種意外因素的干擾，因而必須靈活地領會和運用知識。

沙夫茨伯里的激進之處在於，他不僅反對霍布斯和洛克的功利主義，而且要推翻他們的整個哲學體系。在他看來，即使霍布斯和洛克承認感覺和情感的特殊性，卻仍然試圖用純粹理性的方式來描述它們的運行規則。說到底，他們對人的本性存在根本的誤解，如霍布斯所說，人就是機器。這無疑抹殺了人的自由，人既不能主動思考，也不能為他的行為負責，無力追求道德的善，因為一切行為都是出於必然的規律。這並非是說研究自然界的物質規律和人的思維規律沒有意義，而是如果最終的意義在於人生的目的是為了有利於人的精神和道德，那麼整個哲學研究的意義就僅限於為自己指明正確的目的。

沙夫茨伯里寫道：「如果一位遊客偶然間走進了一家鐘錶店，想了解一下鐘錶，打聽鐘錶的每一個零件是由什麼金屬或物質製造的，用什麼上色，

或者是什麼讓鐘錶發出聲音，但不去詢問這種器具的真正用處，或者是透過怎樣的方式運作實現其目的，怎麼才能製造出最好的鐘錶……很顯然的，這樣一個人對這種器具的真正本質知之甚少。如果一位哲學家以同樣的方式研究人性，只是發現每一種情感作用於身體的效果是什麼，它們會對相貌帶來哪些變化，它們以怎樣獨特的方式影響四肢和肌肉，這可能只讓他夠格向解剖學家或畫家提出忠告，而不是全人類或他自己：因為照這樣看來，他考慮的不是構成他本質，並且使他真正得以運作之物，同時也不把人當作真正的能行動的人，而是把人當作了一座鐘錶或一臺機器。」[233] 正如他在其他地方也說，解剖學家能告訴人們，在恐懼的時候，人的肌肉和神經是如何運動的，但他不能告訴人們如何才能克服恐懼。在〈論狂熱〉一文中，沙夫茨伯里分析了狂熱這種心理現象的根源和發生、消長、傳播的規律，但同時也得出一個結論，即應對宗教狂熱的有效方法不是予以強行壓制，也不是放任自流，而是透過幽默、諷刺的方式加以疏導，使人們在自由和諧的交往中保持一種平和的性情。因為狂熱是人心中一種自然的傾向，在遇到自己熱愛或恐懼的事物而又無法抒發的時候，情感鬱積在心中就容易轉化為狂熱。詩人們也需要一點狂熱，透過優美的語言和韻律自由地表達出來能夠將這種狂熱控制在適度的範圍內，讀者們吟詠酬唱，對詩歌法則進行評論歸納，使性情在狂熱與理智之間達到巧妙的平衡，也有利於陶冶情操，換言之，人們能夠在表達和交流中培養良好的趣味。

顯而易見，沙夫茨伯里的整個哲學探討的是目的和價值以及如何做出正確而有效的判斷，而把一般意義上的理性認識擺在了次要的位置上。在一定程度上，對於目的和價值判斷與文藝復興時期藝術家們提出的趣味判斷有著類似之處。審美評價離不開對藝術法則的認知，但決定作品審美價值高低的

---

233 Shaftesbury, *Characteristics of Men, Manners, Opinions, Times*, ed., Klein. Lawrence E. Cambridge University Press, 1999：131.

並不是藝術法則；幾乎所有的藝術家都掌握了公認的藝術法則，但只憑藝術法則並不能造就優秀的藝術作品，只有那些能恰當而靈活地運用法則，並形成自己獨特風格的藝術家才能使作品富有魅力，引人入勝。因為這樣的作品呈現出來的是藝術家的性格，能勾起觀者的同情和共鳴。同樣，對於目的和價值判斷不僅需要理性認識，而且更需要對行動者動機和情感的理解，也需要對具體情境的敏銳辨別，這樣才能真正判斷一個行為是否恰當得體。

綜觀沙夫茨伯里的思想，總體來說，趣味包含兩個關鍵要素，即情感和經驗。正如前文所述，目的和價值判斷首先是情感判斷。如果一個人沒有情感，對任何事物和行為都不做出情感反應，他就不知道何為善惡。同時，在沙夫茨伯里看來，對於善惡美醜的情感反應是先天或本能的，這是他的倫理學和美學的基本前提。即使在道德判斷和審美判斷中需要理性，但如果沒有先天情感，理性的推論就沒有最初的出發點。道德判斷和審美判斷總是面對具體的事物和行為，但如果以理性的角度把美醜善惡歸結為事物和行為的客觀性質，那就意味著它們不包含情感色彩，而沒有情感就沒有價值判斷；道德判斷和審美判斷會受到教育和社會風氣的影響，但教育和社會風氣並不能無中生有，在人心中植入情感。同時，教育和社會風氣的作用再大，也不能泯滅先天情感。

在沙夫茨伯里看來，先天情感還不足以讓人做出正確的判斷，因為它們既然是先天和本能的，就如霍布斯所說，一定程度上就是必然的，所以它們並不能使人做出有意識的判斷。與此同時，人的先天情感至少包含自私的和交際的兩種，它們不是時時刻刻都能產生善的行為，而且很多時候這兩種情感錯綜交織，同時發揮作用，只有個體主動地加以控制才能使一個人養成善良的性格，做出正確選擇。有意識的判斷只能來自個體的主動反省：「如果一個生命慷慨、仁善、忠貞、慈悲，卻不能反省自己或他人的所作所為，以至於不能了解到什麼是真正可敬或真誠的，並錯將可敬的和真誠的事物誤認

為自身情感的一部分，那麼他就不具備行善的性格。反之，他才能真正具備對錯的意識，具備對於出自正義、公正和善良情感或者出自相反情感的東西的情操或判斷力。」毫無疑問，沙夫茨伯里的這個反省概念是受了洛克的啟發。在洛克的論述中，情感是感覺和反省共同作用下的產物。不過，沙夫茨伯里強調的是：人對自己心中發生的情感具有反省能力，他稱之為面對感情的情感。有了這種主動的反省能力，才能說人有良心。

然而，縱使有先天情感和反省能力，道德判斷和審美判斷卻還要面對具體情境，並沒有一成不變的規則可以遵循，所以具體的判斷需要經驗的累積。某種程度上，沙夫茨伯里認為單憑情感而判斷是不充分的：「讓我們誠實地面對自己，並且承認，快樂不是善的指標。因為當我們僅僅順從快樂的時候，我們會討厭變化，轉而譴責原先熱烈贊同的東西；當我們順從激情和單純的性情的時候，就不能公平地判斷幸福何在。」[234] 這並不是要求人們放棄情感上的愛憎，而是還要站在他人的立場上或普遍的立場上反躬自省，用他的話來說，要把自我「一分為二」，時時察覺到他人對自己的評價；就像一個人作惡之後不可能心安理得，總會感覺到別人對自己的憤慨和鄙視。而這種反躬自省，只有在與他人不斷的交往中才能逐漸成熟起來，因為站在他人的立場上並不是人云亦云，喪失自己的判斷力；反之，這種做法的目的恰恰是喚醒天性中原始的情感，樹立更加自覺而普遍的信念。所以，反省並不意味著完全克制或束縛情感，而是消除各種偶然因素對人性中善良情感的干擾，使其得到自然而充分但也是主動的抒發。

這種境界不可能一蹴而就，而是一種在交往中不斷學習的過程。這正如孔子提出的君子成長的幾個階段，「興於詩，立於禮，成於樂」，道德和審美趣味的形成需要理性認識，也需要規則的約束，在實踐中磨練，最後能

---

234 同上，第138頁。

審美的社會學

熟練變通，使每一次判斷都成為自然而然；就像演奏音樂一樣，死板地遵守樂譜總讓人覺得僵硬刺耳，只有反覆練習，融會貫通之後，把自己的性格灌注其中，音樂才能富有生命力。沙夫茨伯里出於同樣的目的批評當時的哲學「只需要動手而不是動腦」，滿足於尋找自然界中確定的規律，對於現實生活卻毫無幫助，而在古希臘「不僅騎兵和步兵有可以訓練的公共場所，在哲學領域也有可以較量的對手。邏輯和其他學科有設立專門的學院，人們能在裡頭接受考核，並非脫離實際、流於形式，而是在階級更高的人群中公開鍛鍊，就像在上流社會中的訓練一樣。這就是為什麼處於社會最高位階上、擔任最重要職務的人，即使在生命的最後時刻，也不恥於在重要的公共事務的間隙中進行這種實踐」[235]。如此看來，趣味有先天情感作為根源，但也是一種後天經驗，經過經驗磨練的情感由一種無意識的衝動醞釀成一種自主判斷的能力。當然，這種經驗與一般經驗主義所謂的經驗截然不同，它不是觀念間習慣性的鬆散連結，而是一種整體的自我意識或人格，相當於伽達默爾（Hans-Georg Gadamer, 1900～2002）從 19 世紀以來的德國哲學中提煉出來的體驗這一概念：「每一個體驗都是由生活的延續性中產生，並且同時與其自身生命的整體相連。這不僅指體驗只有在它尚未完全進入自己生命意識的內在聯繫時，它作為體驗仍是生動活潑的，而且也指體驗如何透過它在生命意識整體中消鎔而『被揚棄』的方式，根本地超越每一種人們自以為有的意義。由於體驗本身是存在於生命整體裡，因此生命整體目前也存在於體驗之中。」[236] 如果從這個角度來理解，我們更能看到沙夫茨伯里對文藝復興時期趣味觀念的傳承。藝術作品不是對外在事物亦步亦趨的模仿，而是在形式上自成一體，但能夠促使這種整體形成的是藝術家在形式中融入了自己

---

235 Shaftesbury, *Characteristics of Men, Manners, Opinions, Times*, ed., Klein. Lawrence E. Cambridge University Press, 1999：235.

236 伽達默爾：《真理與方法》（上卷），洪漢鼎譯，上海：上海譯文出版社，1999 年，第 89 頁。

的生命體驗。在沙夫茨伯里看來，一個富有趣味的人就像充滿魅力的藝術作品，他的德行、他的溫柔性情、他的自然情感充盈於他的言行舉止當中，顯現出一種難以言喻的優雅。

從趣味這一概念的發源，到沙夫茨伯里對它的延伸和補充，我們可以看出其複雜性。這種複雜性不僅在於貫穿了藝術、道德、禮儀以及人際交往的各個領域，而且還在於它既迎合了近代理性，又超越了理性。趣味要求人訴諸自己的理性，但它又強調如感覺一般的情感性和直接性；趣味希望達到自由開放的交往，但又要求保留人格的個體性和獨立性，打破權威和外在規範的強制；趣味既倡導人順應自己的天性，又贊成主動地控制和引導天性，養成一種獨立而持久的性格。趣味希望將人的所有能力都統合起來，成為一種直接的表現力和判斷力，但可以確定，趣味中最突出的因素是情感，而我們用經驗這一要素來展現其綜合性。

18世紀英國的美學家們言必稱趣味，關於趣味的學問就是批評方法和美學，肯定是沙夫茨伯里的影響所致，他們試圖揭開趣味的祕密，用的方法則多半是霍布斯和洛克的「遺產」，這又與沙夫茨伯里的旨趣背道而馳。的確，定義趣味是件兩難的事情，趣味是一種綜合性的能力，定義卻要透過分析找到構成它的基本成分，而沙夫茨伯里從未分析過趣味究竟包含哪些成分。為了能夠保證倫理學和美學的科學性，美學家們又必須求助於霍布斯和洛克的經驗主義心理學，因為這兩位哲學家詳細地分析了心靈的各種活動，這一定程度上決定了多數美學家仍然是在認識論領域中來理解趣味的，而沙夫茨伯里強調趣味的實踐性。不過，美學家們至少在一點上是掌握了沙夫茨伯里趣味的要義的，即趣味並不能歸結為霍布斯和洛克所列舉的某一種感覺，所以美學家們並不完全忠於霍布斯和洛克的論述，他們運用兩人的哲學很多時候是為確定趣味的性質做參照。

審美的社會學

哈奇森試圖從洛克的感覺論和觀念論推出內在感官或趣味的性質，正如我們前文的分析，他的推理左支右絀，內在感官很難被置於洛克的體系中，然而正因如此，我們才看到趣味已經越出洛克的體系之外。哈奇森的主要目的是要表明，趣味與感覺有相同之處，它們都是人天生的感覺或能力，都是直接地掌握事物的性質，不同之處在於內在感官帶來的是精神性的愉悅，而感覺只給人肉體上的刺激，因為一般的感覺只能接受事物的個別性質，內在感官卻能直接掌握複雜的整體；美正是存在於富有規則的複雜形式中，一個單音的美無論如何也比不上一首樂曲的美，漂亮的眼睛也無法與整張面容的嬌美相提並論。在這種比較中，哈奇森實際上闡明了趣味的綜合性。不過，他太過於強調趣味或內在感官的先天性和直接性，讓人以為趣味是一種單純的感覺。同時，他也沒有領會沙夫茨伯里重視趣味的實踐性特徵。

在哈奇森之前，艾迪生也有一篇論趣味的文章叫〈趣味的特徵〉。在他看來，人們既然廣泛地使用隱喻意義上的「趣味」一詞，那就說明，「在精神性的趣味……與感覺上的味覺之間存在非常大的一致性」。一個有著精緻味覺的人能夠品出十種不同味道的茶，即使把兩三種茶混在一起，他也能做出準確的鑑別。同樣，說一個人在文學上有精緻趣味，那就意味著他「能以同樣的方式區別不僅是一個作家身上總體的美和不足，還能發現他思考和表達自身的不同路數，其中有哪些是他獨有的，有哪些思想和語言是外來的，又是從哪個作家那裡借來」[237]。

艾迪生的例子與後來休謨在〈趣味的標準〉一文中所舉的例子幾乎一樣，強調趣味的作用在於精細的分辨力，也就是能夠在相似的地方發現細微的差異，所以在他看來，好的趣味能夠分辨哪些作品是優秀或平庸的，美的作品自然會帶給人快樂，而低劣的作品則讓人不快。與哈奇森一樣，艾迪生

237　Joseph Addison, *The Works of Joseph Addison*, Vol. III, p. 388.

指出趣味是天生的，但不同之處在於，他並不認為天生的趣味有多大意義，「儘管這種感覺在某種程度上是與生俱來的，卻也有一些方法來培養和提升，否則趣味就易變不定，對擁有它的人來說也沒有多大用處」[238]。提升趣味最有效的方法就是與他人交流切磋，因為一個人總是局限於自己的角度，而他人能提供多種不同的角度，使他能看到自己不曾注意的東西，因而得到諸多啟發。與他人的交流理所應當包括熟讀經典作品，深入作家的心靈中，因為知道現成的藝術法則並不是精緻趣味的充分條件，「除了連一個趣味平庸的人都能說上幾句的固定法則之外，還應該深刻了解精美作品的精神和靈魂……因此，儘管時間、地點和行動的統一和其他一些類似的要點，是賞析詩歌時必不可少的，應被透徹地解釋和理解；但還有一些東西對藝術來說更是必不可少，它們能振奮、刺激想像力，並讓讀者看到人類情感的偉大，這一點除了朗吉努斯之外少有批評家曾考慮到」[239]。從這一點來看，艾迪生對趣味的理解比哈奇森更接近於沙夫茨伯里。

事實上，艾迪生這篇論趣味的文章少有人提及，倒是他的想像理論對後來產生了決定性的影響，加上休謨的理論系統，想像成了 18 世紀英國美學的主要內容，自然而然，美學家們把趣味與想像連在一起，想像甚至是趣味的核心要素。傑拉德定義趣味時說：「趣味主要由幾種能力的發展構成，它們通常被稱作想像力，也被現代哲學家認為是內在感官或反省感官，它們為我們提供了比外在感官更為精細和雅緻的知覺。」[240] 這個定義看起來很是混亂，因為它把趣味、想像、內在感官、反省等同起來了，而又沒有辨析它們之間的關係。傑拉德必定是想兼顧艾迪生和哈奇森對趣味的闡述，趣味既像感覺一樣是一種直接的判斷能力，但又包括複雜的要素。他理解「趣味儘管

238　Joseph Addison, *The Works of Joseph Addison*, Vol. III, p. 389.

239　同上，第 392 頁。

240　Alexander Gerard, *An Essay on Taste*, p. 1.

審美的社會學

自身是一種感覺，但就其原則來說，卻可以被正當地歸於想像」[241]，說趣味是一種感覺，是因為它「因對事物原始和直接的知覺而生」，也就是直接給人帶來一種快樂，但這種快樂「並不包括在這些知覺中」，而是由想像把簡單知覺串連、綜合而生成的。一定程度上說，傑拉德的定義代表了 18 世紀英國美學家們對趣味的基本看法。正如前文介紹的那樣，在美學家們看來，想像能更準確地描述內在情感性質及其運行規律，是想像把外在感覺轉化為觀念，並且在觀念間推移時生成各種不同的情感。所以，美學家們將想像視為趣味的核心要素的目的，其實是為了突出趣味判斷的情感性。

自從休謨發表《人性論》之後，美學家們太過側重於分析各種不同類型想像的規律，並由此描述不同類型的美的情感特徵，這雖然充實了 18 世紀英國美學的內容，但想像理論並不足以揭示趣味的真正內涵，反而使其變得狹隘而僵化。因為美學家們所討論的是審美接受的心理學，而不是藝術創造的想像，所以他們更強調想像的自然規律。在想像過程中，審美主體彷彿只是順從這些自然規律，而沒有展現個體主動的反省和積極選擇。在 18 世紀末，艾利遜的觀點雖有些極端，但也反映出部分美學家的傾向。基於美感的直接性和想像的客觀規律，他排斥評論對於審美鑑賞的正面意義。在他看來，評論是一種理性意識，很容易打斷想像自由順暢的運行，因而阻礙審美情感的生成。「每個人都必定感覺到，當心靈處於這樣的狀態，也就是想像是自由且無拘無束的時候，或者注意力不被任何個人或特定的思想事物占據的時刻，我們不拒斥事物在我們面前所創造的任何印象，這樣的狀態才最有利於趣味情感」[242]，評論家們卻把注意力放在作品的細節上，僅僅計較局部修辭的價值，對於美感漠不關心：「考察牛頓哲學論證的數學家，研究拉斐爾設計的畫家和計較米爾頓韻律的詩人，在這些時候都丟失了這些作品帶

241　同上，第 161 頁。
242　Archibald Allison, *Essays on the Nature and Principles of Taste*, Vol. 1. Edinburgh, 1811：10.

給他們的愉悅。」[243] 甚至對藝術法則的關注也不利於審美鑑賞:「它們使我們慣於借助法則來思考每一部作品,使我們關注憑藉理論賞析時所得到的效果,而不是把效果之基礎的性質當作真正趣味的事物。也就是說,由於法則並不是重在關注對美或崇高的感覺表現出的神祕及充滿熱情的愉悅,它們提供給我們最大的享受不過是來自對藝術的精巧觀察。」[244] 這種觀點顯然與沙夫茨伯里截然不同。在沙夫茨伯里看來,如果不經受批評,一個人就會始終局限於自己的偏好,無法確立起普遍而恆定的趣味,換句話說,若是沒有評論這種實踐方法,趣味就不能趨於成熟和高雅。趣味應該知其美,也要知其所以美。

考慮到趣味的複雜性,更多的美學家在想像理論這個核心要素之外也尋找構成趣味的其他要素,其中最主要的是理性。柏克認為趣味是「心靈中被想像的作品和雅緻藝術感動,或對其形成判斷的那些感覺」[245],但他又補充說:「所謂趣味,就其一般的定義而言,不是一個單純的概念,而分別由對於官能初級快感的知覺,對於想像次級快感的知覺以及相關推理官能的知覺所構成。而趣味與這些知覺之間的關係,也與人類的情感、態度和行為有關。」[246] 也就是說,趣味至少是由感覺、想像和理性三種官能構成的。之所以需要理性,柏克的理由是:藝術作品描繪的內容非常複雜,既有一個人的性格、作風和行動,也有不同時代和社會的風俗習慣、宗教道德,要理解這些東西,自然要依靠理性認識和推理,而不是先天的感覺和想像。讓柏克猶豫不定的是理解這些內容是否屬於嚴格意義上的審美,與艾迪生和艾利遜一樣,柏克很懷疑那些關注航海技術的人是否能真的領會《荷馬史詩》的美,但他依然認為它們都是趣味的事物。「我們所謂的趣味,確切地說很大一部

243　同上,第14頁。
244　同上,第100—101頁。
245　Burke, *A Philosophical Enquiry into the Origin of our Ideas of the Sublime and Beautiful*, p. 20.
246　同上,第23頁。

分在於我們行為方面的技巧、對時間和空間的觀察以及普遍的道德禮儀。」[247]
事實上，柏克並不認為對事實的理性認識本身就屬於趣味，而應該說趣味把理
性認識審美化了；更確切地說，是以想像的方式來看待藝術作品描述的複雜內
容。一個畫家畫的鞋在鞋匠看來是有錯誤的，但並不能因此而貶低畫家的趣
味，只是表明他在製鞋的知識上有所欠缺而已；對於畫家來說，只要畫得大致
相似就可以了。雖然柏克在藝術哲學上主張模仿論，即接受者從藝術作品中得
到的快感實際上來自於被模仿事物的感覺和想像，但從他那充滿矛盾的論述
中，我們仍然可以看出，就理性認識屬於趣味的一個要素而言，其主要作用是
推動想像的運行，意識的理性本身不是趣味的真正目的。由此，趣味把理性認
識轉化為了情感體驗。就像我們讀《西遊記》時，倘若真的要刻意探究唐僧
去往印度的路線是否合理、各地的風土民情是否正確，那就不屬於趣味問題
了，因為趣味的目的是要考慮這些描述是否能讓取經之路顯得曲折離奇，是否
能讓讀者感到懸念迭出，心潮起伏。這是想像的作用，唐僧心地善良、天真單
純，還有些刻板固執，而取經道路上則到處是豺狼虎豹、妖魔鬼怪，我們自然
要擔心他是否能逢凶化吉、功德圓滿。柏克認為，詞語本身就可以營造優美或
崇高的效果，而不必糾結於它們所描繪的事物是否真實。

維吉爾寫獨眼巨人出現的場景，「三股疾風暴雨，三重濃雲密霧，三團熊
熊烈火，三陣凜冽南風，頃刻間混成電閃雷鳴，夾雜著恐懼憤怒，還有火焰
噴湧而來」[248]，讀者根本顧不上想這些是否就是事實，頭腦中甚至也沒有清
晰的意象，只憑文字的聲音、排列和轉換，就足以讓人膽顫心驚，倍覺崇高。

事實上，在柏克 1757 年發表其美學著作之前，已有人提出相似的觀點，
庫伯（John Gilbert Cooper, 1722 ～ 1769）在《趣味通信》（1755）中寫
道：「趣味並不完全依賴於知性能力的自然力量和後天發展，也不完全依賴於

247　同上。
248　Burke, *A Philosophical Enquiry into the Origin of our Ideas of the Sublime and Beautiful*, p. 171.

肉體器官的精細構造，也不依賴於想像力的直接能力，而是依賴於它們的完美結合，並且沒有哪一者獨占優勢。」[249] 一個人可能有很強的理解力，博學多識，卻沒有趣味，也就是沒有某一種內在感官。在庫伯看來，是內在感官把感覺、想像和理性三種能力和諧統一在一起的。顯然，庫伯理解的內在感官與哈奇森是不一樣的，不是一種單獨的能力，而是能將多種能力綜合運用的第四種能力。他說艾迪生既不是偉大的學者，也不是優秀的詩人，但能將學識和想像完美結合，成為一個具有精緻敏感趣味的人，「這使他能分辨出別人作品中的美，儘管他無法解釋這些作品為什麼美，因為他缺乏批判所需要的深刻的哲學精神」[250]。這個評論很有意思，雖然也算中肯，但他強調的是，趣味是一種精確而公正的判斷力，而非創造力。富有趣味的人既保持敏銳的情感，又能保持理智的距離。當然，在一定程度上，庫伯與柏克的觀點沒有太大的分歧，雖然庫伯很推崇沙夫茨伯里，主張真善美應該是同一的。

在傑拉德、凱姆斯的美學中，趣味同樣包含著理性這個因素，但他們也如柏克一樣，把理性認識轉換為想像活動，因此而維護趣味情感的特徵。毋庸置疑，若非趣味理論，尤其是想像理論的發展成熟，近代美學就很難獲得其原則上的自足性，也很難成為一門獨立的學科。自沙夫茨伯里之後，關於對趣味內涵的探討通常出現在美學領域，並且與想像理論交織在一起，成為美學的一個核心概念。很顯然的，這與沙夫茨伯里的本意有所偏離，也把趣味的內涵狹隘化了。沙夫茨伯里很少使用「想像」[251] 一詞，他無意把趣味看作是人心靈中的一種自然能力，雖然它的確在人性中有其根源，因為正如我們前文所分析，如果想像具有自然規律，而不受主體控制，那麼把想像視為趣味的基本內涵，就意味著趣味只是一種本能，主體也喪失其自由。後來的

249　John Gilbert Cooper, *letters Concerning Taste*, London, 1755：29.

250　同上，第30頁。

251　在他的著作中，較為常見的是「fancy」，而不是後來美學家們奉為圭臬的「imagination」。

美學家們並非對此毫無意識，但他們在趣味的綜合性與美學的科學性之間難以取捨時，很多時候選擇了後者。不過，這個選擇也將引發另一個難題，那就是如何解決趣味的差異性與普遍性或客觀性之間的矛盾，而這個問題將暴露出趣味更深層次的祕密。

趣味是否有差異

有一個問題一直困擾著 18 世紀英國的美學家們，那就是趣味是否具有普遍性和客觀性，或者更直接地說，趣味是否有標準。這種困擾呈現在，即使在一個美學家的理論體系中，趣味既是普遍的，也有個體差異，而不是某些美學家認為趣味是普遍的，而另一些美學家則認為有差異。當然，從邏輯上說，既然美學家們總是爭論趣味是否有標準，也就意味著趣味是存在個體差異的，否則就沒有必要爭論；同時也意味著趣味具有（至少是應該具有）普遍性，否則就談不上標準了。就趣味理論作為一門學問或美學而言，如果趣味這種能力不存在客觀性，那麼這門學科就無法成立了，如柏克所言：「我確信關於趣味的邏輯很可能同樣被概括出來，並且我們能以很大的確定性來討論這類性質的問題，如同純粹理性領域內的那些問題彷彿更直接地具有確定性。而且，在這樣一個研究的起點，如我們現在這樣，很有必要把這一點儘量確定下來，因為如果趣味沒有固定的原則，如果想像不是根據某些確定不變的規律而被觸動，我們的工作可能就是無的放矢。」[252] 從實踐的角度來說，「如果人類所共有的判斷力和情操不存在某些原則，他們的理性或激情也就不可能被掌握，以便能維持日常生活的交往」[253]。但他也無奈地承認，在趣味問題上，人們還沒有找到像理性分辨真理和謬誤一樣的確定原則。

252　Burke, *A Philosophical Enquiry into the Origin of our Ideas of the Sublime and Beautiful*, p. 12.
253　同上，第 11 頁。

在較早時期，哈奇森在他的美學中指出了這樣一種現象：「顯而易見的是，根據經驗，許多人都擁有足夠完善的一般意義上的視覺和聽覺；他們可以感知所有單獨的簡單觀念並從中獲得其快樂；他們能把簡單觀念彼此區分開來，例如能分辨一種顏色與另一種顏色的區別……當每個音符單獨發聲時，他們可以辨別聲音的高低清濁……然而，也許他們不能從樂曲、繪畫、建築和自然景色中感受到任何快樂，或者縱然得到，也比其他人從統一事物獲得的快樂要微弱一些。這種較強的接受悅人觀念的能力，我們通常稱之為良好的天才或趣味。」[254] 在他看來，外在感官產生的觀念和苦樂情感在所有人身上都是一致的，除非人們把這些觀念和情感與另外的感覺產生連結，例如一種顏色如果常被底層階級的人運用，人們就容易對這種顏色感到厭惡，但是在需要內在感官或趣味的藝術鑑賞中，儘管不存在觀念連結的影響，人們從中得到的情感卻存在差異，甚至是有和無的差異。這很難說是哈奇森的真實想法，因為他的目的是要證明內在感官或趣味是先天的，而且是普遍的，在人類當中有一致性：「內在感官是一種被動能力，它會從具有寓於多樣的統一的所有事物中接受美的觀念。就像當糖分滲入味蕾時，心靈總是會受影響被強制去產生甜的觀念，或一聽到空氣的快速波動就會產生聲音的觀念；在審美方面，似乎很難有同樣的情形。後者如同前面所舉的例子一樣，看似與其觀念無甚關聯：相同的能力能同樣地為前例 —— 正如為後者一樣 —— 構造觀念的誘因。」[255] 在現實中，沒有哪個地方的人在蓋房子時把窗戶設計得歪斜扭曲、高低不平，也沒有人會認為胡亂潑灑各種顏色就會成為圖畫，之所以在某些時代和地方有人違背自然規律或常識，多半是因為教育和習俗養成的偏見：「哥德人因他們所受的教育，而認為自己國家的建築十全十美；倘若眼前的羅馬建築令他聯想到某些對他而言帶有敵意的觀念，會

---

254 Francis Hutcheson, *An Inquiry into the Original of Our Ideas of Beauty and Virtue in Two Treatises*, p. 23.
255 同上，第67頁。

使他因為憎惡而刻意去破壞建築物，就像我們的某些改革者對待天主教建築那樣，他們無法明確區分出他們所迷信的崇高觀念以及他們崇拜的建築物的形式。無論如何，能取悅哥德人的仍然是寓於多樣的統一中所展現的真正的美。」[256] 所以，如果拋開後天的習俗和教育的影響或干擾，趣味是具有一致性的。按照哈奇森的觀點，人都能從寓於多樣的統一的形式上獲得美感，哪怕是習俗和教育的影響也還是建立在這種先天趣味的基礎上的，再多的影響也無法讓人喜愛醜陋畸形的東西。

簡而言之，哈奇森認為，趣味差異源於後天經驗，凡不受這些經驗影響的趣味必定高於受其影響的趣味。後來的美學家們很少忠實地接受內在感官這個概念，但對於趣味差異的原因，卻與哈奇森有著非常相似的觀點。他們的依據是想像的自然規律，這些規律對於所有人都是一致的。在柏克看來，趣味由感覺、想像和判斷力構成，他認為至少感覺和想像這兩個因素在所有人身上都是一致的，人人都同意醋是酸的、蜂蜜是甜的、蘆薈是苦的，也許有些人喜歡蘆薈的苦而討厭蜂蜜的甜，但這些都是後天習慣的結果，即使這樣，他也不會否認蘆薈苦、蜂蜜甜的這些事實。想像也會給人帶來快樂和痛苦，這樣的經驗卻以感覺為根源，而不會改變感覺的性質，固然說想像自身也會帶來某些情感，比如想像對相似關係的發現會給人快樂，但這樣的規律也是普遍的。趣味之所以有差異，在很大程度是由於每個人所獲得的後天經驗的不同：「儘管人們關於這些用以再現和比較的事物的知識一直在增加，但想像主要是由相似而生的快樂所引發的，所有的人在這一點上幾乎一樣。這條原則是非常偶然的，因為它仰賴於經驗和觀察，而非任何先天官能的強弱，我們所謂的趣味差異，正是源於我們這種知識上的差異。」[257] 也就是說，如果每個人都具備同樣多的知識，那他們的趣味就必定是一致的。這樣看

256　同上，第64—65頁。
257　Burke, *A Philosophical Enquiry into the Origin of our Ideas of the Sublime and Beautiful*, p. 18.

來，解決趣味差異的主要方法是獲得豐富而準確的知識，因此傑拉德說：「只有事物中確切的性質被察覺到，從其他相似的性質中被分辨出來，並被比較和混合，人的判斷力才會開始運作。過程中，處在運作狀態的判斷力會參與到激發它的每一個形式的分辨和形成當中。」[258] 在鑑賞的過程中，「它（判斷力）運用藝術和科學需要的一切方法，發現能讓人眼前一亮卻深藏不露的那些性質。它考察自然作品的法則和原因，把將其與不完滿的藝術作品進行比較，因此它提供使想像力產生觀念並形成價值判斷的依據，這些判斷依據將深深地影響內在趣味。」[259] 不過，他又說，有人天生感覺不靈敏，想像力遲鈍，判斷力模糊，因而趣味往往是錯誤或偏頗的。

不管美學家們如何主張趣味普遍的先天基礎和根源，但他們都無法否認差異的事實，對於這些差異的原因，眾多美學家們認為是後天習慣或個人偏好導致有些人的感覺不夠細膩、想像力不夠敏銳。不過，我們還要辨析一個問題，即美學家們所謂的趣味差異是一些什麼樣的差異，是程度上的差異，還是性質上的差異？如果說所有人都喜愛同一類事物，或者同一類事物能激發起同一類情感來，只是情感的強烈程度有區別，那麼我們說趣味的這種差異是程度上的差異；反過來，如果說人們並不是喜愛同一類事物，或者說同一類事物不能激發起同一類情感來，那麼我們可以說趣味的這種差異是性質上的差異。從某種意義上說，程度上的差異不算是真正的差異，不存在正確和錯誤的問題，並且可以透過培養和鍛鍊來消除。但性質上的差異則是難以修正的，有些是正確的，有些則是錯誤的。

對於柏克來說，人們在趣味上的差異大多是程度上的，因為人類的感覺器官具有共同的構造特徵和活動規律，所以對同一事物的感覺和由其引起的情感也應該是共同的，否則就會導致不可知論或徹底的懷疑主義。「如視

258　Alexander Gerard, *An Essay on Taste*, p. 90.
259　同上，第 91 頁。

覺，甚至味覺這種最模糊的感官快樂，在所有人身上都是一樣的，無論地位高低，博學或無知。」[260] 想像的快樂建立在感官快樂的基礎上，理應具有一致性，即使它們自身也能從對相似性的發現或其他運行方式中獲得快樂，這樣的規律也是一致的，只要人們面對的事物是相同的。一個從未見識過藝術傑作的人，一看到一尊雕塑與原型有一些相似就大為讚賞，也許有人覺得他趣味低下，但只要有機會看到大師級的作品，他也會改變看法，認為之前所見的雕塑拙劣無比。由此來看，趣味差異只是程度上的，原因是有些人的感覺天生不太敏感，或者是對一類事物的知識較為貧乏，但這些缺陷也都是可以補足的。休謨在著名的〈趣味的標準〉一文中也透露出相同的觀點：「雖然可以肯定地說，比起甜和苦來，美和醜更加不是事物的性質，而完全屬於內在或外在情緒，但人們必定承認，事物中的某些性質是天然地適合於產生這些特定感受的。」[261] 只不過人心中接受情感的那種器官或官能比外在感官更加纖細脆弱，容易受到外界因素的影響而發生波動，因此偏離正常規律。只要勤加鍛鍊，無論是感官、想像還是判斷力都能得到提高，變得敏感而準確，最終養成高雅的趣味。

在《人性論》中，休謨的觀點卻不這麼簡單。人之所以不能觀察到事物的某些性質，原因也許不只是感官不夠敏銳，而且還由於想像受到一種特殊規律的影響，即他所謂的「通則」：

> 當一個在很多條件方面與任何相類似的事物出現時，想像自然而然地推動我們對於它的通常結果有一個生動的概念，即使那個事物在最重要、最有效的條件方面和那個原因有所差異。這是通則的第一個影響。但是當我們重新觀察這種心理作用，並把它和知性的比較概括、比較可靠的活動互相

260　Burke, *A Philosophical Enquiry into the Origin of our Ideas of the Sublime and Beautiful*, p. 16.

261　Hume, *Of the Standard of Taste and Other Essays*, ed. John W. Lenz, Indianapolis : The Bobbs-Merrill Company, Icn., 1965：8.

比較的時候，我們就會發現這種作用的不規則性，發現它破壞一切最確定的推理原則；由於這個原因，我們就把它排斥了。這是通則的第二個影響，並且有排斥第一個影響的含義。隨著各人的心情和性格，有時這一種通則占優勢，有時另一種通則占優勢。一般人通常是受第一種通則的指導，明智的人則受第二種通則的指導。[262]

簡言之，習慣使人們相信某些印象或觀念之間存在必然連繫，使一個觀念或印象的出現總是讓人想像到其他的觀念或印象，縱然這些觀念或印象實際上並不存在。比如，由於我一個朋友經常穿黑色的衣服，以至於我看到一個穿黑色衣服的人就斷定是他，即使眼前這個人不是他；因為我總是在憂鬱的時候喝酒，以至於我一看到〈將進酒〉這個題目就覺得李白也很憂鬱，儘管他事實上並不憂鬱。

通則的作用很難說是先天的還是後天的，但無論如何都是自然的，尤其是第一種通則，任何人都會受其影響；第二種通則需要人們主動去控制，所以更依靠後天經驗。需要注意的是最後一句話：「一般人通常是受第一種通則的指導，明智的人則受第二種通則的指導。」想像一般情況下受自然規律的支配，很容易導致感官失常，卻是一般人共有的知覺方式，換句話說，一般情況下，感官和想像活動相互影響，並不可靠，然而是心靈的自然傾向；相反，只有少數人能克制活躍的想像，得到真實而正確的觀念或印象，但這是「不自然的」。所以，按照這個推論，如果趣味首先需要的是對事物性質的準確掌握，那麼這樣的趣味反而是不自然的。也許有人會說，藝術鑑賞不同於理性認識，因為藝術作品中的形象是想像的結果，不同於現實事物，然而休謨的通則原理針對的恰恰就是想像的作用，這種作用在藝術鑑賞中會產生更明顯的效果。當休謨想要依靠感覺和想像的自然規律來證明趣味的共同性時，他在一定程度上是將趣味視為各個分離的感覺或觀念。

---

262 休謨：《人性論》，關文運譯，北京：商務印書館，1980 年，第 171—172 頁。

通則原理說明了想像對於感覺的影響，或者說在想像的驅動下，感性知覺不是完全被動的。而哈奇森、柏克以及寫〈趣味的標準〉時的休謨則認為感覺、想像和內在感官都是一些被動能力，實際上這是他們將它們當作趣味共同性根據的原因。心靈彷彿是一面鏡子，將事物映照其中，當鏡面發生變形時，其中的映像就產生扭曲，解決這種扭曲的辦法則是將鏡面修平。然而，什麼才是感覺和想像的自然狀態，卻不能依靠它們自己來證明，所以這些美學家們反過來又尋找美的事物的客觀性質。哈奇森以為美的基本性質是寓於多樣的統一，柏克則列舉事物之所以優美和崇高的一系列特殊性質，休謨在〈趣味的標準〉當中也認為藝術創造必定是遵循一些法則的，總體說來，就是藝術手法與其目的的適宜性。

但是休謨旋即指出，想要辨明藝術作品中的法則並不是簡單的事。藝術法則並不是現成的，需要人們不斷探索和總結，而且即使有藝術法則，它們也是抽象的，藝術的表現卻總是具體的。哈奇森所謂的寓於多樣的統一也是抽象的，符合這個特徵的形式是無窮無盡的，問題是人們是從藝術法則還是從具體的作品中獲得美感的呢？顯然是後者。艾利遜的說法一定程度上是正確的，那些總是刻意尋找藝術法則的評論家不一定能從作品中得到美感。況且藝術法則不是優秀作品的充分條件，只是必要條件。休謨說凡給人快感的作品一定是符合藝術法則的，但是符合藝術法則的作品就一定會給人美感則是不一定的。只要人們有敏銳的感官和想像，就能觀察到（或被告知）構成藝術作品的法則或事物中有某些特殊性質。光從這點來看，其實並不能斷定這些人必定具備良好的趣味。事實上，如果為了保證趣味的共同性和普遍性而將其分解為單獨的感官或想像，那就是趣味理論的倒退，因為這等於違背了文藝復興時期藝術家和沙夫茨伯里對趣味的基本看法，即趣味是一種本能般的、綜合性的能力。在對藝術作品的理解方面，如果認為藝術作品就是各

種單獨性質或觀念的機械組合，那就等於破壞了其整體性和和諧性。如前所述，這本身也非這些美學家們的本意，但關於趣味共同性和普遍性的爭論使他們再次陷入自相矛盾的境地。

這些矛盾的一個重要根源還在於 18 世紀英國以想像理論為核心的美學。為了維護美學的科學性，美學家們把審美活動或藝術鑑賞視為一種純粹的心理活動，將美感視為由想像的運行方式引起的內在情感，但如我們前文所分析，這種內在情感實質上是一種形式化的情感，不受任何個體性格和社會文化因素的影響，即使遇到這些因素，想像也會將它們轉化為一種內在形式，即想像在觀念間的時空運動。從這個角度來看，人的趣味並不存在實際上的差異，所以無須爭論。美學家們很多時候也意識到趣味超出這個範圍，因為趣味差異正是由於個體性格和社會文化因素的影響，而他們的解決辦法是將這些因素排除在趣味概念之外，否認它們的積極意義，但這樣做的結果是：這種辦法把趣味完全等同於感覺和想像的官能，對於個體性格和社會文化因素形成的趣味差異，美學家們實際上是予以迴避，或者說這個問題是想像理論或狹義上的美學無力解決的。

從感官的構造和想像的自然規律來證明趣味的共同性還帶來一個疑問，即如果良好趣味的主要表現是對事物性質或藝術作品有正確或準確的理解，那麼趣味還是一種審美能力嗎？18 世紀幾乎所有美學家都認為美是一種情感，至少是引起一種特殊快樂來，這種快樂不是源於理性認識，而是源於一種直覺。如果遵循哈奇森、柏克的邏輯，趣味倒應該是一種理性認識能力。也許美學家們會像休謨那樣，說之所以重視理性的作用是因為理性能為審美提供準確的事實，以便為情感的發生奠定牢固的基礎，因為同樣的事實必然會引起同樣的情感，但這個觀點是否經得起推敲需要進一步分析。

在提出趣味的標準之前，休謨曾說：「由同一事物激起的千百種不同的

情感都是正確的，因為所有情感都不再現事物中實際存在的東西。……美不是事物自身的性質，它只存在於觀照事物的心靈中，每一個心靈都察覺到不同的美。」[263] 不知道休謨說這句話時是否是認真的。的確，這句話很有道理，甚至能得到休謨自己哲學的佐證，但又需要進一步辨析。人們確實可以說美是一種情感，但首先要區分的是美是一種什麼樣的情感。拿柏克的例子來說，人們都能感覺到蘆薈苦、蜂蜜甜。同時，人們都覺得苦令人不快，而甜則令人愉快。不過，有人喜歡蘆薈的苦，也有人喜歡蜂蜜的甜。這裡應該將這三種情況加以區分，蘆薈的苦和蜂蜜的甜是生理意義上的情感，它們是直接感覺；苦帶來的不快和甜帶來的愉快是心理意義上的情感，它們可以是直接的也可以源於反省，但在一定程度上也是被動的反應；因喜歡而生的快樂則是性格意義上的情感，這種情感的原因是複雜的，但必定不是直接的。在柏克看來，生理上的反應將必然引發相應的心理情感和性格意義上的情感，有人明知蘆薈苦還要甘之如飴，那他的情感肯定是錯誤的，因而其趣味也是反常的。即便柏克沒有將這三種情感等同，那也是都將它們看作是心靈被動的反應，但這是完全錯誤的理解。實際上，這也未必是柏克的真實想法，我們不要忘記，柏克因其留名後世的崇高理論正是源自痛感，雖然他強調因痛感而生的快樂與一般意義上的快樂有所區別，但崇高感為人所喜愛甚至陶醉卻是毋庸置疑的，因此如果說苦味必然給人不快是說不通的。事實上，柏克的崇高理論恰恰可以說明生理反應以及由此而生的心理情感可以轉化成特殊快樂。這個轉化過程的一個基本條件是：在崇高感誕生的時候人已經脫離了真實的危險，或者說此時的情感不再停留在被動階段，而必須有主動反省。艾迪生在討論「偉大」這一概念的時候說：

---

263 Hume, *Of the Standard of Taste and Other Essays*, ed. John W. Lenz, Indianapolis： The Bobbs-Merrill Company, Icn., 1965： 6.

> 人的心靈天然地憎惡彷彿是對它束縛的事物，每當視覺被幽閉在狹隘的界
> 限之內……廣闊的視野是自由的象徵；眼睛有廣大天地可以跋涉遠方，漫
> 遊廓落的景物，迷失在呈現眼前的多彩的風光景色之中。這樣廣袤渺茫的
> 遠景對於想像是可喜可愛的，正如永恆或無限的思辨對於悟性一樣。[264]

心靈的自由感實際上是產生於對之前狹隘視野的突破，顯然，這種突破
是需要有主動的自我意識的，而不僅僅是被動的感覺。柏克自己在解釋崇高
的成因時說，某些事物對感官和想像的刺激使感官和神經的緊張程度超過了
其自然狀態，但這個自然狀態本身是很難確定的，只能透過比較來感覺到，
比較這種想像加劇了痛感，而痛感能夠讓人的身體變得健康，這也需要一種
自我意識的主動反省，因為人們不可能在感到痛感的同時就感到健康。後來
的康德指出，並不是所有人都能將痛感轉化為崇高感，只有文明人才能做到
這一點。

如果良好的趣味指的是準確理解構成作品的個別觀念，確實只需要被動
的感覺和想像就夠了，即使中了藝術家的圈套，出現錯覺，只要仔細觀察或
有旁人指點，也能及時糾正，所以真正來說，這個意義上的趣味是共同的和
普遍的。同時，如果良好的趣味還能夠對藝術作品中的個別觀念有自然的情
感反應，像柏克說的那樣，能感覺到苦澀的不快和甜蜜的愉快，或者說看到
紅色就覺得興奮，看到黑色就覺得壓抑，又或者說讀到林黛玉就覺得她嬌柔
嫵媚，讀到李逵就覺得他直爽威猛，那麼人們的趣味至少說是相似的。然
而，如果說這就是藝術欣賞的全部，則未免有些過於草率且淺薄了。所以，
休謨以及其他美學家認為同樣的事物能夠引起同樣的情感，這種觀點在很大
程度上是含糊不清的，而且使藝術鑑賞或一般的審美判斷變得非常狹隘。固
然休謨還提到，趣味的有些差別是源於個人的偏好與時代的環境，對於這些

---

264 繆靈珠：《繆靈珠美學譯文集》（第二卷），章安琪編訂，北京：中國人民大學出版社，1987年，
第38頁。

差別，只要不違背道德上的原則，就無須強求，但是這些偏好也不應該與感覺和想像的自然規律相牴觸。說到底，休謨所主張的正確的情感反應大可以等同於一種事實判斷，而談不上對藝術作品有什麼深刻的領悟。這樣的批評家看不到如艾迪生所說的「偉大的心靈」，因為他們沒有與作品中的人物以及藝術家自身發生心靈上的主動交流。他們看似情感豐富，實際上卻冷漠無情、麻木不仁。正是由於這樣的理由，艾利遜才對這樣的批評家不以為然。

所以，從感覺和想像的自然規律可以證明趣味的共同性和普遍性。不過，這要取決於美學家們如何理解趣味，即趣味只是一種天生的直覺能力，還是包含了複雜的實踐內涵。

標準何在

即便感覺和想像的自然規律可以作為趣味具有共同性和普遍性的一個重要根據，但休謨很難解釋另一類問題，即為什麼人們讚賞米爾頓勝過奧格爾比（John Ogilby, 1600～1676），將艾迪生置於班揚（John Bunyan, 1628～1688）之上。很顯然的，休謨的看法不一定能被廣泛贊同。身為出版商的奧格爾比跟文學天才米爾頓自然不可等量齊觀，但班揚與艾迪生在文學史上的地位應該不相上下。事實上，就戲劇和史詩而言，班揚的影響遠在艾迪生之上。不過，這裡需要指出的是：這種比較判斷與感覺和想像是否符合自然規律的判斷在性質上大有不同。原則上說，人們可以清楚地知道班揚和艾迪生作品的內容、他們慣用的語言和修辭等藝術手法上的特點，但這些都不足以成為人們必須推崇艾迪生而貶低班揚的理由，因為是否能正確地判斷不同作家的特點是一回事，而是否應該去讚賞一個作家是另外一回事。休謨說：「最粗劣的塗鴉也富有某種光彩和正確的模仿，在這個層次上它們是美的，能打動一個農民或印度人的心，博得他們的最高讚賞。最粗俗的民謠

也並非完全缺乏和諧自然，只有熟悉高級美的人才能指明它們音調刺耳、內容乏味。」[265] 既然我同時能夠準確地理解到民謠和圓舞曲的旋律，也能正確地體會到其中的美，那我為什麼必須喜歡圓舞曲而鄙視民謠呢？何況有些民謠在旋律的複雜程度上並不亞於圓舞曲。在這裡，休謨的意思顯然是說，美有不同的層次，如果美是一種情感，某種美必定高於另一種美。也就是說，情感也有高下之分，這種情感比另一種情感更值得人們去享受。這個觀點與前述所討論的問題明顯不同。所以，趣味可以有兩種差異：一個是我們是否能準確地辨認構成審美事物的特徵，另一個是我們是否應該選擇這種美感而排斥另一種美感。實際上，第二種差異才算得上是真正的差異，因為這種差異不僅是程度上的，更是性質上的。

人們也許立刻會說休謨這個觀點顯然是階級的偏見或歧視，但我們姑且不要斷然下這個結論，先來分析一些具體情況。

假定第一種情況。兩個人面對同一幅畫，甲熟悉繪畫的透視、比例、色彩和筆法等藝術手法，而乙則不熟悉。兩人都認為這幅畫畫得很好，因此很美。甲說它畫得很好是因為這幅畫符合透視法，而乙只是憑直覺認為畫得很美。此時，人們會認為甲有更高的趣味，因為他看到了乙沒有看到的東西。這個例子與休謨所舉的桑科親戚品酒的例子很相似。這種評判看似很有道理，卻很模糊。毫無疑問，一個人如果掌握了某種事物的豐富知識，除了能直接感受到快樂之外，還能仔細比較各個方面，由比較而來的鑑別會使直接快樂轉化為內在快樂，這種快樂更細膩、更持久，一定程度上可以說他具有較高的趣味。但是，能看到一幅畫符合透視，這是事實判斷，而非情感判斷，正如桑科親戚能嘗出酒裡的鐵味或皮革味，並不代表他倆真的嘗出酒是好酒。如上文所分析，符合公認的藝術法則不是優秀作品的充分條件，掌握

265　Hume, *Of the Standard of Taste and Other Essays*, ed. John W. Lenz, Indianapolis：The Bobbs-Merrill Company, Icn., 1965：8.

這些法則也不是良好趣味的充分條件，雖然也不可缺少，僅憑直覺來評價藝術作品的乙自然也不具有好的趣味。不過，把感覺和想像的自然規律作為趣味具有共同性和普遍性根據的時候，美學家們在很大程度上把趣味看作了一種技術，削弱了情感體驗的重要性，當然這種做法最大的優點就是為確定趣味的標準提供了嚴格的，也是可操作的指標。

第二種情況。如果兩個人具備同等的繪畫知識，面對同一幅畫的時候，他們都承認這幅畫符合透視法，比例也很適當，而且正確地乃至細膩地模仿了一個事物。其中甲認為這幅畫因此就很美，而乙則認為不美，因為畫中的形象雖然逼真，但缺少了一些神韻，看起來沒有生命力。通常來說，人們會認為乙的趣味更高，因為他看到了甲沒有看到的東西。表面上看，這種評判與第一種情況是一樣的，但也有模糊之處。透視、比例這些技法都是比較確定的，甚至還可以測量，而神韻這個東西就無法測量，因為它已經超出了透視和比例的範疇，必須依靠直覺才能覺察到。固然人們可以找一些證據，說你看安格爾（Jean-Auguste-Dominique Ingres, 1780 ～ 1867）的〈泉〉，那個少女的比例很恰當，而她的頭稍稍偏向一邊，身軀也輕微地扭動一點，因此就顯得活靈活現，但是無論如何「偏向一邊」、「扭動一點」都沒有確切的數量指標，很大程度上無法印證。休謨也說：「很明顯，沒有一條創作法則是靠先天推理來確定下來的，也不能被看作是理解力透過比較那些習俗和觀念間的關係而得出的抽象結論。」他接著說：「它們與所有實踐的科學一樣，其根據都是經驗，不過是對那些能給所有國家和時代的人們帶來快樂的東西的概括。」[266] 對於繪畫來說，也許透視、比例都不是讓人快樂的充分根據，但只要能給人快樂的作品必然是符合藝術法則，只不過這些法則尚未被人總結出來。從邏輯上說，休謨的推論無疑是錯誤的，而且很容易陷入循

266　Hume, *Of the Standard of Taste and Other Essays*, ed. John W. Lenz, Indianapolis：The Bobbs-Merrill Company, Icn., 1965：7.

環論證，也就是說，要證明作品是否給人快樂，要看它是否符合藝術法則，而要證明作品是否符合藝術法則，又要看它是否給人快樂。

所以，讓我們假設有第三種情況：有一幅畫，大多數人憑直覺看了都覺得美，在一個熟悉藝術法則的人來看卻不美，因為嚴格來說，它不符合透視和比例，就像馬佐拉（Francesco Mazzola, 1503～1540）的〈長頸聖母〉那樣。這種情況與第一種情況類似，但其中一個條件由一個人換成了多數人。在這種情況下，要斷定這種熟悉藝術法則的人有很高的趣味會讓人猶疑不定，有人會說他趣味很高，因為他超越俗見，而且能從專業的角度來有理有據地評價作品，至少他的趣味是稀有的；也有人認為他的趣味也許並不低俗，但至少很怪異。但是另一方面有人也懷疑多數人從中得到的快樂是否真的是美感，或許很多人喜歡〈長頸聖母〉是因為被聖母的嫵媚動人所吸引，甚至一直盯著她那若隱若現的胸部。不過，話又說回來，柏克所謂的美感不正是以異性之間的吸引力為根源的嗎，並且也幾乎沒有人會在被一幅畫誘惑時真的做出什麼出格的舉動來，有了這種距離，愛就轉化成了美感。無論如何，在這種情況下，人們對趣味高低的評價不僅是以美感是什麼為根據的，而且還涉及一個人應該如何在群體中做出選擇，以在他人的評價中展現自己的主體性。在藝術史上，有些作品一開始並不為大眾認可卻被專業的評論家讚賞，最後青史留名，也有些作品雖不被當時的權威接納卻被大眾喜愛，終成經典，其中的原因可謂神祕莫測。在 18 世紀英國美學中，很多美學家也與休謨一樣，既希望趣味差異有可測量的標準，同時也認為好的趣味選擇的事物就是在各個國家和時代得到普遍讚賞的經典，但這裡需要指出的是：從這種傾向也可看出，在他們眼中趣味不僅僅是一個純粹的美學問題，而是涉及社會交往或文化。

最後，再來看第四種情況。假設兩個人都熟悉藝術法則，同時也重視自己的直覺，但他們對同一幅畫有不同的見解，而且還力圖用藝術法則來為自

223

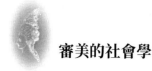

己直覺得到的情感來辯護。比如，他們看到了〈長頸聖母〉，甲認為這幅畫的構圖巧妙、色彩柔和、線條流暢，所以覺得很雅緻，乙同意這樣的觀察和解釋，但覺得總體風格浮華，換言之，甲表示讚賞，而乙表示貶斥。要旁人對此二人的趣味高下做出評判看似容易，但也確實存在某些困難；說容易是因為「雅緻」是個褒義詞，「浮華」則是貶義詞，說不容易是因為要在雅緻與浮華之間劃出不容置疑的界線幾乎是不可能的。舉這個情況也是為了解析休謨的一個觀點，他說：「在各門語言中，都有某些詞語表達褒貶之意。人們一致稱讚寫作上的雅緻、適當、質樸和生動，指責浮華、造作、生硬和虛假的壯麗。」[267] 他同時也承認，當人們遇到具體的例子時，卻很難斷定它的風格究竟屬於前一類還是後一類，這正如道德上的評價，人人都褒揚美德，譴責惡行，但具體到某一個人及其行為的評價上，人們總有些猶豫不決。無論如何，至少在藝術鑑賞當中，人們用這些詞語表達的評價不是完全出於個人偏見，雖然也不能完全排斥個人偏見的存在，因為這些詞語試圖針對具體現象，並用一些事實和推理來證明，而且在某些詞語上人們不容易混淆，比如雅緻和質樸的區別還是很明顯的。然而，事實上真正難以區分的是雅緻與浮華、質樸與生硬，它們可以用來描述相似的甚至相同的事實，卻也傳達出彷彿是截然相反的情感評價，在很大程度上它們始終是相對而言的。一件作品在這些人眼中是雅緻的，到另一些人眼中就變成浮華的，而在這些人眼中浮華的東西，到另一些人眼中倒顯得比較樸素，所以從某種程度上說，作品本身無所謂雅緻與浮華，它們與個人傾向有關。

在第一種和第二種情況中，雖然存在某些模糊之處，但相較之下還是明確的，因為在這兩種情況中，人們面對的實際上更接近於事實判斷，18世紀英國美學在確定趣味的標準時更傾向於依靠這種判斷。而後兩種情況涉及的

267　Hume, *Of the Standard of Taste and Other Essays*, ed. John W. Lenz, Indianapolis：The Bobbs-Merrill Company, Icn., 1965：3.

更類似於價值判斷，這裡強調「類似於」的價值判斷是想表明，人們雖然用這樣一些詞語來表達褒貶，但與一般的道德判斷仍然不同，因為其中不包含直接的利害關係。比如說，人們普遍同意某人是個好人，因為他從來不傷害別人，一心為公，正直無私，還助人為樂，同時卻也覺得他很不討人喜歡，因為他態度刻板，言語冷淡。只不過要在刻板與嚴肅、冷淡與客氣之間做出很好的區分是相當困難的，只能是相對來說。在藝術鑑賞中，人們可以用法則為根據來評價作品，但在此基礎上也用雅緻或浮華來表達自己的取向，也就是這種取向以事實判斷為基礎，但已不再是事實判斷，雖然雅緻與浮華的界線不是固定的，也是相對而言的。

這裡有兩個問題：首先，這種判斷是否仍然可歸為審美判斷？如果這種判斷針對作品的藝術手法，並且表達了情感，那就至少與審美判斷相關，也許還是一種更為嚴格的審美判斷，也就是說，浮華的作品與雅緻的作品都可算作是好的作品，但前者比後者更好。其次，這種判斷的相對性是否意味著一種純粹的個人偏好，毫無標準可言？可以肯定的是：雅緻和浮華都有一些共同的特徵，比如說精細的雕琢、繁複的裝飾。人們可以說過度的雅緻就是浮華，這個程度怎麼判斷卻不好界定。然而，每一個人在做出雅緻或浮華的判斷時，一方面，是根據事物的特徵；另一方面，也在參照他心目中一般人的看法。當然，這個「一般人」指的是他所處的人群，假如一般人的裝飾用到三種色彩，那麼用到四種色彩的裝飾他就可能視為浮華。不過，當他到了另一群體中，看到一般人的裝飾用到四種色彩，他也會調整自己的看法，認為五種色彩的裝飾才是浮華。當然，這裡也只是打個比方，在日常的判斷中並沒有這樣可以計量的標準，這裡要強調的是：一個人對某種風格的褒貶判斷不會完全出於個人偏見，但其中的標準很大程度上又依靠經驗。還有一點需要再次強調，這裡的褒貶判斷不同於帶有利害關係的善惡判斷，因此褒貶

的根據大約就只有一種根據，亦即是否能得到眾人的認可或排斥。所以，對某種風格的褒貶判斷實質上表達的是一種社交方式，即懂得何種判斷能得到他人的尊重或鄙夷；離開了他人或一個群體，就不會發生這樣的判斷，因為這樣做毫無意義。

現在的問題是：這種類似於價值判斷的褒貶判斷是否屬於趣味的範疇。當然，這要取決於美學家們如何定義趣味。如果趣味僅僅只是感覺和想像的敏銳程度，那麼這種價值判斷就超出了趣味的範疇。但是這樣定義的趣味又非常狹隘，幾乎等同於事實判斷的能力，顯然也不符合美是情感這個基本原則，如果說趣味意味著一種審美能力的話，事實上 18 世紀英國的美學家也是這樣做的。所以，趣味包括但也超出了感覺和想像的範圍。如果這種褒貶判斷包含了審美判斷，那麼它就應該屬於趣味的範疇。不過，這種判斷又涉及人與人之間的相互評價，也就是社交法則，所以由此引出的問題是：趣味是否也與此有關，簡言之，趣味是否既是審美能力，也是社交中一個人的審美取向如何讓他人在情感上欣然接納的能力。如果我們看了沙夫茨伯里對趣味的探討，我們就會得出肯定的回答。

趣味是一種表現在社交中的實踐能力，它是一個人在某種場合做出恰當選擇的能力，並且以情感的方式表達出來。由於大多數美學家只關注審美心理學，無暇顧及人際關係的問題，所以在確定趣味的標準的時候只能選擇心理學的方法，從而導致他們對趣味的理解出現自相矛盾的地方。

在 18 世紀的英國，休謨是除沙夫茨伯里之外又一個關注情感在人際關係中的意義的作家，而且比沙夫茨伯里的討論更有系統性，只不過這些討論不是出現在〈趣味的標準〉一文中，而是體現在《人性論》的情感論中。休謨對情感有一種分類，即直接情感和間接情感：「我所謂直接情感，是指直接起於善、惡、苦、樂的那些情感。所謂間接情感是由同樣一些原則所發

生，但是有其他性質與之結合的那些情感。」[268] 休謨首先重點討論的是間接情感，即驕傲和謙卑、愛和恨。這種選擇應該不是偶然的，因為這四種情感恰恰是社交過程中人的幾種主要情感模式；反過來，情感是社交過程的主要表達方式。這裡我們主要觀察他對於驕傲與謙卑的論述就足夠了，從中可以看到間接情感的基本規則。

休謨說驕傲和謙卑這樣的情感幾乎是不可定義的，但不是不可分析的。休謨透過分析驕傲和謙卑的構成要素並對比這些要素的差異來確定何謂驕傲，何謂謙卑。首先，驕傲和謙卑有著同樣的要素，那就是自我，也就是「我們所親切記憶和意識到的接續著的一串相關觀念和印象」[269]，或者說是一種「特定的人格」或「有情的存在者」。對於休謨在人格具有同一性的懷疑，我們這裡姑且不論，但從此可以看出，驕傲和謙卑不是一種無意識的被動反應，而是一種體現著自我意識的情感。其次，驕傲和謙卑是一種指涉自我的快樂或不快：「我們的自我觀念有時顯得優越，有時顯得不夠優越，我們也就隨著感到那些相反情感中的這一種或那一種，或因驕傲而興高采烈，或因謙卑而憂鬱沮喪。」[270] 簡言之，驕傲就是對優越自我的意識，反之便是謙卑。

然而，僅有自我這個要素並不足以形成驕傲和謙卑的情感，因為快樂或不快的情感必須首先是被某種外在事物引起的，而沒有快樂或不快就談不上驕傲或謙卑，所以引起快樂或不快的事物是驕傲或謙卑的原因。不過，單由外在事物引起的快樂或不快也不能產生驕傲或謙卑，它們必須是「我們自己的一部分，或者是與我們有著密切關係的某種東西」[271]。從休謨的論述來看，這種關係應該是一種所屬關係，驕傲或謙卑的原因必定屬於我們自己擁有的東西，它們或是勤勞所得，或是幸運所得，或是我們自己愛好的東西。

268 休謨：《人性論》，關文運譯，北京：商務印書館，1980 年，第 310 頁。
269 同上，第 311 頁。
270 同上。
271 休謨：《人性論》，關文運譯，北京：商務印書館，1980 年，第 320 頁。

所以，如果我們擁有的東西具有令人快樂的性質，我們就感到驕傲；如果我們擁有的東西具有令人不快的性質，我們就感到謙卑。

　　當然，上述事物和原因只是驕傲和謙卑的一般特徵，亦即它們並不絕對地決定驕傲和謙卑的產生，所以休謨也提出了一些限制條件。其中最重要的是這樣一點：引起這兩種情感的原因是事物令人快樂或不快的性質，這些性質不是完全主觀或相對的。「令人愉快或令人痛苦的事物，必須不但對我們，並且對其他人也都是顯而易見的」[272]，但是「愉快的或不愉快的事物，不但要與我們自己有密切關係，而且要為我們所特有，或者至少是我們少數人所共有的」[273]。對於這個條件，我們可以這樣理解，外在事物的某些性質自然會在所有人當中產生快樂或不快的情感，因而具有共同性和普遍性，缺少這一點，驕傲和謙卑最終會是虛假的。與此同時，這些事物又必須是我們特有的或僅屬於少數人，這樣才能讓我們真正地感到驕傲或謙卑。所以，即使我們所擁有的事物自然地令人快樂，但是如果我們發現多數人都擁有，我們原先感到的快樂就大打折扣，甚至會失望沮喪，因而所有權的多寡使自然的、客觀的快樂變得較為主觀。由此可見，驕傲的關鍵因素在於令人快樂的事物是否是我們獨有或少數人特有，換言之，我們是否能顯得與眾不同，而與眾不同始終是相對的，只能由與他人的比較得來：「如果在把自己同別人比較起來（這往往是我們時時都在進行的），我們發現自己絲毫沒有突出的地方；而在比較我們所有的事物時，我們仍然發現有同樣不幸的情況；那麼由於這兩種不利的比較，驕傲情感必然會完全消失了。」[274]驕傲感由比較得來，但這種比較不完全是相對的，至少在一個相對固定的群體中，人數上的比例多少還是能估算得出來的，雖然要確定自己原先感覺到的快樂究竟特殊

272　同上，第 327 頁。
273　同上，第 326 頁。
274　同上，第 327 頁。

在哪裡是很不容易的，但總有辦法將這種特殊性表達出來，那就是運用具有褒貶內涵的同義詞，比如雅緻和浮華、質樸和平庸。

人「不僅是一個理性的動物，還是一個社會動物」[275]。人生最大的痛苦莫過於被社會拋棄，而最大的幸福也來自他人的認可和尊重，也就是驕傲感。為此，一個人時時都在關注他人對自己的評價，單是表達認可和尊重的評價就足以給我們很大的快樂，「別人如果認為我們是幸福的、有德的、美貌的，我們便想像自己更為幸福、更為有德、更為美貌」[276]。甚至人生最大的目標就是追求驕傲感，避免謙卑感。霍布斯曾將其稱為人「死而不已、永無休止地」追求的權勢，而這個過程遵循著一種獨特的邏輯。後來的柏克寫道：「我們憑藉模仿而非制式化地學習一切東西，這樣的學習不僅更加有效，也更令人愉快。」[277] 但一味地模仿就陷入循環，讓人感覺索然無趣，「為避免這樣，上帝在人心中放入『野心』──一種源自試圖在某些有價值的地方勝過同類的滿足感」[278]。這等於說，身為一種社會性動物，人們會共同確立一種普遍的價值觀，但也有意在價值觀上製造差異。普遍的價值是自然的，例如對人類舒適生活有利的東西、在感官和想像上給人美感的東西，但因為它們是多數人都可以享受的東西，或者也可以透過模仿而獲得，所以這些東西給人的快樂終究會黯然褪色。

此時，人們就轉而在此基礎上追求更獨特、更稀有的東西，雖然其實際的價值並不一定增加多少，但能給人帶來巨大的滿足感。就像休謨舉的例子那樣，我們參加一個宴會，珍饈美酒自然讓我們快樂，而宴會的主人比我們更有資格驕傲，可是我們自己也可以在沒有享受過如此美味的人面前炫耀一番。顯然，對這種滿足感的追求是永無止境的。因為獨特、稀有、新奇只是

275 休謨：《人類理解研究》，關文運譯，北京：商務印書館，1957 年，第 12 頁。

276 休謨：《人性論》，關文運譯，北京：商務印書館，1980 年，第 327 頁。

277 Burke, *A Philosophical Enquiry into the Origin of our Ideas of the Sublime and Beautiful*, p. 49.

278 同上，第 50 頁。

相對的，一旦被更多的人理解、掌握、占有也就不再獨特、稀有和新奇，然而需要強調的是：我們所擁有的東西無論如何獨特、稀有，也不能完全脫離自然的普遍價值（至少是某個特定領域或群體中的普遍價值）的範圍，否則就不能被他人理解進而感到羨慕和獲得尊重，比如阿 Q 為他的癩頭瘡驕傲反而會被人恥笑，這是虛假的驕傲。同時，即使我們獨享非常稀有珍貴的東西也不必大肆炫耀，無論是財富還是美德，因為它們既可以被人崇拜，也可能招致嫉恨乃至無端的報復，所以「那些最驕傲而在世人看來也是最具驕傲理由的人，並不永遠是最幸福的，而最謙卑的人也不永遠是最可憐的人」[279]。

總而言之，獲得驕傲感的祕訣是在普遍價值中追求差異，這也是人際關係中的情感規則。

18 世紀英國的所有美學家都意識到趣味涉及人際交往的問題，否則就不需要爭論標準是否存在，他們在確定標準時卻又避開了人際問題，求助於感覺和想像的共同規律。但是如果趣味不僅是一種辨別事實的能力，而且還是做出帶有褒貶色彩的情感判斷的能力，那麼確定趣味高下的標準就不只是藝術法則，而且還是一個人如何在社會中表達自身價值取向的規則。每個時代和社會面對的藝術作品或者具有價值的事物迥然不同，但這種規則本身是不會變化的。所以，趣味的標準的確定與驕傲感的獲得遵循著相同的情感規則。高雅趣味必須首先為一個特定群體確定一個共同的欣賞事物，那就是各個時代和國家都讚賞的經典作品。與此同時，也必須以此為參照來溫和地表達個人的特殊喜好。休謨說一個懂得更高級的美的人認為民謠音調刺耳、內容乏味，因而是低級的美。如果按照他描述驕傲和謙卑的情感理論而理解，他的意思應該是：一個紳士可以認為民謠是美的，但他不應該讚賞它，因為它不屬於紳士階層的價值體系，他應該欣賞的是艾迪生和班揚，而且知道艾

---

279 休謨：《人性論》，關文運譯，北京：商務印書館，1980 年，第 329 頁。

迪生優於班揚。很難想像當休謨遇到一個農民喜歡艾迪生的作品時,他是否會讚賞其趣味高雅,大概他會覺得很滑稽。

　　具有高雅趣味的必然是少數人,因為它必須屬於少數人。趣味的標準不僅是找到普遍的價值標準,而且更在於製造差異,使一個人與眾不同。可以參考我們上文曾引用過的休謨的那句話:「趣味的敏銳精緻,對於愛情和友誼是很有益的,因為它幫助我們選擇少數人作為事物,使我們在與大多數人的交往和談話中持一種不偏不倚的態度。」終究而言,高雅趣味的目的在於借藝術或美來構建價值體系和社交模式,由此塑造一個菁英團體。

　　再來看一下凱姆斯關於趣味的標準的討論也很有幫助。凱姆斯承認在某種情況下,「趣味無爭辯」這句諺語是合理的,一方面,是因為我們每個人對某些事物的喜愛或不喜愛表現得並不鮮明,也不需要對自己的趣味大加責備;另一方面是因為有很多有著細微差別的快樂實際上屬於同一個等級,沒有必要為喜好的是哪種快樂刨根問底,而且很多時候個人的偏好並非來自趣味,而是來自習慣和模仿,或者來自心靈的某種特質。言下之意,凱姆斯認為無論在哪個領域人們都可以獲得快樂,在同一等級中的多種快樂也無所謂高下之分。在他看來,這是自然或上帝的安排,自然賦予每個人不同的天分,讓人們從事不同的職業,為了讓人們安分守己,就讓他們在當中獲得快樂。這樣一來,「每一個人都可以對自己那一份快樂感到滿意,而不去嫉妒他人的快樂」[280]。如果某一種趣味過於精緻,那就會使多數人蜂擁而至,其他領域則無人問津。「以我們現在的情況來說,多數人很幸運地對他們的選擇都不多加挑剔,而是很容易就適應了命運交付給他們的職業、快樂、事務和群體;即便其中有些令人不快的情形,也很快會因為『習慣』而變得舒適起來。」[281] 然而,趣味也不是沒有高下之分,否則人們就會慵懶怠惰,不

280　Lord Kames, *Elements of Criticism*, Vol. 2, p. 383.
281　同上。

思進取。所以，在藝術中展現出來的高雅趣味必須有更精緻的智力和情感才能達到，這等於給大部分人設定了一個很高的門檻，只有少數人才能進入，而一旦獲准進入，他們就會享受到更豐富、更長久的快樂。那些以苦力為生的人完全不需要美的藝術所需要的趣味，也有很多人沉溺於感官享受，則沒有資格談論趣味，所以藝術趣味的標準雖植根於普遍人性，但只展現在少數人身上。他們透過教育、反省和經驗來獲得高雅趣味，成為社會中所有人敬仰崇拜的榜樣。由是觀之，趣味真是具有重大的社會意義，它既有普遍的基礎，也有高下之分，其普遍性保證了各行各業的合理性，而其差異性則保證了社會等級的穩固。

休謨的情感理論無疑更多地受到霍布斯和洛克的影響，其中的功利主義未必會得到沙夫茨伯里的贊同，但對於趣味這個主題而言，作為《人性論》作者的休謨與沙夫茨伯里都將其看作是一種實踐能力，也就是在社會交往中如何得到群體認同和如何表達個體身分。沙夫茨伯里重視的是如何從個體角度體認公共利益，而休謨側重於討論如何在共同的價值體系中確立個體身分。但是無論如何，趣味的標準都不可能是一個量化指標，因為這個標準隨著不同時代、國家、民族、階級、職業人群的變化而變化。雖然確立標準的規則是相同的，但如何根據自己的性格和地位有效地感受和表達自己的身分很大程度上依賴於經驗，需要不斷地學習和嘗試。需要注意的是：任何一個群體的價值取向都是透過某些具體的媒介得以表達的，藝術當然是其中重要的一種。一個群體有其共同接受的藝術作品，每個個體都必須學習相關的專業知識，懂得藝術作品的等級體系，但是也必須透過對特定作品的讚賞來表達自己的獨特性。他應該徵得多數人的贊同，也應該顯示自己有不同的理解，因此而獲得一種驕傲感，亦即他在這個群體中的成就感。當有些美學家將趣味的標準看作是對於藝術作品或審美事物的精確感知和敏銳想像時，他

們只能得到一個群體的共同價值，但無法凸顯個體的人格和身分，只有從人際關係的角度，我們才能理解趣味為何有差異，其標準如何取得。所以，趣味的標準問題表明了關於趣味的學問實際上是一種審美的社會學。

審美的社會學

美學與文化

美學與文化

　　18 世紀英國美學受到文藝復興以來的藝術潮流的影響，也有近代哲學的轉型作為基礎，但這些都不必然帶來這種美學的興起和繁榮，因為這種美學並不是簡單地沿襲之前的藝術理論或美學，而是力圖從心理學的角度來解釋美感的原因和規律，並由此確立趣味的標準。實際上 17 世紀在英國作為主流的經驗主義哲學對藝術並不重視，甚至那個時代的英國人對藝術也不感興趣，而是傾向於從事能帶來實際利益的職業。即使在 18 世紀，很長一段時間內，英國都缺乏與歐洲大陸抗衡的著名藝術家，人們所能欣賞到的幾乎都是來自法國、義大利的繪畫、音樂和戲劇，雖然在文學領域有艾迪生這樣的散文家廣受歡迎，後來在其他藝術領域，特別是在繪畫領域，英國也發展出了自己的風格，即風景畫。所以，此種狀況必然要讓我們追問，以想像和情感為核心的美學為何會發生在英國，是什麼原因讓人們如此關注藝術，是什麼人倡導這樣的美學，他們支持什麼、反對什麼。

　　純粹的理論史並不能幫助我們很好地回答這些問題，這些問題迫使我們轉而觀察 18 世紀英國的現實生活，也就是 18 世紀的英國是一個什麼樣的社會，其中各個階層的人過著怎樣的生活，他們追求怎樣的價值；藝術在他們的生活當中發揮著怎樣的作用，美學能夠幫助他們解決什麼樣的問題，否則我們就不可能理解 18 世紀英國美學的現實意義。從這個角度來看，18 世紀英國美學與同時期的文化密切相關。它們存在於特定的文化語境中，並力圖塑造一種特定的文化語境。的確，我們可以看到 18 世紀英國呈現出一種複雜多樣的文化格局，而以高雅趣味為己任的美學試圖在其中創造出某種秩序，但又顯得無能為力，所以我們看到這種美學一方面維護經典藝術的權威，另一方面又讚揚當代藝術的創造；一方面倡導美的道德意義，另一方面又支持世俗欲望的滿足；一方面堅持美感的共同性和普遍性，另一方面又主張高雅趣味只屬於少數人。一定程度上，18 世紀英國美學是各種文化觀念相爭和妥

協的真實寫照。只有從不同的角度探索其淵源，解釋其所指，我們才能真正發掘和理解這種美學的真實內涵。這裡無意於採用某種理論方法刻意繪製一幅完整的圖譜，只是描繪這種美學與各個領域現象的豐富連繫，讓它從各個側面折射出多樣的光彩。如果它真的具有內在統一性，人們自然可以從中發現其線索。

消費文化的崛起

自沙夫茨伯里開始，英國美學家們極力描繪一種不以占有為前提的想像快感，試圖把美感與物質欲望的滿足加以區分，並因其暗示了道德上的品格而將其視為人生最有價值的東西。但與這一褒贊相反的是，有充分的證據表明，18 世紀的英國是一個物欲橫流的時代，無論是上流社會還是中產階級，似乎都縱情聲色，他們追求的快樂與所謂的高雅趣味相去甚遠，雖然他們另一方面也都以高雅趣味作為身分的象徵。實際上，當艾迪生把由欣賞自然和藝術而來的美感定義為想像快感時，無意之中也透露出一個特殊訊息，那就是：縱然是想像快感，也是一種快感，快感是生活的主要目標。這種快感需要被限制在什麼範圍內才是應該探討或爭論的話題。

18 世紀的英國確實有資本將快感當作生活的主要目標，也就是有足夠的人群有足夠的財富來負擔超出適當範圍的生活。在這種生活中，藝術的主要作用不再是政治權威的宣示和道德的說教，而僅僅是娛樂，包括感官的刺激和社交欲望的滿足。藝術職能的轉變意味著藝術創作、接受模式、藝術展示的場所發生了變化，而促成這種變化的一個重要因素則是英國經濟的商業化。在商業化的過程中，藝術開始變成了商品，成為用來消費以滿足個體欲望的媒介，也成為商人獲取財富的手段。是商業化的發展造就了藝術的繁榮，而藝術的繁榮又促進了商業化的興盛，它們結成了緊密的關係。

　　在傳統社會中，藝術主要由宮廷和貴族階層資助，藝術作品被展示在宮廷、教堂和貴族的府邸中，理所當然，其重要功能是為了顯示宮廷和貴族的權威以及他們在趣味、學識和道德上的優越地位。同時，古典藝術作品主要描繪神話和歷史中的故事和人物，將其塑造為永恆人性的典範。在現實中，占有和欣賞這些作品的人群自然是以這些人物為楷模，也希望自己成為社會中地位低於他們的人群的楷模，這就進一步鞏固了他們的權威。在法國，路易十四擁有凡爾賽宮和羅浮宮，在其中珍藏著來自歐洲各國著名藝術家的繪畫、雕塑，而在巴黎的劇場中也上演著敘述神話和歷史故事的戲劇，貴族府邸也常常舉辦各種舞會和音樂會。法國成為整個歐洲的藝術中心，因此也是各國宮廷和貴族階層競相效仿的事物。在英國，自亨利八世以來，貴族階層也接受了文藝復興以來的人文主義思想，宮廷削減軍事開支，效仿歐洲各國宮廷，力圖用藝術來塑造高雅風尚。在卡斯蒂廖內《廷臣論》的指導下，廷臣們用優雅的手勢、矜持的頷首鞠躬和機智的談吐來創造一個高雅得體的氛圍。總而言之，宮廷和貴族府邸是一些高度儀式化的社交場所，宮廷作為權力中心也是藝術和風尚的中心，藝術和風尚就代表著整個社會的階級秩序。

　　英國的白廳絕不像歐洲其他的宮廷建築那麼宏偉，甚至顯得寒酸，但 17 世紀時查理一世也試圖將其打造為君王的理想居所。他是魯本斯、范戴克（Anthony van Dyck, 1599 ～ 1641）、伊尼戈·瓊斯（Inigo Jones, 1573 ～ 1652）等畫家的資助人，並收藏有達文西、科雷吉歐、卡拉瓦喬（Caravaggio, 1571 ～ 1610）、拉斐爾、提香、林布蘭（Rembrandt van Rijn, 1606 ～ 1669）和杜勒（Albrecht Dürer, 1471 ～ 1528）等人的大量畫作。魯本斯於 1629 年訪問倫敦時驚嘆說：「就精美畫作而言，我從未在一個皇家宮殿見過這麼多。」[282] 班·強生（Ben Jonson, 1572 ～ 1637）創作的假面舞劇常在

282　John Brewer, *The Pleasures of the Imagination*： *English Culture in the Eighteenth Century*, London： Harper Collins Publishers, 1997： 9.

宮廷中演出，這種作品結合了文學、音樂、舞蹈、繪畫等藝術形式，由群臣們排練表演，有時國王也會加入其中，場面甚是高貴宏大；群臣們借此表達服從，而國王則顯示其權威，表演本身象徵著國王、宮廷和整個國家和諧的階級關係。然而，這種和諧不過是對正在分裂的國家的掩飾，因為查理一世很難調解王權與帶有資產階級性質的貴族之間的衝突，不久內戰爆發，查理一世則被送上斷頭臺。

不過，王政復辟之後，查理二世和詹姆士二世仍然希望透過效仿路易十四的凡爾賽宮在文化上重建君主權威。查理二世繼承其父遺願，打算在格林威治和溫徹斯特建造兩座宮殿，可以把貴族們從倫敦吸引到自己身邊，跟隨自己的節奏生活。宮殿剛剛建好外牆，查理二世就於 1685 年去世了，詹姆士二世對兩座宮殿不感興趣，任其廢棄不顧。查理二世曾耗費鉅資修繕溫莎城堡，並建有著名的聖喬治大廳，而詹姆士二世也在白廳擴建一些宮殿，並豪華裝飾，力求展現君王的高貴威嚴。無論如何，查理二世和詹姆士二世在這方面並不成功，一來是他們沒錢大興土木，二來是他們也沒有在貴族中樹立實質性的權威，沒有功績可被隆重紀念。

威廉三世和瑪麗二世入主之後，英國政壇逐漸被輝格黨寡頭們主導，《權利法案》嚴重削弱了君主特權。雖然威廉自認為拯救了英國，並且也確實在對法戰爭中取得了重大勝利，但仍舊得時時忍受來自議會的批評。這種狀況使威廉沒有心情在文藝方面展現若有似無的君主權威，雖然他對文藝也有濃厚興趣。他廢棄了溫莎城堡，也拒絕保皇派再建新宮，古老的白廳也沒有得到精心修繕。1724 年，笛福（Daniel Defoe, 1660～1731）到此遊覽後寫道：「對這個地方我實在沒什麼好說的，只能說它曾經輝煌，至今不再輝煌，但願它再次輝煌。」改建而成的漢普頓宮有著精緻的花園，肯辛頓宮中懸掛著提香、拉斐爾、科雷吉歐、范戴克等人的畫作，但這些宮殿差不多等於威廉和

瑪麗的私人寓所，而不是用來向大眾展示。晚年的威廉幾乎隱居故鄉荷蘭，他的藏品也被全部打包帶走，所以威廉沒有對英國的文藝產生多大影響。

　　雖然英國在歐洲的地位日益顯赫，但威廉之後的歷代君主也無意興建宮殿，如此強大的君主居然生活在如此「簡陋」的地方，來自各國的訪問者也感到很疑惑。君主們既沒有足夠的個人財富支撐奢華的生活，議會也不贊成好大喜功的君主，自然而然，君主們就缺少了展現威儀的場所。這也難怪從 17 世紀以來，英國文學以諷刺和巧智見長，而不是以莊嚴宏偉著稱。18 世紀漢諾威王朝的君主們更是江河日下。喬治二世甚至恥於舞文弄墨，也不喜歡王后卡羅琳沉迷於詩書，認為這與王后的身分不符。喬治一世和喬治三世對文藝有些興趣，而且有些托利黨文人，如波普和斯摩萊特（Tobias Smollett, 1721～1771）也希望君主能重振文藝，以彰顯帝國威儀，使君主成為萬民道德和趣味的表率，但日耳曼出身的喬治一世自稱是率真質樸的士兵，最喜歡的音樂是軍樂；喬治三世被稱作第一個「中產階級」君主，深居簡出，甘為簡樸美德的楷模。這不是說他們完全淡出了文藝領域，只是說他們的資助力度遠遠不夠，或者僅限於例行公事。約瑟夫‧海頓在倫敦舉辦一場公共演出能收入 350 鎊，而王室支付的價錢僅為其 1/3。在眾多的資助人當中，英國君主只是其中一個，具有私人性質，而非國家性質。「從 1688 年到喬治三世繼位，宮廷（資助文藝的）規模日益縮減。更重要的是宮廷越來越家庭化，越來越封閉，君主作為公眾人物的地位也越來越低。」[283]

　　與宮廷文化的式微形成鮮明對比的是城市文化的繁榮。隨著工商業的發達，倫敦的城市規模日漸巨大，到 18 世紀中期已是西歐的最大城市，其人口達到 75 萬，而愛丁堡的人口僅有 5.7 萬，都柏林則為 9 萬人，1/10 的英格蘭人生活在倫敦，而且蘇格蘭和愛爾蘭也有很多人在倫敦工作。這座大都市

283　John Brewer, *The Pleasures of the Imagination*： *English Culture in the Eighteenth Century*, London： Harper Collins Publishers, 1997： 20.

中有宮廷、教堂，有交易所和市集，也有劇場、公園、妓院、酒館、旅館、咖啡館。這裡有形形色色的行業，也有從事不同行業的各色人等。眾多人口生活在狹小的空間裡，傳統的以土地為紐帶的人與人之間的關係發生了變化。人們因職業產生關聯，在市場交易中相遇，但對對方的出身和私人生活了解甚少，因此變得更加陌生，傳統道德和習俗的約束力變得鬆散。傳統的價值觀念仍然發揮作用，人們重視榮譽、忠誠等美德，但彼此不熟稔，價值的展現就只能停留在表面上，也就是依靠言語、舉止和服飾等外在媒介。城市必然成為名利的賽場，繁榮而浮華。藝術在這場競爭中扮演著重要角色，但因為一切都流於形式，失去了內涵的藝術很容易就蛻變為單純的娛樂。藝術失去了原先的象徵意義，也沒有了地位和身分的限制，只要擁有一定的財富，人們便可享受到幾乎一切可以想像的娛樂，即使普通市民也被捲入這個娛樂浪潮中。在商業的推動下，藝術也變成了商品，人們付出金錢，收穫的是快樂。由於人們享受僅僅是形式帶來的快樂，而非實在的事物，所以這種娛樂便成了消費。

笛福曾這樣描繪 18 世紀的倫敦：「河岸兩邊壯麗奪目，布滿了宏偉的宮殿、堅固的要塞、高大的醫院等公共建築；這裡有世界上最大的橋梁和最大的城市，商人的富裕聞名於世，貿易量巨大，且物品繁多；這裡的海軍舉世無敵，無數船隻溯流而上，它們來自世界各地，又去往世界各地。」[284] 這些船隻象徵著英國發達的商業貿易，它們給倫敦帶來了世界各地的物品。如果一個外國人到了倫敦，他首先感受到的便是其繁華，但也非常嘈雜，街道上人頭攢動，彷彿每天都是節日。

1785 年德國人馮・阿興霍爾茨到了倫敦時感嘆道：「這裡能見到所有精緻而時髦的貨品，被整齊而雅緻地陳列著。……最華麗的要數銀器店。大量的

---

284 Quoted in Willcox, Arnstein, *The Age of Aristocracy, 1688 to 1830*, Lexington：D. C. Heath and Company, 1988：57.

銀盤疊放起來展示，此刻人們最能感覺到這個國家的富有。巴黎最大的商店聖奧諾雷跟倫敦的商店比起來都相形見絀。」[285] 服飾鞋帽、玻璃器皿、瓷器、絲綢、棉布、玩具、書籍、槍枝，還有來自異國他鄉的無花果、橘子、鳳梨等水果，都被陳列在寬大又低矮的玻璃櫥窗裡，讓人流連忘返。人們的衣著打扮都很潔淨且入時，言談舉止彬彬有禮，很難辨別出他是主人還是僕人。

倫敦帶給人的不僅是各式各樣的精美商品，而且還提供人們無數新奇的娛樂，只要有足夠的財富，人們便可享受意想不到的聲色快樂。最能體現這種娛樂消費的場所便是遊樂花園（Pleasure Garden），其中最著名的是沃克斯廳花園（Vauxhall Garden），也被稱作春天花園。這座面積 12 英畝的莊園坐落在倫敦郊區，在王政復辟初期的時候屬於一個叫薩繆爾·莫蘭德（Samuel Morland, 1625～1695）的爵士，不知出於什麼原因，他將莊園開放給普通民眾遊賞。由於園內有許多園林和樹木，所以倫敦市民便常常到這裡散心。到 17 世紀末，園內開闢了幾條筆直的大道，又被圈出一些偏僻幽靜的院落，同時建有宏大的拱門，還有散落各處的亭臺樓閣，但仍然向所有人開放，不受任何階級和經濟上的限制。毫無疑問，這座遊樂花園一開始就帶有一定的商業色彩。雖然不收任何門票，也沒有守衛，人們可以隨意出入，但園內有售賣飲料和零食的小店，還有街頭藝人在這裡演奏音樂，表演舞蹈和雜技，能向周圍觀眾討賞，所以這座遊樂花園一開始也是一個娛樂場所。當然，這裡幾乎少不了一些色情交易，雖然也有不少男女只是在此談情說愛而已。

遊樂花園開放初期，有人在日記裡這樣記述見聞：「乘船來到沃克斯廳，步入春天花園；人們成群結隊，天氣和花園都令人愉快；到這裡走走確實令人非常高興，也不用花費多少錢，因為人們可以在此隨意揮霍，甚至也不必花錢，只是聽聽這裡的夜鶯和其他的鳥兒，此起彼伏的小提琴、豎琴和口

---

285 John Brewer, *The Pleasures of the Imagination, English Culture in the Eighteenth Century*, London： *HarperCollinsPublishers*, 1997：29.

琴，人們在這裡歡聲笑語，園中千姿百態。另一個地方，有兩位漂亮的婦女單獨在一起，走了好長一段路：幾個遊手好閒的紳士發現了她們，便打算帶她們走；這兩位可憐的女士，她們想甩開這些紳士，而這些紳士又緊緊跟著她們；女士們一會兒跟著其他人群，一會兒又被拉回來；最後兩位女士離開了花園，乘小船走了。」[286]

「紳士們」肯定是把兩位「女士」當成了妓女，而他們這樣做也不是毫無來由，因為這座樂園確實是倫敦的流鶯常常攬客的地方，而且這個地方也彷彿天生就適合這樣的生意，園中的很多地方彎彎繞繞，非常隱蔽，不熟悉的人很容易迷路。到了 1700 年，湯姆・布朗（Tom Brown, 1662～1704）寫道：「有女士們喜歡獨自行走，在春天花園的隱蔽小路上找些樂趣，既能滿足淫欲，也可以相互帶路，以免迷失，荒僻之處的彎路和角落非常複雜，即使是時常來此的母親們在尋找她們的女兒時也不免迷路。」[287]

隨後幾年，春天花園的裝飾布置越來越精緻，樹木成蔭，夜晚燈火通明，但是其低俗品味仍一如既往。艾迪生在 1712 年的《旁觀者》雜誌上再次描述了他的經歷：「我們來到春天花園，這是一年當中最令人愉快的季節。我品味著小道涼亭兩邊花草樹木的芳香，還有成群的鳥兒在樹上婉轉歌唱，三三兩兩的人們在樹蔭下散步，我禁不住把這個地方看成是伊斯蘭教裡說的天堂。羅傑先生告訴我，這裡讓他想起了自己鄉下別墅裡的灌木小林，他的牧師曾將這片小樹林稱作養夜鶯的鳥舍。爵士說道：『你肯定覺得，這個世界最能讓戀愛中的人快樂的就是你的夜鶯了吧。呵呵，旁觀者先生，許多次我走在月光之下，在夜鶯的鳴唱中倚窗沉思！』說到這裡，他聽到一聲長嘆，不禁四處凝望，此時一個戴著面具的人走到他背後，輕輕拍了一下他的肩膀，

286 David H. Solkin, *Painting for Money, The visual Arts and the Public Sphere in Eighteenth-Century England*, New Haven, London：Yale University Press, 1993：107.

287 Quoted in David H. Solkin, *Painting for Money, The visual Arts and the Public Sphere in Eighteenth-Century England*, New Haven, London：Yale University Press, 1993：107.

問他是不是願意跟她喝杯蜂蜜酒。爵士被這突如其來的親近舉動嚇了一跳,很不高興有人打斷了他的沉思,旁人跟他說『她是個浪蕩娼妓』,並趕她到其他地方招攬生意⋯⋯」隨後這位爵士說,「如果這裡多些夜鶯,少些妓女,他會更常光顧這裡」[288]。可以看出,春天花園景色迷人,但也藏汙納垢。

　　沃克斯廳花園可以說是倫敦娛樂生活的一個縮影,它的狀況比啤酒館、旅店和咖啡館等地方要好一些。後面這些地方同樣是倫敦市民時常聚集的場所,來自各地的人在這裡閒聊,傳播政治、宗教方面的消息或謠言。這些人比去沃克斯廳花園的人的經濟和社會地位要低一些,雖然去沃克斯廳花園的人也肯定是這些地方的常客,他們的娛樂方式也要低俗和暴露得多。啤酒館、旅店和咖啡館基本上都在繁華的市中心沿街開設,甚至就是在街角擺上幾把椅子,還有一些毗鄰廣場和市集。無所事事的人們在那裡花很少的錢就可以喝上一瓶劣質啤酒或杜松子酒,成天酩酊大醉。咖啡館的消費也很低,通常一杯咖啡只需要 1 便士,實際上這裡也售賣各種酒類,人們可以長時間坐在裡面,無須面臨被驅趕的尷尬;咖啡館裡還有一些近期的報刊,人們可以隨意閱讀,即便你不識字,也會有人在看到某些新奇或容易引發爭議的內容時高聲誦讀,因此大量人群常常聚集於此。但是,這些地方通常也是遊手好閒的地痞無賴聚集的地方,也是貧窮的妓女招攬生意的地方;有些啤酒館或咖啡館的店主本身就是婦女,而她們也有可能從事色情行業,自己賣淫或拉皮條,更不要說這些地方附近就可能有妓院。當然,這些場所也有一些街頭藝人賣藝,比如唱民謠或演雜技,廣場上也常常有犯人帶枷示眾,這些也會吸引民眾蜂擁而至。

　　霍加斯的〈杜松子酒巷〉和〈啤酒街〉發表於 1751 年,其中的素材就是倫敦街頭一直存在的情景。在〈啤酒街〉一畫中,肉舖老闆、魚販子、車

288　Addison, *The Works of Joseph Addison*, vol. 3, London:George Bell and Sons, 1901:361—362.

伕都手持一大杯發泡啤酒，開懷暢飲，同時有些人懷裡還摟著妓女，互相調情。〈杜松子酒巷〉中的主角則是一個身患梅毒的妓女，酒精讓她神志不清，懷中的孩子正要從臺階上掉下去。無論是諸多作者筆下的春天花園，還是霍加斯的風俗畫，其中一個重要的主題就是放縱肉欲的享樂，彷彿其他一切娛樂都以這種肉欲的放縱作為根源，只不過作為中產階級和上流社會的娛樂場所的春天花園有精緻優美的環境作為妝點。

　　所有這一切都得益於英國商業的發展，在商業的進步下，人們追求的一方面是財富的累積，另一方面則是對商品的消費，而消費的一大目的又是享樂。在某種程度上，聲色之樂本身就是生活的目標，特別是對於那些沒有穩定職業的底層民眾來說更是如此，除非是到了迫不得已的時候，他們就不會工作，而工作賺來的錢馬上就又被用以享樂。許多人看到了兩者之間的緊密連繫。菲爾丁（Henry Fielding, 1707～1754）寫道：「這裡的一切都需要金錢，錢被看作是衡量一切事物價值的媒介，而對錢財的貪欲是建立在對感官快樂的過度迷戀之上的。那些存在於心靈中的東西極少被認為是值得渴望的，更別說要透過金錢去交易了。」[289]

　　沃克斯廳花園同樣越來越商業化了。泰爾斯（Jonathan Tyers, 1702～1767）於1728年接管花園，他試圖消除人們對花園的不良印象，對園內的格局和建築進行了諸多修改，尤其是拆除一些特別偏僻隱蔽的角落，以免有人在裡面做一些有傷風化的事情。後來又開始收取門票，票價只有區區1先令，目的只在於限制某些不良業者的進入，而且僱傭人員對遊客在園內的活動進行監督。改革的效果並不非常顯著，但可以看作其目的是把花園的遊客定位在那些更有消費能力的人身上，所以提供的娛樂項目確實要高雅許多，比如園內時常會舉辦一些交響樂音樂會，而且泰爾斯還斥鉅資在園內樹立了

289　Quoted in David H. Solkin, *Painting for Money, The visual Arts and the Public Sphere in Eighteenth-Century England*, New Haven, London：Yale University Press, 1993：116.

著名音樂家韓德爾（Georg Friedrich Händel, 1685～1759）的雕像。不過，這裡的商業色彩依然濃厚，情色意味仍舊不退，而且有過之而無不及。這裡像其他樂園或上流社會的莊園一樣，經常舉辦假面舞會，上流社會的紳士和夫人們也樂於參加這樣的活動，因為這是炫耀時裝和美貌的絕佳機會，同時也可能收穫豔遇。菲爾丁《湯姆·瓊斯》中的主角瓊斯不僅在鄉下時與女僕們打成一片，在被逐出家門到了倫敦後也參加過假面舞會，其英俊的相貌會吸引不少貴婦人，這些貴婦人隨後伺機與瓊斯偷歡。這樣的情節應該不完全是虛構，來自蘇格蘭的詹姆士·博斯韋爾（James Boswell, 1740～1795）本是貴族出身，後來成為著名評論家詹森（Samuel Johnson, 1709～1784）的好友，到了倫敦之後不僅時常拜訪貴族和高官，出入各種俱樂部，還會與一些妓女或者上流社會的有夫之婦保持親密關係，一生中因此有 5 次感染梅毒，深受疾病困擾。

在沃克斯廳發生的最著名的也是最有代表性的事件，應該是 1749 年喬治二世舉辦的慶典演出。喬治二世為慶祝《亞琛和約》的簽訂，計劃組織一場演出，參與主辦和設計的有軍械官蒙塔古公爵（John Montagu, 2nd Duke of Montagu, 1690～1749）、音樂家韓德爾、煙火總管弗雷德里希（Charles Frederick, 1709～1785），還有專為法國宮廷譜曲的賽凡多尼（Giovanni Niccolò Servandoni, 1695～1766），他們設計的表演節目包括韓德爾的交響樂、大型煙火等。演出的地點定在格林公園，組織者在那裡搭起一座 100 英呎高的木架，形似多立克式神廟，兩翼是寬闊的展館，並裝飾有花卉、雕塑、畫像以及戰時武器，在最上方則是形似太陽的圓環，象徵著國王的偉大。縱然有著名的設計師和音樂家，對於實際演出，這些大人物卻從未嘗試舉辦過，而且也缺乏相應的技術和設備。無奈之下，宮廷只好求助於泰爾斯。他確實是策劃此類演出的不二人選，他曾在沃克斯廳花園舉

辦過多場室外大型演出，早已駕輕就熟，尤其是在燈光特效方面極富創意。泰爾斯同意為國王提供技術專家和相關設備，但作為商人的他開出了「價錢」，那就是在沃克斯廳花園舉行一場排演，國王和他的藝術家們同意了。泰爾斯抓住了機會，也取得了成功。平時只要 1 先令的門票現在提高到了 2 先令 6 便士，泰爾斯共計收入了 1,500 英鎊。演出非常圓滿，受到一致好評，雖然也有人提出批評，特別是貴族階層對泰爾斯的做法無法接受。

正式演出在格林公園如期舉行，廷臣和貴族們悉數到來，演出卻並不順利。當天的天氣很糟糕，陰雨連綿，許多煙火在燃放之前就被雨水淋濕了，煙火七零八落；在躁動不安之中，蒙塔古公爵和賽凡多尼居然當眾鬥毆，賽凡多尼試圖拔劍時還被抓了起來；負責點燃煙火的人也有些漫不經心，煙火引燃了兩邊的展館。總之，整場演出一塌糊塗。不幸的國王被倫敦的報刊連日譏諷，顏面掃地。

然而，就算格林公園的正式演出與沃克斯廳花園的排演同樣成功，但難以掩蓋的事實是：宮廷文化已經讓位於城市娛樂。宮廷組織的演出實質上是一種政治權威的展示，而沃克斯廳花園的排演則純粹屬於商業性的娛樂，雖然兩者的演出形式和內容完全一致。泰爾斯把這場演出完全當作了商品，獲得利潤，而不是用來讚頌君主的偉大；其消費者沒有政治和宗教地位上的差異，所以演出不再是社會階級秩序的一種證明。在某種程度上，格林公園事件象徵著宮廷文化的衰落和城市文化的興盛。

事實上，就連王室成員和貴族階層也不免被商業文化和消費文化要挾。權威和地位需要裝飾和藝術來展示，這使其成為普通民眾崇拜、效仿的事物；普通民眾以接近權威為榮，而體現這種榮耀的方式就是效仿王室成員和貴族階層的言行舉止和衣著打扮。商人們正是利用這一現象來推動時尚的形成，他們會把自己設計的服裝、髮飾，乃至一個鈕釦或一條花邊首先免費送給王

室成員和貴族階層穿著佩戴，當這些人出現在公開場合的時候便成為商品廣告，引起效仿者競相購買的熱潮。

也許傳統社會中的貴族風尚並不純潔，但城市的膨脹和商業的發達更加刺激了人們對感官聲色的追求，使其表現得更加肆無忌憚。與此同時，在城市的消費文化背景下，藝術功能發生了劇烈轉變。在傳統社會中，藝術多用來表達宗教情感和階級秩序中的權威，用班雅明（Walter Benjamin, 1892～1940）的話來說，藝術的主要功能是被膜拜，因為藝術描繪的形象象徵了至高無上的信仰和權威，但在一個商業社會中，當一切都可以被買賣時，藝術形象的象徵作用就嚴重遭到削弱，轉而成為一種形式的展示，接受者從中得到的是感官快樂。在 18 世紀的倫敦，藝術仍然發揮作用，被人們用來象徵自己的身分和地位，乃至內在心靈和德行，但這一切又確實不是神聖不可觸及的，而且當人們不必經歷獲得身分、地位和德行的過程便可獲得它們的象徵符號的時候，藝術反而又激發了人們對外在形式的熱切追求。當然，伴隨藝術神聖性的喪失，恢復其神聖性的努力也逐漸形成，雖然這種神聖的內涵也發生了變化，這就是哈伯瑪斯（Jürgen Habermas）所謂的公共領域的建設。

公共領域的建設

以展現權威為宗旨的宮廷文化的頹勢是不可挽回的，這不僅是因為城市文化的強勢變得咄咄逼人，也是因為自 17 世紀內戰爆發以來英國整個社會和政治思想已經為後來英國的社會發展趨勢奠定了基調。霍布斯的《利維坦》中把人的原始本性規定為肉體生命的欲望，也就是自保，人類社會形成的動力也是這種欲望，個體為了保全自身生命而放棄自己的一部分自然權利，達成契約。契約的一方是一個擁有絕對權威的權力機構，因為個體為了長久的

安樂，對契約的破壞行為需要給予合法而公正的懲罰，所有人都希望這樣一個權力機構保護他們自身和社會秩序，霍布斯以此來證明君主制的合理性，但他絕沒有因此而證明君主制的神聖性；相反，霍布斯為洛克的自由政治學說提供了強大的理論依據。洛克並不反對君主的存在，但他需要與他的臣民一樣遵守契約，承擔起保護臣民的義務來。如果他違背了契約原初的精神，契約的另一方即臣民就有權利推翻他，建立新的契約。這無疑為英國人的弒君行為提供了合理合法的藉口。無論如何，在霍布斯和洛克看來，社會秩序的基石不是君權神授，而是公正的法律；社會運行的法則不是對權威的絕對服從，而是個體對利益的不懈追求以及社會對個體利益的保護。洛克在此基礎上肯定了個體的自由平等，或者說這也是他整個政治思想的根基：

　　自然狀態有一種為人人所應遵守的自然法對它起著支配作用；而理性，也就是自然法，教導著有意遵從理性的全人類；人們既然都是平等和獨立的，任何人就不得侵害他人的生命、健康、自由或財產。[290]

　　在這裡，財產是構成個體社會存在的基本要素，因為所謂生命、健康、自由在一定程度上都是抽象的、不可定義的。在一個社會中，一個個體只有擁有財產才能保證自己的生命、健康和自由，所以每個人都應該透過勞動獲得財產，社會也應該確立公正的法律保衛個體的財產，簡言之，在洛克看來，社會秩序是透過經濟來確定和維持的。

　　但是，洛克也許想不到自己的這些思想會推動城市中以感官享樂為目的的商業文化和消費文化的泛濫，因為他所主張政治自由和宗教寬容本來是與清教主義的倫理思想並行的，也就是他同時也主張勤勞、節儉甚至禁欲的生活方式。人們不必驚訝洛克在《教育漫話》中對詩歌、音樂、繪畫等藝術的批評，因為這些藝術不僅不能給人帶來實際的利益，而且還會刺激人的情感，

290　洛克：《政府論》（下篇），葉啟芳、瞿菊農譯，北京：商務印書館，1964 年，第 6 頁。

放縱人的欲望。但在倫敦這個城市中，清教倫理的約束力幾乎不存在，而且在擁有財產之後人們應該用這些財產做什麼，確實是個重要的問題，這涉及城市生活的價值取向。實際上，貴族的生活仍然是所有人羨慕和追求的目標。

在 18 世紀，貴族的地位依然牢固，比起前兩個世紀來，貴族的數量實際上有所增加，雖然有些貴族的經濟實力的確在削弱，但也有更具實力的商人加入貴族的行列中，力圖獲得貴族的特權和榮譽，當然也必須維持貴族應有的生活方式。貴族階層的吐故納新固然讓很多人哀嘆貴族的高貴性和純潔性已成明日黃花，但貴族的頭銜仍然具有非常大的吸引力也是不爭的事實，因為人們還沒有找到在社會生活中展現自身價值的途徑。

在傳統社會中，貴族的價值主要表現在兩個方面：一是具備相稱的道德品格，二是保持豪華的儀表。「社會強加給貴族的要求使其生活方式要與其社會尊嚴相一致的道德責任；慷慨仁慈和富麗堂皇的鄉村生活這一封建理想，在與城鎮中作為通達幹練的贊助人和進行鋪陳炫耀這一文藝復興理想的混雜。一個伯爵認為有必要在鄉村保有一處主要住所以及一處或兩處次要住所，在倫敦有房屋，並且家庭中要有服侍他們的 60～100 名侍從。他必須對賓朋敞門盛待，並且要提供充足的馬匹以供運輸和通信。」[291] 因此，一個貴族給人的印象必須是彬彬有禮、落落大方，但也從不計較錢財，不管他私底下如何經營自己的產業，而且他也必須勤勉經營，否則就難以支撐與其地位相稱的生活方式，因為貴族家庭的支出中有一大部分是炫耀性的支出，也就是各種送往迎來以及在社交場合拋頭露面。自 16 世紀以來，相當多的貴族由於建造豪宅、接待賓客、購置時裝飾品而負債累累，乃至銷聲匿跡。

到了 17、18 世紀，貴族們居住在鄉村的時間越來越少，生活的重心更多地轉移到了倫敦，幾乎所有貴族都在倫敦或其郊區建有住所。發生這一變

---

291 勞倫斯・斯通：《貴族的危機：1558—1641 年》，於民、王俊芳譯，上海：上海人民出版社，2011年，第 247 頁。

化的原因是英國的整個經濟越來越依賴工業和商業，貴族們必須擁有大面積的土地，但也必須到倫敦這個政治中心從事社交活動，為自己的後代或代理人謀取職位，更重要的是必須有機會獲得生產和經營的許可—— 18 世紀的英國特許經濟仍然非常重要。在這種情況下，炫耀性的消費只能是日盛一日，儘管由於不需要再建造宅院並招待賓客，炫耀性的支出照理說不會過於龐大，但炫耀畢竟是競爭性的，競爭也是永無止境的。人們越來越重視社交中的外在儀表，時尚的力量也愈發強大。1750 年的時候，切斯特菲爾德伯爵（Philip Stanhope, 4th Earl of Chesterfield, 1694 ～ 1773）說：「你如果跟不上時尚，你就什麼也不是。」[292] 艾迪生把新奇作為美的一類絕非偶然，後來包括休謨在內的美學家們同樣把它列為一類，雖然他們也批評其缺乏永恆的內涵，但新奇便是時尚的首要特徵。

　　對時尚的追求絕不僅僅是貴族階層和上流社會的專利，他們引發了整個城市乃至底層階級對時尚以及與之相關的高雅儀表的熱衷。商人們會印發各式各樣的時尚宣傳冊，在各種雜誌上打廣告，把上流社會最新的服飾傳播到各個地方和各個階層，激發了中產階級對上流社會生活的想像和欲望，同時也盡可能地模仿上流社會的服飾和言行。模仿的熱潮使上流社會的成員也深感憂慮，因為他們很難使自己從芸芸大眾中凸顯出來，所以他們必然也必須要求商人們設計新的款式，以保證他們能第一時間獲得這些服飾。但商人們也恰恰利用了這種心理，他們一邊為上流社會的菁英設計最新的款式，同時又透過各種傳媒途徑傳播這些款式給大眾，這樣反而加快更新換代的節奏。[293] 上流社會必須透過其他方式才能使自己區別於普通大眾，或者是運用

292　Quoted in Neil McKendrik, John Brewer, J. H. Plumb, *The Birth of a Consumer Society*： *The Commercialization of Eighteenth-Century England*, London： Europa Publications Limited, 1982： 39.

293　See Neil McKendrik, John Brewer, J. H. Plumb, *The Birth of a Consumer Society*： *The Commercialization of Eighteenth-Century England, chapter two*, London： Europa Publications Limited, 1982.

更昂貴的外在裝飾，或者是運用他人根本無法模仿的媒介，這些媒介中重要的一類就是對藝術作品的欣賞，這種活動不僅是外在的展示，也是內在品性的表現。當然，時尚的炫耀和藝術欣賞兩者並不相互衝突。劇場、音樂會同樣也是社交場所，1768 年的《劇場監察》雜誌寫道：「 在戲劇演出期間，包廂裡的許多人都忙著找人，跟熟識的男男女女們打招呼；他們批評時尚，跨過座位交頭接耳，每個人都相互點頭示意，彼此指指點點。」[294]

　　無論是時尚還是藝術，都飽受關於道德層面的批評。一個牧師說：「 藝術鑑賞教會人們如何滿足眼睛的欲望，展現生活的奢華……在它們所提供的樂趣中，總是有些東西對道德層面來說是很危險的。」[295] 蘇格蘭的詹姆士‧博格（James Burgh, 1714 ～ 1775）1746 年到了倫敦之後深有感觸：「 你能保證從遊樂花園的嘈雜環境中回來之後，你的心靈能不受干擾，陷入對反常和過度的欲望及熱情之中？如果你喜歡恬淡、平靜的隱居生活，這些東西難道不會擾亂你的心緒嗎？你能否認華貴的服飾、露骨的繪畫以及各式各樣豪華的東西 —— 最溫柔甜美的音樂，最為狂熱動情的詩歌，這些毫無節制的誇耀和炫示一起構成的精美藝術，一旦除去千百種浪漫的願望和欲念之後，還會有其他東西充斥你的心靈嗎？這些願望和欲望與你的地位並不相符，超出了你的日常生活，難道不會讓你的家裡更顯沉悶無聊嗎？」[296] 對於那些較為保守的人來說，更令人難以接受的是讓女性參與到這些文化活動中來，而女性也恰恰構成了 18 世紀倫敦文化的一個重要部分。

　　自 1688 年以來，英國政治大部分時間都被輝格黨掌控。輝格黨向來以自由寬容作為宗旨，主張發展工業和商業，代表了資產階級化的貴族階層的利

294　Quoted in John Brewer, *The Pleasures of the Imagination, English Culture in the Eighteenth Century*, London：*HarperCollinsPublishers*, 1997：69.

295　Quoted in John Brewer, *The Pleasures of the Imagination, English Culture in the Eighteenth Century*, London：*HarperCollinsPublishers*, 1997：72.

296　同上，第75—76頁。

益，自然而然，輝格黨人對宮廷和教會的專制深惡痛絕，對專制主義的思想言論也強烈反對。作為輝格黨創立者沙夫茨伯里伯爵一世（Anthony Ashley Cooper, 1st Earl of Shaftesbury, 1621～1683）的孫子沙夫茨伯里繼承了這一傳統，將宮廷和教會視為一個封閉而專制文化的代表，其原則就是神祕和嚴肅。宮廷和教會將一切都視為嚴肅的話題，禁止人們自由討論，實際上是為了維護自身的權威。在他看來，這種原則無法維持社會的穩定。在〈論狂熱〉中他分析，當知識和資訊被封鎖起來，人們陷於蒙昧無知的狀態中時，最容易產生恐慌的情緒，繼而又產生迷信，迷信的結果又是各式各樣的狂熱，而且在社會生活中，迷信和狂熱最容易讓人們變得乖戾易怒，產生各種偏激的思想和行為。治療各種迷信和狂熱的方法恰恰是使它們得以宣洩，在文化領域，宣洩的最佳方式則是嘲諷，他援引古希臘懷疑主義者高爾吉亞（Gorgias, 483 B.C.～375 B.C.）的話說：「幽默是檢驗嚴肅的唯一標準，而嚴肅是檢驗幽默的唯一標準。」[297] 只有在一個自由開放的社會中，當人們習慣於自由交流的時候，人們才能使用自己的理性，使知識得以傳播，因而解開一切神祕。同時，在自由交流的過程中，人們為了讓他人同意自己的看法，使他人感到快樂，就必然對自己的言行舉止加以修飾，這必然會促進學術和藝術的進步，而學術和藝術反過來又會促進政治的自由和宗教的寬容。一切高雅都來源自自由。

　　沙夫茨伯里也同時注意到了城市中商業文化帶來的困擾。在一個自由交流的環境中，人們面對的不僅僅是一個具體的人，而是一個幾乎沒有邊界的人群，因而人們很容易受到各種意見的影響和左右，失去自己的判斷力，而且在很多情況下，人們參與社交的目的本身就在於獲得他人的讚賞，哪怕只是恭維之詞；反之如果得不到讚賞，就求助於所謂的「群眾」，利用印刷出

297　Shaftesbury, *Characteristics of Men, Manners, Opinions, Times*, ed., Klein. Lawrence E. Cambridge University Press, 1999：36.

版業的便利來展開辯論或者攻擊，無論自己的觀點如何荒誕怪異。「現代作家，正如他們自己所承認的那樣，受群眾的品味和時代流行的趣味所左右。他們投世人之所好，坦白承認他們的荒唐怪誕，就是為了迎合顯貴。在我們這個時代，是讀者造就詩人，書商造就作家，卻還說是要為讀者帶來教益，讓作家永世留名。明智之人啊，好好想想吧。」[298] 的確，大眾是一個捉摸不定的群體，但任何人都不免要將其作為真理的標準，或者是作為利用的事物。大眾讓沙夫茨伯里處於兩難境地。

艾迪生同樣是輝格派作家，他與斯蒂爾（Richard Steele, 1672 ～ 1729）陸續編輯出版過《閒談者》、《旁觀者》和《守衛者》等雜誌，他們的一個重要目的就是倡導自由的社會交往。在《旁觀者》上艾迪生發表了〈旁觀者的用處〉一文，明確表示要「賦予道德以機智的生氣，使機智得到道德上的鍛鍊」，要像蘇格拉底那樣「把哲學從天上帶到人間，」艾迪生也要「把哲學帶出密室和圖書館、學院和大學，讓它們在茶館和咖啡館裡安家落戶」[299]。可見艾迪生的目的既是道德上的，也是文化上的。在自由的社會交往中，時尚和藝術自然是必不可少，因為它們本身就是交往的主要媒介，但是參與交往的人們也許並不知道如何才能恰當地表達自己，並且令他人愉悅，創造一個和諧融洽的氛圍，所以城市中的人們需要一些指導。

不過，艾迪生並不想針對城市中的所有人，而是有著特定範圍，也就是上流社會的紳士和淑女們；這些人「生活在這個世界中，卻又無事可做，或許是因為財產豐盈，或許是因為性情懶散，他們與周圍的人們形同陌路。這個階層裡包括了所有喜愛思考的商人、名聲卓著的醫生、皇家協會的會員、名副其實的聖殿騎士以及退出政壇的政治家。總之，每一個人都視世界為一

298　Shaftesbury, *Characteristics of Men, Manners, Opinions, Times*, ed., Klein. Lawrence E. Cambridge University Press, 1999：118.

299　Addison, *The Works of Joseph Addison*, vol. 2, London：George Bell and Sons, 1901：253.

個劇場,試圖對其中的演員們形塑一個正確的判斷」[300]。的確,這些人的身分非常特殊,他們的一個共同特點是都很富有,另一個共同特點是都有很多空閒,雖然他們所從事的職業表明他們不一定是傳統的貴族階層。艾迪生把他們視為《旁觀者》的「同胞」和「密友」。與沙夫茨伯里相似,艾迪生顯然主張一種公開而自由的交往,雖然沙夫茨伯里希望有一個更為高貴但是較為封閉的交往方式。相比之下,沙夫茨伯里更傾向於貴族階層,或者更準確地說是傳統的土地貴族階層,對社會和文化的控制。「艾迪生的語調是形而下的,而沙夫茨伯里則是祕傳式的;艾迪生的受眾是上流社會和中間階層中的大部分人,而沙夫茨伯里則更多地局限於其中的紳士們;艾迪生的論述更多地展現在日常生活領域,而沙夫茨伯里的則是排斥性的。然而,不能忽視他們重要的共同之處:他們都試圖將他們所謂的哲學從某些狹隘的地方轉移到一個新的場域。」[301]

　　無論是土地貴族還是城市中的資產階級,在沙夫茨伯里和艾迪生看來,他們在風俗和藝術鑑賞方面都應該得到提高,養成一種高雅趣味。這些人必然要炫示自己的財富和閒暇,也就是霍布斯所謂的追求「權勢」,這種炫示又必定是在公共場合進行的,唯有在他人的關注下,炫示才有其意義。公開展現帶給他們渴望的榮耀,但他們又擔心會被下層階級所模仿,最後與他們毫無分別,失去休謨所說的「驕傲」必需的條件,即獨有性或稀有性。他們應該欣賞和享受藝術,但如果僅僅是滿足耳目之悅,就容易遭受道德層面的指責,而且必然會與下層階級混淆,所以他們需要的不僅是欣賞和享受,還應該在情感上「占有」藝術,成為趣味的標準的制定者和執行者。某種程度上,他們需要專業的藝術鑑賞和評論能力。宮廷已經在很大程度上失去了制

300　Addison, *The Works of Joseph Addison*, vol. 2, p. 254.

301　Lawrence E. Klein, *Shaftesbury and the Culture of Politeness*：*Moral Discourse and Cultural Politics in Early Eighteenth-Century England*, New York：Cambridge University Press, 1994：37.

定標準的權力，所以這一權力就被轉移到更熟悉藝術的人手中，他們通常是專家學者，更準確地說是評論家。

當然，要確定什麼樣的人才是藝術方面的專家學者，這些人又是什麼身分，是件不太容易的事情。因為貴族階層的傳統教育就包括古典詩歌、哲學、修辭學等學科，律師、醫生、政治家、牧師、商人與貴族階層也有著千絲萬縷的連繫，也必然修習這些學科。儘管這些人都未必在各門藝術的創作上有多少造詣，而僅限於能引述經典著作中的語句。實際上，貴族階層不會真的成為詩人或藝術家，這有些像中國傳統社會中的名門望族很喜歡戲劇，但恥於成為職業演員。這樣看來，這些人都不是專家學者或批評家，但又都是，哪怕是從事相關職業的人也有權利在藝術上發表自己的意見。

艾迪生所羅列的城市中上流社會容納了商人和職業階層，意味著這些人以某種專業技術贏取了獨立的社會地位。在 18 世紀，他們與宮廷和貴族階層雖然並非毫無瓜葛，但宮廷和貴族不會或者也沒有能力去干涉他們的事務，在很大程度上，宮廷和貴族的支持僅被保留為一種榮譽，不因此而構成依附關係，所以也不會有實際的影響。獨立的身分和社會地位使他們之間建立起平等的交往關係，平等地參與到趣味展示和藝術欣賞的活動中。這些條件使得英國，特別是倫敦這樣的大城市，可以形成哈伯馬斯所謂的「資產階級公共領域」，尤其是「文學公共領域」，如果這種公共領域指的是「一個由私人集合而成的公眾的領域」[302]。雖然這指的不是完全破除了政治上的階級體系和觀念，並且與公共權力機關形成對抗關係，但這些人擺脫了傳統的依附關係。哈伯馬斯認為，所謂的平等並不是指社會階級關係全然無效，而是像他所說的：「這種社會交往的前提不是社會地位平等，或者說，它根本就不考慮社會地位問題。其中的趨勢是一種反等級禮儀，提出舉止得體。」[303]

302 哈貝馬斯：《公共領域的結構轉型》，曹衛東等譯，上海：學林出版社，1999 年，第 32 頁。
303 同上，第 41 頁。

從某種意義上說，霍布斯和洛克的社會學和政治學思想為英國現代社會的形成拉開了序幕，他們使獨立的「私人」成為可能，而沙夫茨伯里和艾迪生的社會批評則開始為城市中這些私人的社交模式塑造理想形態。

如上所述，在公共領域的交往中，藝術無疑具有舉足輕重的意義，因為它們既可以作為身分的象徵，也可以作為交往的媒介，而且藝術所描繪的內容本身也可以作為鑑賞和批評的事物，也就是人際交往中談話的內容。然而，藝術很容易被當作滿足感官欲望的工具，所以鑑賞和批評的一個重要作用便在於能夠使藝術從外在感官的事物轉變為內在情感的表達方式。艾迪生強調想像的作用，哈奇森在沙夫茨伯里的基礎上突出內在感官的意義，正是基於這樣的原因。如果趣味的標準並不能由權威來指定，人們就只能求助於超越所有人偏見的客觀規則，這也正是 18 世紀英國美學探討的重要內容。不同於以往藝術批評或美學的地方在於，美學家們以 17 世紀經驗主義哲學中的心理學作為主要的出發點和方法，建構出一套審美心理學；換言之，美學家們希望以內在的想像和情感的客觀規律作為確定趣味的標準的根據。顯而易見的，絕大多數美學家正是這樣做的，雖然同樣明確的是他們的努力不會帶來太大的成功，因為他們很多時候仍然不得不求助於經典所樹立的經驗性典範。

對於藝術法則和審美心理學的探討固然可以幫助那些並不以藝術為職業的人提高自己的趣味，也會吸引他們在某些藝術領域發表自己的看法，或者幫助他們如何挑選藝術品作為收藏；但從某種程度上說，人們是否能夠找到確定無疑的標準並不重要。因為趣味的目的在於在談話這種實踐中展現自己的性格和風度，雖然談話者的意見不能違背基本的常識，或者有必要基於理性的論證。正如上文所揭示，嚴格來說，趣味不僅是一種理論知識，更是一種實踐能力，高雅趣味的關鍵在於能夠使他人愉快地接受自己，使自己在交

往中贏得尊重，或者說展示和確認自己的身分；相反，如果執著於死板的教條，反而會被批評為迂腐或狂熱。巧智往往比學識更重要，儘管巧智也需要學識。也如哈伯馬斯所說：「藝術評論員有些業餘愛好者的味道，他們沒有鑑定權，在他們身上，業餘判斷集中了起來，但是並沒有專業化，因而還是私人判斷，只對自身有效，自身之外，沒有什麼約束力。」[304] 不過，更形象也更準確的描繪是艾迪生在《閒談者》上發表的一篇名為〈社交音樂會〉的文章，他把社交中的談話比作音樂會，每一個談話者就像某種樂器，他應該能夠與其他樂器相互配合，形成和聲，否則就不是一個得體而優雅的談話者，或者沒有表現出良好的教養。艾迪生自嘲曾像一面鼓，盛氣凌人，聒噪嘈雜，現如今卻像小鼓和笛子，「我所能做的是時刻關注自己的談話，發現自己的言語開始喋喋不休時，就立刻安靜下來，決心去聽聽其他人的音調，而不要不合時宜，像音樂會上那種令人厭煩的樂器那樣霸占他人的角色」[305]。

當然，不是任何場合都適合高雅趣味的展露。如果說趣味基於一種內在感官，那麼富有高雅趣味的談話或實踐就必須與僅僅滿足感官欲望的娛樂區分開來。的確，即使是沃克斯廳花園也力圖消除其早年給人的印象，即為所有人提供不加區分的放縱娛樂。當城市成為一個公開或大眾的社會時，某些階層或職業既需要群眾的仰慕，但同樣希望標榜自身的獨特性，建立一個相對封閉的交際圈。在 18 世紀的倫敦，一些咖啡館、酒館、旅館逐漸成為某些群體聚會的專門場所，這些群體具有獨特的興趣和話題，也就是所謂的「俱樂部」。正如「俱樂部」一詞（club）有聯合、分攤的意思，它本身確實是一種由參與者分攤費用的組織，儘管不一定平均，卻表明參與者之間的一種平等關係。俱樂部及其舉辦場所、咖啡館、酒館，這樣的地方構成了 18 世紀英國城市中一種獨特的公共交往場所。然而，俱樂部又不是一種完全公

304　哈貝馬斯：《公共領域的結構轉型》，曹衛東等譯，上海：學林出版社，1999 年，第 46 頁。

305　Addison, *The Works of Joseph Addison*, vol. 2, p. 119.

開的聚會，參與者往往需要熟人的引薦才能加入，加入的標準則是在某個領域有較好的修養或者具有一定的社會地位。

　　18 世紀初倫敦最著名，也最有影響力的俱樂部是基特凱特俱樂部（Kit-Cat）。這個奇怪的名字或許源於最初聚會的地點，即一個名叫克里斯多夫・凱特林（Christopher Catling）的人開的餡餅屋，他名字的暱稱為 Kit Cat，不過這個暱稱最初被用來稱呼他生產的羊肉餡餅。這個俱樂部最早可能在 1688 年之前就已經開始舉辦，而且具有非常明顯的政治色彩，因為其成員多是輝格黨人，主要目的是增強議會的權力，限制王權，反對法國，也曾參與過驅逐詹姆士二世的驅逐法案。到後來，這個俱樂部的資助者有著名的約翰・范布勒爵士（Sir John Vanbrugh, 1664～1726），他在建築和戲劇方面影響卓著，在驅逐詹姆士二世和支持威廉三世的事件中也扮演過重要角色。在其他的資助者中，還有不下 10 位是公爵，可見這個俱樂部也與貴族階層關係緊密。

　　基特凱特俱樂部的著名成員還有艾迪生、斯蒂爾、康格李維及畫家戈弗雷・內勒（Godfrey Kneller, 1646～1723），內勒為俱樂部的多數成員畫過像，還有倫敦最重要的出版商和書商湯森（Jacob Tonson, 1655～1736），而後來的重要資助者多塞特伯爵（Lionel Cranfield Sackville, 1st Duke of Dorset, 1688～1765）也資助過德萊頓（John Dryden, 1631～1700）等一批詩人。到了 18 世紀，文化確實成為基特凱特俱樂部的一個主要目的，雖然他們並不贊同德萊頓的托利派立場，但還是出資為他舉辦了葬禮。俱樂部幫助像湯森這樣的出版商建設書籍流通和銷售渠道，資助一些戲劇和歌劇，並且經營過女王劇場。由此可見，基特凱特俱樂部的影響不僅局限於內部交流，而且也擴及整個城市的文化市場。艾迪生和斯蒂爾主辦的雜誌能做到每日一期，發行量達到 2,000 份，足以說明這個俱樂部的強大影響力。

美學與文化

　　到了 18 世紀後半葉，倫敦最知名的俱樂部則是詹森博士文學俱樂部，最初是由著名畫家約書亞・雷諾茲爵士（Sir Joshua Reynolds, 1723 ～ 1792）於 1764 年提議成立的。起初的成員共有 9 位，包括詹森、雷諾茲、柏克、醫生克里斯多夫・紐金特（Christopher Nugent, 1698 ～ 1775）（柏克的岳父），還有詹森的兩個朋友托帕姆・博克勒克（Topham Beauclerk, 1739 ～ 1780）和班內特・蘭頓（Bennet Langton, 1736 ～ 1801），詩人戈德史密斯，胡格諾派教徒和股票經紀人安東尼・卡米耶（Anthony Chamier, 1725 ～ 1780）以及約翰・霍金斯爵士（Sir John Hawkins, 1719 ～ 1789）。到後來，又有演員兼劇場經理加里克（David Garrick, 1717 ～ 1779）、理查・謝里丹（Richard Brinsley Sheridan, 1751 ～ 1816）以及歷史學家吉本（Edward Gibbon, 1737 ～ 1794）、政治經濟學家亞當・斯密等人，同時《詹森博士傳》的作者博斯韋爾也是其中一員。這份名單幾乎囊括了英國當時各個領域的菁英，堪稱陣容最為強大的俱樂部。由於後來成員越來越多，身分越來越雜，詹森對此有些不滿，逐漸淡出了俱樂部的活動，但即便如此，這些成員與最初的發起者們也總是有著密切的私人關係。

　　相比於基特凱特，詹森博士文學俱樂部確實有些不同。前者具有明顯的輝格派政治傾向，而後者看起來是中立的，進入俱樂部的標準多是個人的才幹；前者主要資助和推廣文學，而後者則有些包羅萬象的樣子，即使其成員有不同的背景，卻總在某個領域有所成就，其著述廣受歡迎。詹森本人、博斯韋爾擅長評論和傳記，柏克的美學著作影響巨大，亞當・斯密在政治經濟學領域則有開創之功，即使有激進政治主張且異常活躍的福克斯（Charles James Fox, 1749 ～ 1806）也在歷史領域有所專長。看起來，文學俱樂部的興趣主要集中在學術方面，而對於政治傾向並不敏感。然而，俱樂部對於每一個成員的作用頗有些像 18 世紀英國的輝格派寡頭政治，成員之間相互提

攜讚譽，力圖確立他們在每一個學術領域的權威地位。他們互相預訂彼此的著作，為書商推薦，相互題寫序跋。雷諾茲為牛津大學新學院設計西窗後，托馬斯·沃爾頓（Thomas Warton, 1648～1715）為其寫讚美詩，從而使其廣為人知；伯尼寫了《音樂史》，詹森就為其寫獻辭給女王；詹森稱讚柏克是「這個國家最重要的人物之一」，說戈德史密斯是「最重要的作家之一」，而戈德史密斯則反過來認為詹森是文學界的偉大「可汗」，博斯韋爾讚揚詹森是「英格蘭的第一作家」，而畫家雷諾茲則為詹森、柏克、加里克等人畫像，並刻成版畫出售。「詹森和他的圈子對當代名譽和未來聲望有著敏銳的意識，基特凱特的成員們卻沒有。因為他們希望塑造、保護並傳承傳統，無論是在文學、音樂還是繪畫上，他們都不僅意識到歷史，還意識到未來。這個團體在其傳記作家看來是很幸運的：他們的評論著作和藝術作品都流傳了下來，他們的生平也都在一系列傳記中被後人保存下來，只不過博斯韋爾的《詹森博士傳》最為著名而已」[306]。毫無疑問，文學俱樂部及其成員對 18 世紀英國的藝術和學術各領域的趣味確立了標準，這種標準不是抽象的理論，而是活生生的典範。

　　由此可見，在 18 世紀英國俱樂部這種獨特交往形式的推動下，藝術批評和學術研究確實走向了專業化的道路，而且文學俱樂部成員的一些著作，如柏克的《崇高與美》、吉本的《羅馬帝國衰亡史》、亞當·斯密的《國富論》等，也成為後世經典。不過，這些著作的作者一定程度上也並非專業的作家或學者，從基特凱特俱樂部到詹森博士文學俱樂部，其成員如艾迪生、柏克、福克斯都長期在議會擔任議員並活躍於政壇，而且有些成員本身就是貴族，或因突出貢獻而被封爵，如雷諾茲，所以他們在專業和非專業之間保持著某種微妙的平衡，很難說在他們眼中政治和學術何者更重要。同樣的，

306　John Brewer, *The Pleasures of the Imagination*：*English Culture in the Eighteenth Century*, p. 49.

美學與文化

俱樂部推廣專業的藝術批評和學術研究，但絕不是專門的學術團體或協會。大多數小型俱樂部並不能吸引很多知識菁英，只是同業或興趣相投者的聚會，他們的目的也不一定是學術，而是增進私人關係和加強行業聯盟，比如如何構思戲劇，如何經營劇場，如何宣傳自己的觀念和商品，如何打壓對手和提升自己的地位。

　　然而，無論如何，俱樂部式的交往方式推動了上流社會的知識化，或者說理性的探知和表述也成為一種時尚，就像博斯韋爾在日記中談到一個紳士：「他（戴普斯特）非常討人喜歡：舉止得體，聰明幽默，具有紳士風度。他是一個懷疑論者，因此說起話來不受拘束，為同伴帶來很多歡樂。但對於一個總是對未來充滿了悲觀情緒的人，是很痛苦的。他說打算寫一篇關於快樂和痛苦的論文。他認為人的頭腦就像一間屋子，快樂和痛苦取決於你在裡面掛什麼樣的畫。永恆不變的情緒是不可能出現的，外面能做的只是在裡面掛令人高興的畫。」[307] 在博斯韋爾眼中，紳士間的談話首先重視的是優雅的舉止和優美的談吐，一個人是否是懷疑論者或悲觀主義者或許並不重要，但關於情緒的巧妙言論使談話變得令人愉快，而關於情緒的理論是否合理或正確並不是談話最重要的目的，重要的是享受幽默機智的談話給人的樂趣。傑拉德把自然、藝術和科學都看作是趣味的事物，這必定不是他的疏忽或者標新立異，而是因為那個時代的事實就是如此。18 世紀英國美學的許多著作也正是出自一些並不知名的紳士之手，他們因興趣而在俱樂部式的聚會中談論藝術和評論，將自己的見解集結成書，交給出版商出版，而有些著作能有幸流行開來。

　　俱樂部式的交往方式或者文學公共領域所展現的便是高雅趣味。這種交往方式仍然把快樂作為首要目的，這種快樂不僅透過外在時尚和舉止的展現

307　詹姆斯·鮑斯韋爾：《倫敦日誌（1762—1763）》，薛誠譯，北京：中國人民大學出版社，2009 年，第 311 頁。

而獲得，而且也透過專業化的理性表述而得到轉化，使之成為一種想像的快感，因此這種快樂也把上流社會的消遣休閒與城市中一般市民能夠享受的感官娛樂區分開來。所以，高雅就是「在群體中令人愉悅的藝術」，它具有三個特徵：展現在群體中、要令人愉悅、需要掌握一系列的形式。[308] 當然，還有一個重要特徵：高雅需要一些專業知識，雖然這些知識多是鑑賞的原理和方法，而非親自創造的技能。從一定程度上說，正是對高雅趣味的追求激發了上流社會對美學探索的熱情，因為高雅趣味首先突出的是情感的作用，而情感的表達又必須依靠特定的形式媒介；反過來，對形式的理性認知又使主體的情感變得更加細膩敏感，正如休謨所說，趣味的培養可以讓一個人與「少數人」為伴，享受到由此帶來的優越感。因此，俱樂部式的交往本身有一個特殊目的，那就是匯集少數菁英，並能夠親自參與其中，獲得一種特殊身分。

美學與政治

哈伯馬斯在描述資產階級公共領域尤其是文學公共領域時，強調了其獨立、開放和自由的特徵，與傳統的封閉、專制的文化體制形成了鮮明對照，因而對後者嚴格的階級秩序造成了對抗。顯然，資產階級公共領域代表了一種理想的帶有民主色彩的交往方式，雖然他也承認假如公共領域需要一定的財產作為基礎，但由於藝術作為商品「擺脫了其社交表現的功能，變成了自由選擇和隨意愛好的事物。『趣味』依然是藝術的指針，它表現為業餘的自由判斷，因為任何一個公眾成員都應當享受獨立的自主權」[309]，因此就衝破了傳統的宮廷和貴族階層對藝術的壟斷。這種公共領域當然值得人嚮往。

然而，僅就 18 世紀的英國而言，這種情形是否屬實，或者是否如此簡單，是頗有疑問的。這不是說奢侈、淫亂、低俗文化一直充斥著 18 世紀的

308　Klein, *Shaftesbury and the Culture of Politeness*, p. 3—4.
309　哈貝馬斯：《公共領域的結構轉型》，曹衛東等譯，上海：學林出版社，1999 年，第 44 頁。

倫敦，而是應該看到高雅的文學公共領域與整個城市的消費文化、商業文化之間的複雜關係。同時，對文學公共領域和高雅趣味的熱衷是否就意味著上流社會在有意營造一個自由、平等、民主的政治氛圍，也不是一個簡單的問題。事實上，他們也許是在文化上重新確立菁英階層的霸權。俱樂部的交往在內部看起來是自由而平等的，但他們的目標是為大眾樹立趣味的標準，使自己成為被尊重和敬仰的楷模。

富有影響力的俱樂部成員總是力圖透過著作確立自己在某一領域的權威，他們對專業史的研究情有獨鍾，尤其是對英國本國各個領域的歷史著力最勤，並從特定的角度來闡釋歷史趨勢，追溯英國自身的悠久傳統，標榜英國在現下的領先地位，而研究者自己自然也站在時代的頂峰。正如一開始的沙夫茨伯里就將人類的歷史描述成從野蠻到文明的歷史，在政治領域則是一個從暴力專制到高雅民主的歷史，因此文藝在文明社會中的地位舉足輕重，而英國在自由民主的體制下，文藝也蓬勃發展，或者說在文藝的薰陶下，自由民主也蒸蒸日上。英國理應引領人類文明的潮流：

我們這個時代自由又重新主宰世界，而我們自己不僅幸福地享受著它，而且因為我們的偉大和力量，使自由在國外也煥發生機，因而成為歐洲聯盟的領袖和首腦，而這個聯盟就因這個普遍的事業而得以建立。竊以為，我們也不必懼怕失去這種高尚的熱情或者為這項光榮而艱巨的事業嘔心瀝血，就像古希臘，我們應在未來的年代與國外勢力展開戰鬥，遏制那個威嚴帝王的不良行徑。現在的我們就像早先的羅馬人，那時他們只希望棄戎解甲，徜徉在藝術和學術的繁榮之中。[310]

這種邏輯自然地抬高現代人的地位，至少可與古希臘和古羅馬的先賢們比肩而立。所以，學術研究的意義是雙重的：一是突出英國相較於其他各國

---

310 Shaftesbury, *Characteristics*, p. 100.

的優越性，二是研究者挾這一優越性再鞏固自身的權威性。就 18 世紀英國的文化格局而言，知識菁英們一方面在培養民眾的趣味，另一方面又必須超越民眾的趣味，使高雅趣味變得「稀有」，被少數人所擁有。

在理解文化對於 18 世紀英國的意義時，民眾是一個非常關鍵也很微妙的因素。商業文化的興起首先需要一個具有消費能力的廣泛人群的形成，上流社會身分的自我確認也需要與一般民眾構成對比，強調自由的政治觀念同樣需要民眾的支持。雖然在各個領域，以及社會演變的各個階段，民眾的身分和內涵也各有差異，但是，正如要塑造一個具有消費能力的人群的前提是激發更多個體的創造能力，上流社會成員的榮耀感也要以普遍民眾的認同作為基礎，自由的政治觀念則需要對散漫的民眾加以控制或引導。

事實上，大眾自 17 世紀以來便在英國社會中發揮著重要作用，一定程度上決定了 18 世紀英國的政治格局。雖然英國自 13 世紀以來就有議會和地方自治的傳統，但整體政治氛圍仍然遵循祕密和特權原則。宮廷和議會禁止民眾公開討論政治和宗教話題，也禁止私人印行書刊，即使議員也不得非經許可在公開場合發表言論，甚至不被允許記錄會議議程和相關內容。因為公開的言論容易引發爭議，或者被某些人用來煽動民眾情緒。顯然，在統治者眼中，民眾是一群毫無理性的人，容易衝動，難以控制。聖約翰給馬爾伯勒的市長寫了一封信，批評 1615 年的恩稅（benevolence）是蓄意充實皇室的錢袋，隨後他遭到議會的起訴，起訴的理由不是聖約翰不應該提出批評意見，而是「並非私下地，或祕密地，而是公開地」這樣做。[311] 議員在議會中發表演講是一項特權，但他絕不能將內容公之於眾。1642 年，德林爵士被逐出議會，因為他在議會之外公開了他和其他議員的演講，並且透露了其他演講者的身分。議員德艾沃斯說，德林的違法是「由本院成員所犯的級別最高、最

---

311 David Zaret, *Origins of Democratic Culture*： *Printing, Petitions, and the Public Sphere in Early-Modern England*, New Jersey： Princeton University Press, 2000： 52.

嚴重、性質上最惡劣的」[312]。民眾的職責就是服從，統治者沒有義務向他們說明任何理由，查理一世仍然相信：「君王沒有義務解釋他行動的理由，上帝除外。」

然而，選舉中的派別鬥爭、商業貿易對政治新聞的依賴，都在促使政治公開化。事實上，公開化也一直以各種方式進行著。有些貴族並不出席議會，而且一個貴族通常會控制多個選區，培植代理人並加入議會，議會中的代理人必然也得透過信件來向其保護人傳達宮廷和議會中發生的事情，而這些帶有新聞的信件又會被手抄複製，在更大範圍內流傳。商人們對政治新聞的需求更加迫切，因為政治事件隨時會影響到他們的生產和貿易。商人們之間透過通信來傳播各國政治決策和各種社會新聞也是由來已久，「至少在宗教改革的三個世紀以前，商人的書信就『比世俗政府更有系統地』傳播政治新聞」[313]。同時，英國的絕大多數商人本身就是貴族或出身於貴族，所以他們同樣可以透過代理人或親屬獲得重要的政治訊息。到了 17 世紀，隨著政治鬥爭的尖銳化和商業的飛速發展，人們對於政治和宗教的關注更加密切，宮廷和議會幾乎不可能封鎖任何消息，而且有人專門倒賣政治新聞。議會中的書記員把國王和議員的演講記錄下來，編訂成冊，然後賣給關心政治的貴族和商人，從中獲利頗豐；倫敦的旅館、商店等公共場所的有些經營者也相當注重如何蒐集傳聞和私人信件，並摘錄整理成新聞小冊子加以出售，即便他們可能會面臨嚴重的懲罰。1630 年代，倫敦的一個文具店主伯里每週給斯卡德摩爾勛爵寫信，報酬是每年 20 英鎊，當然他的主顧不只一個；據說一個名叫羅星漢姆的船長也定期給一些貴族和商人寫信報告各類新聞，每年因此收入不低於 500 英鎊，而一個富裕的鄉紳或城市中的中產階級家庭的收入也不高於這個數字。

312　同上，第 52 頁。
313　同上，第 120 頁。

印刷業的發展使新聞傳播的性質發生了巨變，並且影響了政治鬥爭的方式，也創造了新的文化。印刷能更快速地複製和傳播新聞，而且成本低廉，受眾也不再局限於政治和商業領域的菁英，而是擴及城市中的普通民眾。像伯里和羅星漢姆這樣的人只是把新聞賣給少數人，而出版商則將大量帶有新聞的小冊子廣泛銷售，雖然都是匿名出版，祕密銷售。在新聞傳播的過程中，底層文人也功不可沒，他們把各類新聞寫成通俗順口的詩歌，再加上繪聲繪色的渲染，使新聞的可讀性大大增加。當然，他們也因此而獲得豐厚的報酬，一本通俗詩集在出版商那裡有時可以換取 2 英鎊。要知道，出版商付給米爾頓《失樂園》的價錢也不過 10 英鎊。新聞廣泛傳播的結果是：聚集在酒館、旅館裡的人們開始熱烈討論各種政治和宗教事件。當然，在商業動機的驅使下，印刷業傳播的不僅是政治和宗教的爭議性事件，而且也散布各種詭異事件和奇談怪論，以滿足普通民眾的好奇心。1622 年羅伯特‧伯頓寫道：「我每天都聽到新的新聞，還有那些充斥日常的謠傳，戰爭、瘟疫、火災、洪水、盜竊、謀殺、屠殺、流星、彗星、光譜、奇觀、幽靈……各種各樣的宣誓、許願、動議、法令、請願、訴訟、申訴、法律、聲明、冤屈、不幸，整日充斥在我們耳邊，每日的新書、小冊子、報刊、新鮮事……現在又是婚禮、假面舞會、啞劇表演、娛樂、大慶典、外國使團、馬上比武等消息……就像是走馬燈，又是叛國、詐騙、詭計、搶劫、種種惡行、出殯、葬禮、王子的死訊、新發現、探險；一會兒是喜劇，一會兒又是悲劇。今天我們聽說封了新的勳爵和官員，明天就會聽到有些大人物被免職了，然後又授予新的榮譽……我每天都能聽到諸如此類的事情，有私人的也有公共的，在這充滿悲歡離合的世界裡。」[314] 最重要的問題是民眾對各類新聞的討論形成了所謂的輿論，各個地方、各個階層的民眾都可能因為某個事件的誘導而被

314　David Zaret, *Origins of Democratic Culture*： *Printing, Petitions, and the Public Sphere in Early-Modern England*, p. 100.

煽動起來舉行各種抗議或爆發騷亂，因而可能影響或左右各地的政治決策。1640 年代的政治衝突使民眾正式登上了政治舞臺，雖然更多情況下，民眾不過是被利用的工具。

無論是保皇派還是議會派，很快就看到了輿論對於政治和宗教的巨大力量，也很快開始有意識地利用這種力量獲得民眾的支持，同時向對方施加壓力。國王和議會都在密切關注公共輿論的動向，同時也在引導和製造公共輿論。雙方都會將會議、談判和演講的一些細節在各自控制的報刊上發表，如保皇派的《宮廷信使》或者議會派的《不列顛信使》，交給民眾去討論和判斷，也會大量印行傳統文獻以支持自己的主張。隨著衝突的加劇，雙方的宣傳戰也更具有組織，他們動員治安官和教區牧師來傳達政令和主張，並煽動民眾的情緒。這個時候，政治、宗教和商業的力量結合在一起，輿論的規模和影響都空前巨大。即使在戰爭期間，輿論仍是一項必要的武器，查理一世在 1642 年逃離倫敦的時候還隨身帶著一臺印刷機，以便及時印行所需材料；議會軍同樣需要印刷機，他們說「如果不設法在軍中擁有一臺印刷機，我們就完蛋了」[315]。

然而，民眾既可以被當作製造輿論的工具，也同樣是破壞秩序的一種不穩定因素，需要加以防範和控制。內戰之後，克倫威爾就採取了專制統治，壓制公共輿論。實際上，在此之前的人們已經表示了擔憂。從政治層面上說，統治階層並不認為民眾理解政治的意義，也不具備這樣的能力。1641 年愛德華·林德爵士說：「從何時開始議會竟要屈尊於民眾呢？……為什麼有人告訴我們民眾是公告的裁決者呢？……什麼時候我第一次聽說有這樣一份規勸書呢？我認為，我們現在應該像忠實的顧問那樣為陛下舉起一面鏡子……我無法想像我們應該向下規勸，向民眾說明情況，談論國王就像談論

---

315 同上，第 200 頁。

一個他者一樣。我不會向普通民眾索要解決我們問題的辦法，也不願意這麼做。」[316] 從文化層面上說，許多人認為民眾只喜歡追新獵奇，沉迷於如凶殺案、魔鬼現身等各種奇聞逸事，這助長了低俗文化的盛行。出版商當然也知道這一點並很好地利用了這一點，以獲取更多利潤。

到 17 世紀中期，倫敦市民的識字率已經達到 70%，完全文盲的人非常少見，但他們對幾乎一切嚴肅高雅的東西都不感興趣。事實上，也正是在黨派互相的攻擊和辯論中，英國獨有的諷刺漫畫和短篇故事得到了充分的發展，並為後來的文學注入了新的元素。劍橋柏拉圖學派的著名哲學家亨利·莫爾在 1674 年說道：「我寫一本書比我出版一本書要遇到 40 倍的麻煩，這就像去趕一匹疲憊的老馬或者劍橋的出租馬車，事倍功半。」[317] 因為出版商總是優先印刷暢銷書。與這些嚴肅著作的艱難問世相比，一些通俗作品則可以被儘快出版並大量重印，例如《良心黑名單》和《好人的天堂坦途》1651 ～ 1663 年間印了 3 萬冊之多，還有一些教導人們如何在上流社會交往的書也很受歡迎，比如《談話助手》、《要略千種》，後者在 17 世紀末到 18 世紀初重印了至少 7 版。[318] 因為這些書售價低廉，也可以指導普通人的生活，而許多詩人或學者的作品不僅很難找到出版商，而且報酬低微，有些作者只能得到幾十本免費贈書而已。

無論如何，流行於城市民眾之中的低俗文化的興起固然有印刷業的發展作為支持，但在很大程度上還是仰仗統治階層政治鬥爭的推波助瀾，而在商業化的洪流之下，民眾輿論和低俗文化又難以被駕馭。如前文所述，這種狀況在 18 世紀一直在延續，甚至大有愈演愈烈之勢。顯而易見，對於民眾輿

---

316 同上，第 210 頁。

317 David Zaret, *Origins of Democratic Culture*：*Printing, Petitions, and the Public Sphere in Early-Modern England*, p. 146.

318 Klein, *Politeness for Plebes*：*Consumption and social identity in early eighteenth-century England. The Consumption of Culture 1600-1800*, Ann Berminghan and John Brewer, ed. London：Routledge, 1995：367

美學與文化

論和低俗文化而言，從上到下的壓制幾乎很難奏效，況且輝格黨所主張的自由主義又使得強行壓制師出無名，或者說他們的執政理念本身就是所謂的「全體公民或公共福利」（common-wealth）。然而，這並不意味著輝格黨願意放棄出身於貴族的資產階級在思想和文化上的領導權，聽任公共輿論的擺布。1695 年的《審查法案》沒有通過，但在倫敦的劇場仍禁止演出戲劇，藉以評論和諷刺與政治和宗教有關的事件，雖然經過改造的戲劇無法被禁絕，黨派之間的攻訐和諷刺從未停歇。

不過，自 16 世紀以來英國的貴族統治確實遭遇著危機。由於經濟結構的變化，也就是從純農業經濟向工業和商業經濟的逐漸轉變，從 16 世紀後期開始，有相當部分的傳統貴族開始沒落。據統計，1603 ～ 1642 年的 40 年間，約克郡的 641 家鄉紳中有 180 家斷後或遷出，而新獲得徽章佩戴資格或遷入和建立支脈的家族則有 218 家。[319] 新晉貴族包括原先的約曼農、律師、城市商人、行政官員和成功的政治家，他們一旦聚集足夠的財富就購買地產，編造或購買家族譜系，盡力獲得貴族資格，雖然他們幾乎不指望從土地上獲利。同時，宮廷由於財源緊張也常常出售爵位，儘管是一些低級爵位。詹姆士一世即位的 4 個月裡就封授了 906 名騎士，這些頭銜不是直接封給某個人，而是出賣封授權，大臣們再轉手賣給需要的人，1606 年有人用 373英鎊多一些的價格買到了 6 個騎士封授權。到後來，居然有貴族的理髮師、王后洗衣工的丈夫、旅店老闆被封騎士。從男爵的價格要貴一些，一開始達到 1,000 多英鎊，詹姆士一世從 1618 ～ 1622 年賣掉了 198 個從男爵爵位，而價格也最低跌到 220 英鎊。貴族階層的沉浮和人數的暴增，使人們對於貴族的高貴和純潔產生了極大的懷疑，以至於有人說「樞密院裡根本就沒有貴族」[320]。文藝復興以來，貴族們除了血統之外更強調自身的品德、教養和對

---

319 勞倫斯‧斯通：《貴族的危機：1558—1641 年》，於民、王俊芳譯，上海：上海人民出版社，2011年，第 24 頁。

320 同上，第 34 頁。

國家的責任，但現在這一切都依賴於金錢，金錢可以買到貴族所標榜和享受的一切東西。貴族階層越來越資產階級化了。

後來查理一世意識到情況的嚴重性，為了加固社會階級秩序，他透過一些措施保護土地貴族的利益，也阻止非貴族階層進入政治領域，甚至在文化領域也加強人們的階級觀念，比如禁止買賣和佩戴人造珠寶，把箭術規定為下層階級的運動，而保齡球和網球則被限於年收入超過 100 英鎊的紳士。1688 年光榮革命發生之時英國貴族的數量為 160 人，此後威廉三世和安妮女王封授了一些貴族，但多半是擢升，到 1714 年安妮去世時，貴族數量只有170 人，所以光榮革命之後英國貴族階層實際上一直注意保持其特殊地位和榮譽。1719 年為防止國王濫賜爵位，上院試圖制定《貴族爵位法》，要把貴族數量限制在 184 人，而喬治一世也確實新封了 28 個爵位。不過在 1720 年之後，英國貴族數量沒有顯著增加，到 1780 年時，貴族數量也僅有 189 人。這說明 18 世紀英國的政治觀念仍然是保守的，所以也難怪很多歷史學家，如約翰‧坎農、威廉‧韋爾考克斯、沃爾特‧阿恩斯坦等人，認為英國在這個世紀仍然是一個貴族時代。

然而，不可否認的是光榮革命之後貴族階層的危機依然存在。首先，貴族階層分裂更加明顯，代表了傳統土地貴族的托利黨的地位日益衰微，而代表工商業新貴族的輝格黨的影響則顯著增強，與此相伴隨的是包括商人、專業人員在內的城市中間階層逐漸龐大，並影響著整個國家的經濟。其次，整個國家的社會聯繫越來越受到經濟利益的支配，而不再是單純的保護和依附關係。17 世紀末以來頻繁的戰爭使英國陷入嚴重的財政危機，這迫使政府進行一系列的財政改革，目的是使人們儲存的金幣、金條等財富進入流通領域，以創造更多財富，也可被政府用來緩解赤字。政府解決赤字的一個重要辦法就是發行國債，也就是一種永久性的借貸體系。為了能管理複雜的金融事務，政府成立了英格蘭銀行。從此之後，「新的國家財政體系與政治體系

更緊密地結合在了一起」[321]。而在 18 世紀的南海公司泡沫事件中，上至國王本人，下至普通百姓，都試圖在投資股票中發財，結果許多人因此而傾家蕩產，但這裡要說明的是：這足以表明財政在整個國家中極其重要的地位。事實上，在 18 世紀英國政府中財政和軍事是最龐大的兩個部門，整個國家彷彿陷入了經濟和軍事相互依賴的循環中。

這些現象讓人們反省，究竟是什麼把整個國家凝聚在一起？是單純的利益關係還是更內在的精神紐帶？貴族又憑藉什麼來統治這個國家？

為了推翻專制主義，洛克強調個體的自然權利和財產在社會關係建構中的根本意義。雖然洛克為 1688 年後英國政治體制的建設提供了強大的基礎，但視其為養父的沙夫茨伯里對其提出尖銳批評卻不是毫無道理，因為洛克有可能把整個社會關係還原為赤裸裸的利益關係，無論何種價值都建立在個人對自身最大利益的攫取上。在他看來，是洛克「毀滅了所有基本原則，將所有秩序和美德（同樣還有上帝）從世界上消滅，使這些觀念都成為非自然的，在我們的精神中失去了基礎」[322]。沙夫茨伯里抓住了霍布斯哲學中情感的重要意義，卻反其道而行之，視社交情感為社會關係的自然基礎。沙夫茨伯里的貢獻在於，他用情感取代了洛克的財產作為社會關係的紐帶，因為他警覺到純粹的財產關係將使整個國家陷入分裂狀態，雖然這不是他強調情感的全部目的。沙夫茨伯里跟洛克一樣，不願意看到君主獨攬專權，但他不同於洛克的地方在於，他也不願意把基於純粹理性計算的經濟利益作為立國之本。

從其情感理論，沙夫茨伯里順理成章地推導出他的倫理學和美學體系，美學之所以在他的整個思想當中非常重要，正在於美可以塑造一種理想的德行、人格和社會風尚，使社會和國家的運轉更富有人情味。與此同時，憑藉

321　Willcox, Arnstein, *The Age of Aristocracy, 1688 to 1830*, Lexington：D. C. Heath and Company, 1988, p. 57

322　The Life, *Unpublished Letters and Philosophical Regimen of Anthony, Earl of Shaftesbury*, p. 403.

高尚的道德和高雅趣味，貴族有理由成為社會和國家的表率。這一點在上文中已有詳細論述，此後的許多作家也緊隨其腳步，讓美學在 18 世紀的英國一脈相傳。對此，以政治經濟學聞名的亞當‧斯密鮮明地指出趣味對於貴族統治的重大意義：「年輕的貴族是靠什麼重大才能來維護他那個階層的尊嚴，使自己得到高於同胞的那種優越地位呢？……由於注意自己的一言一行，他養成了注意日常行為中每一細節的習慣，並學會了按照極其嚴格的禮儀履行那些微小的職責。由於他意識到自己是多麼引人注目，人們是多麼願意贊同他的意願，所以在無足輕重的場合，他的舉止也帶上這種意識所自然激發出來的翩翩風度和高雅神態。他的神態、舉止和風度都顯出那種對自己地位的優越感，這種優越感是生來地位低下的那些人所不曾有過的。」[323]

財富是所有一般民眾都可以獲得的，甚至可以超過貴族階層，但使貴族區別於一般民眾的是他們在德行和趣味上的優越性。洛克並沒有刻意排斥普通人在經濟領域的權利，相反並非貴族出身的他以此作為倡導自由和寬容的一個重要論據，「洛克強調保護財產是建立國家的理由，是政府的目的，他賦予了財產所有制以很多社會和政治功能」[324]。任何人都可以憑藉自己的勞動獲得財產，進而確立自己在社會中的身分。在他看來，甚至上流社會的子弟應有的品德首先是勤奮，而非享受和娛樂，但在沙夫茨伯里看來，過度依賴於財富以及享受物質生活腐蝕著紳士的德行和責任感。

然而，18 世紀的英國無論在政治領域還是文化領域都嚴重依賴財富，尤其是商業經濟。沙夫茨伯里的學說雖然令人迷戀，但不切實際，而且幾乎是讓貴族階層自取滅亡，因為無視工業和商業就等於坐以待斃。不過，重商主義也必須得到政治和文化上的支持。休謨在論商業時說道：「和外國人做生

---

323 亞當‧斯密：《道德情操論》，蔣自強、欽北愚、朱鐘棣、沈凱璋譯，北京：商務印書館，1997 年，第 65 頁。
324 彼得‧拉斯萊特：《洛克〈政府論〉導論》，馮克利譯，北京：生活‧讀書‧新知三聯書店，2007 年，第 143 頁。

意所帶來的好處也許就是：它使遊手好閒的人奮發圖強，也為這個國家的花
花公子們展現了追求奢侈的新天地；這種奢華的生活他們過去做夢都想不到，
因而在他們的心中激起了一種追求其先輩們未曾享受過的更加美妙的生活方
式的欲望。與此同時，少數掌握了搞外貿的訣竅的商人發了大財；他們的財
富已經比得上古代的貴族，使得其他冒險家們妒羨，因此也來和他們競爭。
如此一來，各個行業紛紛仿效，你追我趕；因而國內的只在於趕超國外的，
提供產品質量，力圖使所有國產商品達到儘可能完美的水平。他們手裡的鋼
鐵經過能工巧匠的精心製作變得像印度的黃金和紅寶石那樣值錢。」[325]

　　顯然，在休謨看來，商業發展帶來的好處是惠及所有階層的。不過，這
些好處在不同階層中卻有著不同的表現：彷彿貴族們應該追求的就是奢侈，
是奢侈讓他們投入商業經濟中，商人們追求的則僅僅是財富，對財富的渴望
讓他們進行冒險，後來他還說到商業的發展致使農產品價格上漲，因此農民
的生活境遇也得以改善；反過來，在商業經濟的潮流中，各個階層都能為國
家累積財富做出貢獻，休謨以及《國富論》的作者亞當·斯密確實是在為
資本主義聲張。但是，他們也隱約維護著某種階級秩序，上流社會應該是財
富帶來的奢侈的享受者，而普通民眾則應該是財富的創造者。從某種程度上
說，商業經濟促進了政治自由，但也可以鞏固君主政體。休謨說道：「我們
發現文明君主制政府是可以有秩序、有條理和穩定的，並達到令人驚訝的程
度。私有財產受到保障，勞動受到鼓勵，藝術繁榮，國王安居於他的臣民之
中，像父親生活在自己的孩子中一樣。」[326] 當然，值得注意的是在休謨和亞
當·斯密看來，貴族的內涵已經發生了變化，它們本身就已經是資產階級，
而資產階級也力圖使自身貴族化，或者說資產階級必然要繼承貴族階層的遺
產，重新塑造社會秩序。

325　瑜青主編：《休謨經典文存》，上海：上海大學出版社，2002 年，第 68 頁。
326　休謨：《休謨政治論文選》，張若衡譯，北京：商務印書館，2010 年，第 59 頁。

休謨的比喻並不新鮮。洛克在《政府論》中對菲爾默父權論的駁斥眾所周知，但在 18 世紀父權論並沒有被完全掃除，反而得到有力主張。艾迪生曾在《旁觀者》上的文章裡說：「孩子對父母的服從是所有統治的基礎，並被設定為我們承認上帝加於我們身上服從的標準。」[327]

後來菲爾丁曾說：「生而享用地球的果實是少數人的特權，如果真的可以被稱作是特權的話。人類的大部分必須努力生產這些果實，複雜社會就不再符合它被注定的目的。你要在 6 天裡勞作，這是上帝在他的共和國裡的明確要求。」[328] 在維護階級秩序時，艾迪生和菲爾丁還求助於普遍接受的宗教觀念，援引《聖經》的語句來作為論據。在這些作家看來，一個社會中需要一個以脫離勞作、專門享受娛樂和榮耀的階層的存在——他們也許並不一定是傳統的貴族階層，而他們的作用倒是引領和促進整個社會的財富累積和秩序穩定。

雖然艾迪生、休謨和菲爾丁的思想遠比沙夫茨伯里開放，但有一點是共同的，即純粹的理性不足以成為人們行動的指南，也不足以成為維繫社會穩定的基石，情感的作用必不可少。休謨說：「照最能為人接受的觀念來看，人類的幸福是由三種成分組成的，這就是：有所作為，得到快樂，休息懶散。」[329] 勞作和娛樂相輔相成，勞作需要休息的調劑，而娛樂享受又給人增添新的活力。但藝術的作用絕不僅僅是自我娛樂，而是體現在社交中。

這些藝術愈加進步、改善，人們就成為愈加熱衷於交際的人。……這群人居住在城市裡，喜歡學習和交流知識，喜歡炫耀他們的才智、教養和關於生活、談話、衣著、家具擺設等等方面的趣味。珍奇誘發智慧，空虛產生愚昧，而愉快則兼而有之。各式各樣的俱樂部和社會團體到處都有，男男女女

327　Addison, *The Works of Joseph Addison*, vol. 3, London：George Bell and Sons, 1901：60.

328　Quoted in John Cannon, *Aristocratic Century*： *The Peerage of Eighteenth-Century England*, Cambridge：Cambridge University Press, 1984：151.

329　瑜青主編：《休謨經典文存》，上海：上海大學出版社，2002 年，第 24 頁。

在這裡相會很方便，這種社交方式使人們的脾氣和舉止迅速地得到改進修飾。所以人們除了得到知識和文藝水準的提升外，還必定能從共同交談的習慣和彼此給予的親切、愉快中增進人性。這樣一來，勤勞、知識和人道這三者就由一個不可分割的鏈條連結在一起，並從經驗和理性中見到它們進一步的加工磨練。這種繁榮昌盛的景象通常被視作奢華更甚的時代。[330]

　　藝術的作用在於讓人們在社會交往中得到榮耀和尊重。來自人性內部的衝動讓人追求成功、知識和藝術，並憑藉這些來塑造一種自由的，但也秩序井然的社會關係。並不是所有人都能參與到以趣味為重的社交生活中，其中的少數人必須具有財富、知識和趣味。然而，如果人人都可以獲得財富和知識，進而具備高雅趣味，而且商業的發達可以促進自由，那麼為什麼人們不能要求建立一個平等的社會關係呢？為什麼多數人對少數人的服從 —— 即便這兩個人群的構成不是完全固定的話，是天然的呢？我們或許可以從柏克的論述中找到更明確的答案。

　　1789 年，法國革命爆發，國民製憲議會取消親王、世襲貴族、封爵頭銜等封建制度，先是廢除教會徵收什一稅的權力，繼而又沒收教會財產。與此同時，重新劃分政區，並以人口數量、納稅份額來實行一定程度上的普選制。同年，國民制憲議會發布《人權宣言》，提出「人人與生俱來而且始終自由與平等」。看起來法國有望建立一個自由而平等的共和制國家。英國的某些政治家也因此歡欣鼓舞，蠢蠢欲動，讚頌法國革命，而且試圖效仿。曾以《崇高與美》而聞名的柏克在 1790 年寫成《法國革命論》，他對法國革命的暴行感到震驚，同時也對革命中提出的平等主義的政治主張進行了批駁，認為其不僅空洞而且荒謬。這裡關注的不是他對法國革命的批判是否正確，而是他在其中如何回答我們的問題。

330　同上，第25—26頁。

在柏克看來，一個國家選擇什麼樣的體制，或者說一個國家之所以為國家，固然有其自然的根源，但也受著某些習慣的制約。他一定程度上同意霍布斯和洛克或者法國的盧梭的說法，即國家源於「共同協定和原始約定」，無論是國王還是人民都應該遵守。然而，如果說任何人因此就可以隨時推翻一個國王或一種體制，去發明另一種體制，卻並不在理；一種體制不可能在任何時候都得到普遍的同意，否則一個國家就永無寧日。況且，從事實上看，幾乎所有王位都得自暴力，所以當今王位幾乎都不合法。但即便如此，一個國家仍能在相當長的時間內維持穩定，原因在於，它有悠久的傳統和習慣，傳統和習慣使得野蠻變成文明，也使其自身變成法律，超越所有個人的私欲和偶然的意志，因而變得高貴而神聖。在傳統和習慣的延續中，人們才能養成與之相配的德行，國家和社會才脫離了暴力，由道德予以維持，因而變得穩定。

柏克並非反對任何變革，甚至說：「一個國家沒有改變的辦法，也就沒有保全它自身的辦法。」[331] 如果不及時變革，就無法防止某些時候某些人對傳統的破壞，所以變革也就是糾正，是保證傳統的延續。在他看來，英國一直以來的變革無論如何激烈，實質上都是在保護傳統的原則，矯正各種錯誤，使整個政治體制都更加符合傳統精神，也保證傳統在未來的綿延。

經過歷代人智慧的醞釀，傳統使當下一切都顯得自然而必然，成為一個有機的整體。「我們的政治體系是被置於與世界秩序，並與一個由各個短暫部分組成的永恆體所注定的生存方式恰好相符合併且相對稱的狀態；在這裡，由於一種巨大智慧的安排，人類的偉大神祕的結合一旦鑄成一個整體，它便永遠既無老年，也無中年或青年，而是出於一種不變的永恆狀態，經歷著永遠的衰落、淪亡、新生與進步的不同進程而在前進著。」[332]

可以看到，經過時間積澱的傳統在人心中培養了一種特殊情感，絕不是

331　柏克：《法國革命論》，何兆武等譯，北京：商務印書館，1998年，第28頁。
332　柏克：《法國革命論》，何兆武等譯，北京：商務印書館，1998年，第44—45頁。

理性可以計算和解析的。「在這種對遺產的選擇中，我們就賦予了我們的政策結構以一種血緣的形象，用我們最親密的家庭紐帶約束我國的憲法，把我們的基本法律納入我們家庭親情的懷抱之中，保持我們的國家、我們的家室、我們的塋墓和我們的祭壇，使之不可分離，並受到它們相互結合併相互作用的仁愛的鼓舞。」[333] 如此看來，如果在傳統中就存在著森嚴的階級，那麼階級就應該繼續被維持，因為各個階層在傳統中都養成了與之相適應的信念、品格、情感和習俗，他們各得其所，維繫著整個社會的和諧運轉。離開了傳統和它們造就的具體情境，所謂自由和平等就是空洞的，失去了傳統樹立的規矩，自由和平等就只能是混亂。失去了規矩的約束，人們就會受貪婪、野心和報復惡念的驅使而為所欲為，人們對一切都無所畏懼，不承認任何權威，也不承擔任何的義務和責任，那樣的話，任何人的自由和平等都不可能得到保證。

只有少數人才有資格治理社會和國家，那是因為只有他們才具備相應的德行和才能，而他們的德行和才能也是在傳統中形成的。「從默默無聞的狀況通向榮名顯赫的道路不應該弄得太容易，也不應該過於是一樁理所應當的事。假如說罕見的才能是一切罕見事物中最為罕見的，那麼它就應該經過某種驗證。榮譽的殿堂應該是坐落在卓越性之上的。假如它是經過德行而被打開的，那麼也應該記得，德行是只有某種困難和某種鬥爭才能得到考驗的。」[334] 所以治理國家的少數人不僅是因為他們此時具有某種德行和才能，而且還是因為他們構成的階層經歷了鬥爭和考驗，他們可以繼承悠久的傳統，經受最好的教育，遺傳了這個階層的天然道德感，因而也值得所有人尊重和敬仰。

---

333 同上，第45頁。
334 同上，第66—67頁。

這個階層應該擁有大量的財富，而且是普通人不可企及數量的財富，以至於無法被侵犯。財富分配本應該是不平等的，因為財富會引發嫉妒而處於危險之中，而巨量的財富甚至無法被嫉妒，因而也得免於被侵犯的危險，正如休謨所說，如果我們面對的榮譽和財富超過了我們的能力，嫉妒便會演變成尊敬。也許任何人都可以獲得大量的財富，但柏克同樣會說，有些財富經歷了長期的累積，而有些則是偶然得之，相形之下後者只是單純的物質，而前者還飽含著使人敬畏的傳統，有德行、禮儀和榮譽的裝飾而顯得厚重。統治階層的歷史和財富浸染了「那種買不到的生命的優美，那種不計代價的保衛國家，那種對英勇的情操和英雄事業的培育……那種對原則的敏感、那種對榮譽的純潔感」[335]。

所以在柏克看來，如果社會中應該存在自由和平等，那麼這種自由和平等也應該與由傳統和習俗而形成的秩序相適應，而不是沒有任何差異的自由和平等。

當然，我們更應該注意到的是透過對傳統的堅定維護，柏克更強化了社會運行所遵循的情感原則。機械理性無法領會傳統的神祕和偉大，無法參透它對每個人的影響。「根據這種機械主義哲學的原則，我們的體制就永遠都不可能體現在具體的人的身上，從而能在我們的身上創造出愛、敬、仰慕或執著。但是排斥了深情厚愛的理性，是無法填補它們的地位的。」[336] 從沙夫茨伯里到柏克，情感的統一一脈相承。一個國家和社會由於對先輩和傳統的敬畏和服從、對秩序的讚賞、對德行的尊重、對同胞的愛而成為有機的整體。商業的發展非但不會對這個整體造成挑戰，反而能夠使其在不斷調整中得到延續和維護。我們看到，18 世紀後半葉詹森的文學俱樂部成員們對各個領域的歷史性研究、對人性的發掘正是試圖確立獨特的英國傳統，並使這些

335　柏克：《法國革命論》，何兆武等譯，北京：商務印書館，1998 年，第 101 頁。
336　同上，第 103 頁。

傳統建立在他的自然本性的基礎上，同時也使研究者自身匯合於這些傳統之中，所以柏克對傳統的強調、對情感的熱衷不是偶然發生的。

毫無疑問，培養和增強情感最有效的手段便是審美。無論是將美感定義為內在感官還是主要歸功於想像，審美情感的一個重要特徵在於，它們超越了感官的快樂和痛苦，因而屬於心靈和精神的活動；外在事物的作用是刺激和喚醒心靈和精神的活動，使它們通向構成世界最內在的根源。如果把這套理論換成現實的實踐，那麼我們可以說，審美的作用在於讓個體超越當下的存在，進而以情感的方式尋找自身在更廣闊時空中的位置，感知自身的身分，或者也可以說，審美能夠賦予有形世界以一種更內在的統一性，從而有助於塑造社會秩序所需要的一種共同感。

在這樣一種語境中，我們便可以理解自柏克開始崇高這一審美形態在 18 世紀英國美學中的重要意義。在沙夫茨伯里的著作中曾出現過柏克所用的「崇高」一詞，同時也描繪過崇高的景象：

> 他來到曾經蒼翠挺拔的松林，杉樹和高貴的雪松塔形的樹冠高聳入雲，使其餘樹木相形見絀。某種不同以往的恐懼攫住了我們剛剛歇息的旅行者，他看到藍天正被廣闊的森林覆蓋，投下了巨大的陰影，使這裡暗無天日。……死寂中蘊藏著衝動，一股不知名的力量驚動心靈，使人存疑而時時觸動著神經，始之警惕。……在這片神聖的樹林中，形形色色的神性彷彿要在此顯形且變得更鮮明，就像古人築起神廟並祭祀那般。即使是資質駑鈍的我們，也能於世界上諸多明亮之處，讀懂神性的聲音；但以我們短淺的目光來說，倘若選擇朦朧昏暗的此處來辨明那個神祕的存在，它就會像是一片烏雲。[337]

---

337 Shaftesbury, *Characteristics of Men, Manners, Opinions, Times*, ed., Klein. Lawrence E. Cambridge University Press, 1999：326.

在這裡，我們可以看到沙夫茨伯里的用語與柏克如出一轍，如形容事物的巨大、昏暗微弱、沉寂、力量以及情感的恐懼，不過沙夫茨伯里的這段描寫暗示出的是一種宗教情感，自然景色將人的心靈引向對無限精神的敬畏。此後，艾迪生、休謨雖然很少使用「sublime」一詞，但也有過類似的描述，與沙夫茨伯里不同的是，他們更傾向於解析崇高的心理機制。

柏克的美學不僅延續了休謨的心理學方法，甚至從霍布斯那裡借鑑了生理學理論，用來解釋情感的發生和運行，看起來多了幾分功利主義的色彩。不過在柏克看來，情感不再只是源於認識論或服務於認識論，而是首先具有社會實踐的意義，他對情感的分類也是基於它們在社會實踐中的不同功能，正如他把情感分為自我防衛的情感和社交情感。這種分類談不上獨創，此前休謨就綜合霍布斯和沙夫茨伯里的學說，以為人性有自私和有限的慷慨兩種傾向，對於兩種情感所發揮的作用，柏克也無疑從前人的理論中得到不少啟發。柏克只是把這些思想簡潔地整合在一起，且予以有力的表達。

然而，柏克將崇高與美對立起來當作一種獨立的審美形態也許真的是別有用心。社交情感總體表現為愛，男女之愛和同胞之情都促使我們相互交往，從中獲得快樂。社交情感又可以分為同情、模仿和雄心三種，這樣便可以描述社會交往的複雜狀態。當他人處於不幸當中時，我們縱然暗自慶幸，但也表示憐憫，此謂之同情，而模仿他人的行為可以使我們儘快適應社會法則，但模仿也容易陷入一種循環，人類便不能進步，上帝又在人心中植入雄心這種情感，使他要超過同類，獲得成功的喜悅，也享受他人的讚美。人們相互友愛，也相互競爭，而柏克之所以將它們都歸為社交情感的範圍看似令人費解，因為出於雄心的競爭會削弱同情和模仿的作用，但我們也可以發現，無論是同情、模仿還是雄心都是發生在平等的個體之間，它們並不能夠在個體之間建立高下尊卑的等級關係。在休謨的論述中，我們也看到競爭的

顯著意義，那就是自由平等的競爭可以激發人們的創造力，促進工業和商業的發展，帶來文藝的繁榮。

顧名思義，自我防衛的情感作用在於個體對自身生命的保全，使其辛勤勞作，滿足生活所需，但柏克賦予這種情感的職責顯然不是僅止於此。自我防衛的情感因痛苦和危險而被激發，也就是說，它們使人避開痛苦和危險，所以它們最先表現為恐懼。當然，身處險境時純粹的恐懼並不能產生崇高感，只有在已經脫離險境後，恐懼才可能轉化為崇高。然而，令人疑惑的是社交情感固然直接有益於維持融洽而快樂的社會關係或秩序，而自我防衛的情感彷彿對於社會關係或秩序沒有任何作用，哪怕是補充性的作用。柏克有時候是有意在兩種情感之間進行對比的：當美的事物喚起社交情感時，人的身體和心靈處於放鬆狀態，這是人們感到快樂的重要原因，但過分的放鬆又會使人變得慵懶，繼而甚至會讓人「憂鬱、沮喪、失望以及自戕」[338]，治療這些弊病的有效方法就是透過勞動和鍛鍊使身體和心靈變得活躍起來，增強它們的機能，人們從而能享受到健康強壯的狀態，但對於兩種情感的社會性意義，柏克卻彷彿沒有能夠建立起對比關係。原因也許在於，恐懼的情感不可能發生在平等的個體之間，而一個讓人恐懼的人，總是有著常人無法企及的權能。不過，無意之間柏克還是透露出一點線索，在討論力量這一崇高的原因時，柏克寫道：「產生於國王與司令們組織中的力量與恐怖有相同的聯繫。君主們常常被稱作可敬畏的陛下。而且可以看到，閱歷甚少的年輕人和不經常接近權勢人物的人，常常全被嚇倒而不能自如地使用感官。當我在大街上準備坐下時（約伯說），年輕人看見我就躲開了。確實，對於權力，這樣的羞怯是自然的，它固藏在我們的體內，除了增加閱歷或粗暴對待自己的自然氣質以外，很少有人能克服。」[339]

338　Burke, *A Philosophical Enquiry into the Origin of our Ideas of the Sublime and Beautiful*, p. 172.
339　Burke, *A Philosophical Enquiry into the Origin of our Ideas of the Sublime and Beautiful*, p. 72.

簡言之，高不可及的權威讓人畏懼。它們不能被我們同情，無法被模仿，我們也不可能與之競爭，像上帝的力量、智慧、公正和仁德這類觀念，更是「遠遠超出我們理解的界限」[340]。柏克所列舉的巨大、匱乏、無限等特徵也有一個共同點，那就是超出了理性掌握的範圍，或者無法以理性的方式來掌握。當然，外在感官同樣無效。在崇高的事物面前，我們被震撼，心靈的一切活動都突然間停滯了，但另一方面，這樣無限的力量也並不始終令人恐懼，反而還能被轉化為愉悅，只是柏克所遵循的生理學方法並不能很好地解釋這一過程，因為在這中間發揮作用的不單是感官和神經。

無論如何，在這些無限的力量面前，個體只能不假思索地服從。如果崇高的事物所激發的自我防衛的情感與社交情感之間存在對比關係，我們只能說後者營造了一種自由平等的社會關係，而前者則維護著不可撼動的階級秩序。造物主在人的天性中植入這些情感，自然有其深刻用意，雖然凡人無法參透，所以我們必須遵照造物主的指令。「依靠造物主，在我們自己身上找到了正確、仁慈、美好的東西，甚至在我們自己的弱點和缺點中發現造物主的力量和智慧，在清楚地發現它們時表示崇敬，在探索中陷入迷途時，敬仰其博大精深。」[341] 即使沒有刻意指出君主制和宗教的必然性和必要性，柏克也還是說明了它們在社會中發揮作用的方式。如果說對於權威的畏懼天然地存在於人類本性之中，那麼權威的存在也是必然的和必要的，因為只有這樣的權威才能懲罰違反道德和法律的行為，為國家和社會提供共同的信念和信仰。

在《法國革命論》中，柏克不僅指出君主制和宗教的必要性，而且也主張包括國王在內的任何人都應該服從一種共同的權威，那就是一個國家或社會的傳統，或者柏克所強調的憲法。在一個國家或社會中，任何階層和職業都是必要的，它們都為整個國家和社會的和諧運轉做出自身的貢獻，但為了

---

340 同上，第 73 頁。
341 同上，第 55 頁。

維護各自的利益或者避免對他者造成損害，它們又必須服從一個高於自身的權威。1688 年之後，君主的權力受到限制，議會的權力得到增強，工商業的作用日益重要，但貴族的地位仍需要得到保證，而光榮革命也恰恰是各個階層和各種利益相互妥協的結果，「光榮革命是一場保守的革命，旨在恢復體制的恰當平衡，並在貴族的主持下得到實現」[342]。18 世紀英國的政治體系彷彿綜合了各種政體的優勢，英國人自然也以他們的混合政體為榮，在這種情形下，傳統或憲法的作用就尤為重要。「所有評論者都同意，只有始終保持警惕才能維繫體制的微妙平衡，這種體制的健康只能以一種強迫症的方式加以監控。平衡這一概念意味的不是慣性，而是調整。」[343] 隨著城市中產階級的興起，個人主義觀念益發膨脹，貴族階層和上流社會越來越迫切地需要對其進行約束，無論是休謨、菲爾丁還是柏克都主張，貴族之下的中間階層的平等關係需要上面的權威加以制衡，而貴族和君王也需要一種更高的權威加以約束。對傳統（無論是政治上的還是文化上的）的強調正反映了這種需要。

自沙夫茨伯里始，美學研究就以情感作為主要領域，試圖在人的自然情感中找到社會組織的先天根基，把社會秩序和道德準則凝結在情感的自然流露中。縱然在其發展過程中，有艾迪生、休謨、霍加斯、傑拉德以及柏克等人在一定程度上將 17 世紀以來的功利主義和個人主義思想糅合在人的自然情感中，但他們一直沒有放棄為英國社會塑造共同感的努力。人的天性使其趨樂避苦，快樂是人生的主要目標和動力，而審美則是實現快樂強有力的途徑。但審美情感既依賴外在感官，也超越外在感官，換言之，審美情感是以個人追求肉體生命的滿足為前提的，也促使人們在社會交往中享受友愛的快

342 John Cannon, *Aristocratic Century*： *The Peerage of Eighteenth-Century England*, Cambridge： Cambridge University Press, 1984： 157.

343 同上，第 158 頁。

樂和由競爭而來的成就感，與此同時，審美情感也讓人發現個體生命的界限，感覺到一種無法踰越的權威，在這權威面前，人們心生畏懼和敬仰，卻又能安享權威所鑄就的和諧秩序，在權威的保護之下，人們感到內心安寧。情感比理性確實更為牢靠，過分訴諸理性反而會消除人們對未知的恐懼，那也就是消解對權威的敬畏。

寫作《法國革命論》時的柏克也並不孤單，因為 18 世紀末的美學家們也越來越突出崇高的意義。在崇高的情感中，人們更多地超越有形世界和當下利益，發現凝結整個社會的精神紐帶，艾利遜寫道：「崇敬的目光不由自主地從那些僅擁有外在美的人身上移開，注視著表現了天才、知識或美的謙卑的人身上。在每一個國家的公共集會中，公正的民族趣味漠視紈絝、高官、權貴的所有外在優勢，轉而迷戀曾施展其力量的勇士的殘缺形體或者保衛自由的政治家的蒼蒼白髮。」[344] 吉爾平和普萊斯著重闡發畫意這一形態，畫家兼取優美和崇高的特徵融為一體，展現出時間對自然和藝術品的漫長雕琢，引發人們對久遠傳統的幽思。在吉爾平眼中，最能代表畫意的不是單純的自然景觀，而是其中散落的古代遺蹟，如荒廢的塔樓、哥德式拱門、城堡和修道院的遺蹟，「這些是藝術最豐富的遺產。它們因時間而變得神聖，如大自然自己的作品一樣值得我們崇拜」[345]。如此一來，由傳統而來的權威不是赤裸裸的權力，不是施加於肉體的責罰，權威給予狂躁不安的欲望以撫慰，它們給人帶來崇高感，就像經歷了叛逆之後的馴服，甘願體嘗無怨無悔勞作的踏實感。

讓我們再來回顧一般民眾自 17 世紀以來的波折遭遇。因資本主義發展帶來的貴族階層的分裂，使一般民眾出現在政治視野中，民眾成為一種強大的

344　Archibald Allison, *Essays on the Nature and Principles of Taste*, Vol. 2. Edinburgh, 1811, p. 430.

345　William Gilpin, *Three Essays*：*on Picturesque Beauty; on Picturesque Travel; and on Sketching Landscape*, London, 1794：46.

工具，幫助英國完成了資產階級革命。民眾確實是一個難以馴服的工具，因為它不是一個整體，而是千千萬萬受欲望支配的個體，在相互爭鬥中導致權威的隕落和國家的解體，資產階級必須讓自己從其中分離出來，有效利用人性的自然規律來馴服民眾；反過來，民眾曾幫助資產階級推翻了君主專制，但現在又必須幫助資產階級重新獲得貴族的榮耀。民眾依靠勤奮勞作創造財富，但只能滿足肉體的欲望，享受感官快樂，處於統治地位的資產階級卻追求內在感官的滿足，展示高雅趣味，塑造凝聚國家和社會的精神傳統。資產階級不再屬於大眾，或者一如詹森所說，大眾不再是所有人，而是「公開露面，廣受關注」，並且「關心群體之善」的少數人。[346]

　　毫無疑問，藝術的高雅趣味造就了這少數的菁英。「高雅的特權，從一定程度上講，是要在菁英文化的發展過程中來解釋的。……英國菁英在 17 世紀末到 18 世紀初重新構築了自身：它有助於形成土地占有階層及其支持者的霸權……這同一個過程，人們也可以說，服務於加強上層社會的排斥性，所以高雅的興起是與早期現代階段菁英文化與大眾文化激進分離的模式相符合的。」[347]

　　就像 18 世紀英國資產階級的身分讓人捉摸不透一樣，18 世紀英國美學的性質也讓人難以斷定。當美學家們以人類普遍的心理規律作為美感或趣味的基礎時，他們顯然是在肯定所有人對快樂的享受以及所有人在美面前的平等，如哈奇森所說：「在對大自然作品的觀照中，對內在感官最高貴快樂的享受人們無須付出任何費用。貧窮卑微之人與富有權勢之輩一樣可以以這種方式自由地享有這些事物，甚至在可以被占有的事物上，所有權對於美的享

346　John Brewer, *The Pleasures of the Imagination*： *English Culture in the Eighteenth Century*, London： *HarperCollinsPublishers*, 1997： 96.

347　Klein, *Politeness for Plebes*： *Consumption and social identity in early eighteenth-century England, The Consumption of Culture 1600—1800*, p. 365.

受幾乎無關緊要，因為這種美常常為非所有者的他人所享受。」[348]另一方面，美學家們的目標卻又是將真正的美感從所有人都能感受到的感官快樂中區分出來，使之成為稀有之物，只有少數人才有幸獲得；美感甚至排斥某些行業的人，在艾利遜看來，商人和哲學家都欠缺審美所需的想像力，因為他們或是以利益為目的，或是以理性來看待事物。顯而易見，美感即使在人類的普遍本性有其基礎，但它們最終只屬於少數人，這就等於否認了美感的普遍性，正如我們在分析休謨關於趣味的標準的討論時看到，高雅趣味與其說發自自然，倒不如說是不自然的。不得不說，美學家們在力圖打造一個以高雅趣味為象徵的菁英集團。的確，18 世紀英國美學的這種奇特邏輯與當時的政治思維之間存在著某種微妙的默契，這不是說美學反映了政治觀念，而是說美學構成了政治觀念的一部分。

---

348 Hutcheson, Francis, *An Inquiry into the Original of Our Ideas of Beauty and Virtue in Two Treatises*, p. 77.

美學與文化

參考文獻

[01] Shaftesbury, Anthony Ashley Cooper, the third earl, *Characteristics of Men, Manners, Opinions, Times*, ed. Klein. Lawrence E., Cambridge University Press, 1999.

[02] Francis Hutcheson, *An Essay on the Nature and Conduct of the Passion and Affections, with Illustrations on the Moral Sense*, ed., Garrett, Aaron, Indianapolis： Liberty Fund, Inc.，2002.

[03] Francis Hutcheson, *An Inquiry into the Original of Our Ideas of Beauty and Virtue in Two Treatises*, Indianapolis： Liberty Fund, Inc., 2004.

[04] David Hume, *Of The Standard of Taste and Other Essays*, ed., John W. Lenz, Indianapolis; New York： The Bobbs-Merrill Company, Inc.

[05] Joseph Addison, *The Works of Joseph Addison*, London： George Bell and Sons, 1902.

[06] William Hogarth, *The Analysis of Beauty*, ed. Ronald Paulson, New York; London： Yale University Press, 1997.

[07] Edmund Burke, *A Philosophical Enquiry into the Origin of our Ideas of the Sublime and Beautiful*, ed. Boulton, London： Routledge & Kegan Paul Limited, 1956.

[08] Alexander Gerard, *An Essay on Taste*, London, 1759.

[09] Lord Kames, *Elements of Criticism*, London, 1765.

[10] Hugh Blair, *A Bridgment of Lectures on Rehtoric*, Carlisle, 1808.

[11] Archibald Allison, *Essays on the Nature and Principles of Taste*, Edinburgh, 1811.

[12] William Gilpin, *Three Essays： on Picturesque Beauty; on Picturesque Travel; and On Sketching Landscape： to Which is Added a Poem, On Landscape Painting*, London, 1794.

[13] Uvedale Price, *On the Picturesque, As Compared with the Sublime and the Beautiful; And on the Use of Studying Pictures, For the Purpose of Improving Real Landscape*, London, 1796.

[14] Paul S.Ardal, *Passion and Value in Hume's Treatise*, 2nd ed., Edinburgh： Edinburgh University Press, 1996.

[15] Walter Jackson Bate, *From Classic to Romantic： Premises of Taste in Eighteenth-Century England*, Cambridge： Harvard University Press, 1946.

[16] Aun Bermingham; John Brewer, ed., *The Consumption of Culture 1600-1800： Image, Object*, Text, London and New York, 1995.

文獻

[17] Edward A.Bloom, Lillian D.Bloom, ed, *Joseph Addison and Richard Steele*： *The Critical Heritage*, London and New York： Routledge, 1980.

[18] Giancarlo Carabelli, *On Hume and Eighteenth-Century Aesthetics*： *The Philosopher on a Swing*, trans, Hall, Joan Krakover, New York： Peter Lang Publishing, Inc., 1995.

[19] John Cannon, *Aristocratic Century*： *The Peerage of Eighteenth-Century England*, Cambridge： Cambridge University press, 1984.

[20] Terry Eagleton, *The Ideology of the Aesthetic*, Oxford, Basil Blackwell Ltd., 1990.

[21] Ekber Fass, *The Genealogy of Aesthetics*, Cambridge University Press, 2002.

[22] Peter Kivy, *The Seventh Sense*： *A Study of Francis Hutcheson』 s Aesthetics and Its Influence in Eighteenth-Century Britain*, New York： Burt Franklin & Co., Inc.,1976.

[23] James Van Horn Melton, *The Rise of the Public in Enlightenment Europe*, Cambridge University Press, 2001.

[24] Adela Pinch, *Strange Fits of Passion*： *Epistemologies of Emotion, Hume to Austen*, Stanford： Stanford University Press, 1996.

[25] Claudia M.Schmidt, *David Hume*： *Reason in History*, Pennsylvania： Pennsylvania University Press, 2003.

[26] William Robert Scott, *Francis Hutcheson*： *His Life, Teaching and Position in the History of Philosophy*, Bristol： Thoemmes Press, 1992.

[27] David Summers, *The Judgment of Sense*： *Renaissance Naturalism and the Rise of Aesthetics*, Cambridge University Press, 1987.

[28] Wladyslaw Tatarkiewicz, *A History of Six Ideas*： *An Essay in Aesthetics*, Hingham： Kluwer Boston, Inc., 1980.

[29] Wladyslaw Tatarkiewicz, *History of Aesthetics*, ed., Harrell, J., Bristol： Thoemmes Press, 1999.

[30] Dabney Townsend, *Hume's Aesthetic Theory*： *Taste and Sentiment*, London and New York： Routledge, 2001.

[31] Charles Whitney, *Francis Bacon and Modernity*, New Haven and London： Yale University Press, 1986.

[32] William B.Willcox; Walter L. Arnstein, *The Age of Aristocracy*： *1688-1830*, 5th ed., Lexington; Toronto： D. C. Heath and Company, 1988.

[33] David Zaret, *Origins of Democratic Culture*： *Printing, Petitions, and the Public Sphere in Early-Modern England*, Princeton： Princeton University Press, 2000.

[34] 奧夫相尼科夫：《美學思想史》，吳安迪譯，西安：陝西人民出版社，1986 年。

[35] 鮑桑葵：《美學史》，張今譯，桂林：廣西師範大學出版社，2001 年。

[36] 伯克：《崇高與美：伯克美學論文選》，李善慶譯，上海：新知‧讀書‧生活三聯書店，1990 年。

[37] 伯納德‧曼德維爾：《蜜蜂的寓言：私人的惡德，公眾的利益》，肖聿譯，北京：中國社會科學出版社，2002 年。

[38] 柴惠庭：《英國清教》，上海：上海社會科學院出版社，1994 年。

[39] 笛福：《笛福文選》，徐式谷譯，北京：商務印書館，1960 年。

[40] 哈伯馬斯，《公共領域的結構轉型》，曹衛東等譯，上海：學林出版社，1999 年。

[41] 黑格爾：《美學》，朱光潛譯，北京：商務印書館，1979 年。

[42] 霍布斯：《利維坦》，黎思復、黎廷弼譯，北京：商務印書館，1985 年。

[43] 馬克斯‧韋伯：《新教倫理與資本主義精神》，於曉、陳維綱等譯，北京：生活‧讀書‧新知三聯書店，1987 年。

[44] 吉爾伯特、庫恩：《美學史》，夏乾豐譯，上海：上海譯文出版社，1989 年。

[45] 加達默爾：《真理與方法：哲學詮釋學的基本特徵》，洪漢鼎譯，上海：上海譯文出版社，1994 年。

[46] 蔣孔陽、朱立元主編：《西方美學通史》，上海：上海文藝出版社，1999 年。

[47] 舍斯塔科夫：《美學史綱》，樊莘森譯，上海：上海譯文出版社，1986 年。

[48] 卡西勒：《啟蒙哲學》，顧偉銘等譯，濟南：山東人民出版社，1988 年。

[49] 康德：《判斷力批判》，鄧曉芒譯，北京：人民出版社，2002 年。

[50] 克羅齊：《美學的歷史》，王天清譯，北京：中國社會科學出版社，1984 年。

[51] 昆廷‧斯金納：《霍布斯哲學思想中的理性和修辭》，王加豐、鄭崧譯，上海：華東師範大學出版社，2005 年。

[52] 萊辛：《拉奧孔》，朱光潛譯，北京：人民文學出版社，1979 年。

[53] 洛克：《教育片論》，熊春文譯，上海：上海人民出版社，2005 年。

[54] 洛克：《人類理解論》（上下冊），關文運譯，北京：商務印書館，1983 年。

[55] 繆靈珠：《繆靈珠美學譯文集》（第二卷），章安祺編訂，北京：中國人民大學出版社，1987 年。

[56] 默頓：《17 世紀英格蘭的科學、技術與社會》，範岱年等譯，北京：商務印書館，2000 年。

[57] 培根：《新工具》，許寶騤譯，北京：商務印書館，1984 年。

[58] 錢乘旦、陳曉律：《英國文化模式溯源》，上海：上海社會科學出版社，成都：四川人民出版社，2003 年。

[59] 桑德斯：《牛津簡明英圖文學史》，高萬隆等譯，北京：人民文學出版社，2000 年。

[60] 舒曉昀：《分化與整合：1688—1783 年英國社會結構分析》，南京：南京大學出版社，2003 年。

[61] 索利：《英國哲學史》，段德智譯，濟南：山東人民出版社，1992 年。

[62] 塔科維茲：《古代美學》，北京：中國社會科學出版社，1990 年。

[63] 塔爾凱維奇：《西方六大美學觀念史》，劉文潭譯，上海：上海譯文出版社，2006 年。

[64] 梯利：《西方哲學史》，葛力譯，北京：商務印書館，1995 年。

[65] 瓦特：《小說的興起：笛福、理查遜、菲爾丁研究》，高原、董紅鈞譯，北京：生活·讀書·新知三聯書店，1992 年。

[66] 王覺非主編：《近代英國史》，南京：南京大學出版社，1997 年。

[67] 維科：《新科學》，朱光潛譯，北京：商務印書館，1989 年。

[68] 休謨：《人性論》，關文運譯，北京：商務印書館，1980 年。

[69] 休謨：《自然宗教對話錄》，陳休齋、曹棉之譯，北京：商務印書館，1962 年。

[70] 亞當·斯密：《道德情操論》，蔣自強、欽北愚、朱鐘棣、沈凱璋譯，北京：商務印書館，1997 年。

[71] 閻照樣：《英國近代貴族體制研究》，北京：人民出版社，2006 年。

[72] 英加登：《對文學的藝術作品的認識》，陳燕谷、曉未譯，北京：中國文聯出版公司，1988 年。

[73] 詹姆斯·塔利：《語境中的洛克》，梅雪芹、石楠、張煒譯，上海：華東師範大學出版社，2005 年。

[74] 章輝：《經驗的限度：英國經驗主義美學研究》，北京：中國社會科學出版社，2005 年。

[75] 朱光潛：《西方美學史》，北京：人民文學出版社，1963 年。

[76] 朱立元主編：《西方美學範疇史》，太原：山西教育出版社，2006 年。

[77] 朱立元主編：《現代西方美學史》，上海：上海文藝出版社，1993 年。

十八世紀後半葉英國美學研究：

美學流變 × 學者論戰 × 全面解析，從美的定義範圍到美的文化建構，研究近代美學發展必讀之作

作　　　者：董志剛

編　　　輯：朱桓嬅

發　行　人：黃振庭

出　版　者：崧燁文化事業有限公司

發　行　者：崧燁文化事業有限公司

E-mail：sonbookservice@gmail.com

粉　絲　頁：https://www.facebook.com/sonbookss/

網　　　址：https://sonbook.net/

地　　　址：台北市中正區重慶南路一段六十一號八樓
815 室

Rm. 815, 8F., No.61, Sec. 1, Chongqing S. Rd.,
Zhongzheng Dist., Taipei City 100, Taiwan

電　　　話：(02)2370-3310

傳　　　真：(02) 2388-1990

印　　　刷：京峯彩色印刷有限公司（京峰數位）

律師顧問：廣華律師事務所 張珮琦律師

國家圖書館出版品預行編目資料

十八世紀後半葉英國美學研究：美
學流變 × 學者論戰 × 全面解析，
從美的定義範圍到美的文化建構，
研究近代美學發展必讀之作 / 董志
剛著 . -- 第一版 . -- 臺北市：崧燁
文化事業有限公司 , 2022.08
　面；　公分
POD 版
ISBN 978-626-332-549-4(平裝)
1.CST: 西洋美學 2.CST: 美學史
3.CST: 英國
180.941　111010607

定　　　價：420 元

發行日期：2022 年 8 月第一版

◎本書以 POD 印製

電子書購買

臉書